FACULTÉ DE DROIT DE PARIS

DE

L'ERREUR

EN MATIÈRE CIVILE

D'APRÈS LE DROIT ROMAIN

ET

LE CODE NAPOLÉON

THÈSE POUR LE DOCTORAT

SOUTENUE PAR

Charles—Marie CHOBERT

Le Samedi 1er Août 1868, à 9 heures.

Président : M DUVERGER

SUFFRAGANTS :	MM. COLMET DAAGE	PROFESSEURS.
	GIRAUD	
	DEMANGEAT	
	GLASSON	AGRÉGÉ

PARIS

GUSTAVE RETAUX. LIBRAIRE-ÉDITEUR

15, RUE CUJAS, 15,

1868

A LA MÉMOIRE DE MON PÈRE

A MA MÈRE

INTRODUCTION

L'homme, être sociable, intelligent et libre, est de plus, au point de vue spécial de la science du droit, un être doué de la puissance d'établir entre lui et les autres hommes, comme entre lui et les biens, des rapports que la loi reconnait et protége.

La liberté, l'intelligence nécessaires à l'exercice régulier de cette puissance et à la création de ces rapports peuvent, dans certains cas, faire défaut à l'agent, soit d'une manière absolue, soit en partie seulement.

Si, par exemple, cet agent est un enfant en bas âge ou un fou ; si un individu, parfaitement capable de s'engager, a signé un engagement quelconque, mais seulement sous la pression d'un tiers qui, violemment, a conduit sa main, la volonté n'existe en aucune façon ; il peut arriver au contraire que la volonté soit effectivement intervenue, mais que, à défaut de lumières ou d'une liberté suffisante, elle soit entachée de vices qui mettent en question son existence ou sa validité.

L'objet du travail qui va suivre étant l'exposé de la théorie juridique de l'erreur, nous n'étudierons que le cas où l'acte est vicié par le défaut de lumières, où la volonté, exprimée d'ailleurs, ne l'a été que sous l'empire d'une connaissance incomplète ou d'une ignorance absolue de la vérité. Nous laisserons en dehors toutes les hypothèses où ne se rencontrerait pas un esprit capable de discernement, de « bon conseil », et susceptible d'émettre un jugement raisonnable. La théorie de l'erreur, en effet, suppose nécessairement l'existence de la volonté, puisqu'elle en recherche les vices et détermine quelles conséquences ces vices doivent entraîner.

Étudier brièvement l'erreur en elle-même, rechercher ensuite quelle influence elle doit avoir sur l'existence ou la validité des actes juridiques : tel est le dessein que nous nous proposons dans cette introduction. — Nous verrons ensuite quelle a été sur cette importante matière la théorie du droit romain, quelle est maintenant celle de la loi française.

C'est au droit civil que nous bornerons nos recherches : aussi bien le sujet ainsi limité est encore très-vaste, et nous ne nous en dissimulons ni l'importance ni les difficultés.

La théorie de l'erreur soulève en effet les problèmes les plus graves. Les droits de famille, le droit de propriété, pour ne point parler des autres, sont ici en jeu, et souvent, nous le verrons, suivant l'opinion que l'on adopte, on consacrera quelqu'un de ces droits, ou on sera conduit nécessairement à refuser de le reconnaître.

Nous l'avouerons, toutefois, ce n'est pas uniquement la grandeur des problèmes qui nous a séduit. Chercher à reconstruire, d'après des fragments souvent mutilés, les doctrines des jurisconsultes romains, à découvrir sous a rédaction de nos Codes la pensée qui les a inspirés

montrer comment, malgré la tradition historique, existent entre ces deux législations des différences radicales,
appliquer enfin ce travail à un sujet qui doit reposer tout
entier sur des principes et que l'on peut, si nous ne nous
trompons, résumer en quelques règles : voilà ce qui nous
a tenté. La science du droit, en effet, ne vit pas seulement de décisions et d'espèces ; elle vit encore, elle vit
surtout de ces principes auxquels l'esprit aime à se rattacher et qu'il peut suivre toujours sans crainte de perdre
sa route.

L'erreur est une conception de l'esprit, contraire à la
vérité

Ainsi définie, l'erreur implique une délibération préa-
lable au jugement, à la décision : l'esprit en un mot joue
un rôle actif, et c'est en se plaçant à ce point de vue que
Descartes disait : « L'erreur n'est pas une pure négation,
« c'est-à-dire n'est pas le simple défaut ou manquement
« de quelque perfection.... [1] » Tout autre est l'ignorance ; « pure négation », elle exprime l'absence de
l'un de ces éléments qui devaient éclairer l'intelligence
et la mettre en état de prendre une détermination raisonnée. — Ces idées ont été exprimées de la façon suivante par les canonistes : « Error consistit in positivo falso
« judicio intellectus : ignorantia consistit in privatione
« scientiæ, et communiter bene describitur : Privatio
« seu carentia scientiæ seu notitiæ... » Bossuet disait
après eux : « Errer, c'est croire ce qui n'est pas ; igno-
« rer, c'est simplement ne le savoir pas [2] » et un auteur

[1] Méditation IV.
[2] Connaissance de Dieu et de soi-même, I, chap. xiv.

moderne reproduit en ces termes la même pensée : « On
« entend par erreur la fausse notion que nous avons d'une
« chose, et par ignorance l'absence de toute notion [1]. »

Toutefois il importe de le remarquer : l'ignorance
et l'erreur produiront en général les mêmes effets et seront soumises aux mêmes règles. Ne sont-elles pas
toutes deux un état défectueux de l'esprit, l'absence
complète et partielle d'une notion exacte de ce qui existe : « Comprehenso sub utroque nomine, defectu neces-
« sariæ in rebus agendis scientiæ » ? (*Noodt.*) Aussi les
jurisconsultes et les commentateurs ont-ils employé
indifféremment l'une ou l'autre expression : pour plus
de brièveté nous suivrons leur exemple, et comme eux,
à moins que quelque motif spécial ne s'y oppose, nous
nous servirons en général, de préférence, du mot : erreur.

La volonté nécessaire à la formation des rapports
juridiques ne doit pas être envisagée d'une manière
abstraite : il faut, en effet, qu'elle embrasse les divers
éléments de l'acte, car c'est d'elle que ceux-ci tireront
toute leur force, au point de vue de l'existence de cet
acte : de telle sorte qu'il est exact de dire que tout élément qui n'est pas, pour ainsi dire, atteint par la volonté, peut être réputé comme n'existant pas, et réduit *ad
non esse.* Ce qui est vrai de l'absence complète de volonté doit l'être également de la volonté viciée par l'erreur,
puisqu'en ce cas, l'élément sur lequel elle a porté n'existe pas, et que celui qui existe réellement lui demeure
étranger : aussi pourrions-nous admettre, avec certains

[1] M. Ch Maynz, éléments de droit romain, § 285

auteurs, que l'erreur, quel que soit son objet, vicie radicalement la volonté pourvu que l'on ne donne pas à
cette proposition une portée exagérée, et qu'on la res-
treigne, comme il convient, à l'objet même de l'erreur.

Ceci posé, il est facile de concevoir quels effets il
faut attribuer à l'erreur, au point de vue de l'existence
de l'acte juridique et du rapport de droit qu'il est desti-
né à produire. L'acte sera nul et le rapport de droit ne
prendra pas naissance, lorsque l'erreur aura porté sur
un des éléments sans lesquels ils ne peuvent pas exister. Quant à déterminer quels sont, dans un acte juridique, les éléments qui lui sont essentiels, nous ne saurions quant à présent, nous arrêter à cet examen : il
n'aurait en effet qu'un intérêt purement théorique, les
doutes qui s'élèvent sur ce point relevant du caractère
de chaque législation et de la nature des divers actes
juridiques.

Ce n'est pas tout. En effet, même lorsque la volonté
de l'agent a embrassé tous les éléments essentiels de
l'acte, elle aura pu être déterminée par des considérations qui leur sont étrangères, mais qui n'en auront pas
moins sur elle une influence décisive : serait-il toujours
raisonnable, alors, de dire que cet agent a vraiment
consenti ? Serait-il juste de le condamner à subir les
conséquences d'un acte passé dans de telles circonstances ? Assurément non ! Mais on aperçoit quel serait,
dans ces hypothèses, le caractère de l'influence que l'on
attribuerait à l'erreur. Cette influence serait exceptionnelle, anormale, dérogatoire aux règles du droit,
puisqu'elle aurait pour résultat de faire tomber un acte

dont les lois reconnaissaient l'existence ; aussi, bien qu'en principe toute volonté déterminée par une erreur n'ait pu donner un consentement valable, cependant les nécessités pratiques et l'autorité qu'il est nécessaire de conserver à la loi, exigeaient qu'au législateur seul appartînt de préciser dans quels cas et sous quelles conditions il serait permis d'alléguer, pour se sous-traire à l'application des principes généraux, le vice du consentement résultant de l'erreur. C'est l'ensemble de ces règles et l'exposé de leurs applications pratiques qui constituent la théorie de l'erreur.

L'erreur, envisagée dans son objet, se présente en-core sous un autre aspect. Elle portera toujours, en effet, ou sur un fait, ou sur un point de droit. Sans nous arrêter, en ce moment, aux difficultés qu'offrira souvent l'application de cette distinction entre l'erreur de droit et l'erreur de fait, demandons-nous s'il y a lieu de l'ad-mettre, et dans quelle mesure.

Si les principes que nous avons essayé d'établir sont exacts, l'erreur devra produire ses effets quel que soit le caractère juridique qu'on doive lui attribuer. Lorsque celui qui contracte s'est trouvé dans des circonstances telles qu'il lui serait permis d'attaquer le contrat, qu'importe qu'il y ait eu de sa part *error in facto* ou *error in jure* ?... Dans l'un et l'autre cas son consente-ment n'a pas été éclairé, sa volonté ne réunit pas les conditions nécessaires pour qu'elle soit efficace : donc l'acte où elle est intervenue, le rapport de droit qui en est résulté sont viciés dès leur origine : « Si attendatur « solum jus naturale, satis manifestum est errorem juris « non minus nocere consensui quam errorem facti : de

« utroque pariter dici potest ; nihil volitum nisi præ-
« cognitum [1]. »

Mais si l'on se place au point de vue du droit positif, c'est-à-dire à l'ensemble des préceptes destinés à
régler les rapports réciproques des hommes vivant en
société, on ne peut nier que l'erreur ou l'ignorance qui
ont pour objet la loi ne sauraient avoir le même caractère
que l'erreur de fait ; à la loi doit appartenir une incontestable autorité, et c'est un principe d'ordre social que,
lorsqu'elle commande, on doit lui obéir. Or ne voit-
on pas que si, pour se soustraire à son empire, on pouvait se borner à prouver qu'on ne la connaissait point,
son autorité serait infailliblement illusoire. Aussi a-t-on
toujours compris qu'il y avait entre l'erreur de fait et
l'erreur de droit une différence substantielle, qui devait
se traduire par une différence dans leurs effets. Est-il
besoin de remarquer que cette restriction apportée à
la stricte application des idées que nous rappelions il n'y
a qu'un instant n'a rien qui soit contraire au droit naturel ? C'est la conciliation de principes émanés tous deux
de la même source, et qui, loin de se contredire, s'har-
monisent en se limitant.

Mais le point vraiment délicat consiste à préciser
quelles sont ces limites.

La doctrine qui attribuerait à la loi une autorité absolue, indépendamment de l'ignorance où on aurait pu
être de ses dispositions, et qui, par conséquent, rejet-
terait en principe toute allégation d'une pareille igno-

---

[1] Carrière, *Præl theol. de contractibus compendium*, l. I,
n° 63.

rance, a été traduite dans cet adage : Nul n'est présumé ignorer la loi.

Nous nous attacherons spécialement à cette formule, afin de porter notre discussion sur un terrain nettement précisé.

Une présomption ne se justifie que si elle repose sinon sur des faits vrais (elle ne serait plus une présomption), à tout le moins sur des faits vraisemblables.

Or, on ne rencontre pas ce caractère dans la prétendue règle qui nous occupe. Pour qu'il soit légitime, en effet, de supposer que tout le monde connaît la loi, et de défendre toute preuve contraire, il faudrait que les intéressés eussent été mis en état de la connaitre réellement que cette loi eut été suffisamment publiée : autrement la présomption perd son fondement principal, l'exception qu'elle voulait consacrer n'a plus de base et nous rentrons sous l'empire de cette règle de raison : toute erreur, qu'elle soit de fait, ou de droit, vicie au même degré le consentement et doit produire toujours les mêmes effets.

Toute la question est donc de savoir, lorsqu'une erreur de droit est alléguée, si la loi sur laquelle elle a porté a reçu une publicité suffisante : c'est dans ce cas seulement en règle générale que l'on sera autorisé à déclarer inadmissible l'allégation de la personne trompée.

Cette publicité suffisante ne comprend pas seulement le fait de la promulgation : il faut aussi qu'à ce fait se soit joint tout ce qui rendra possible non-seulement la connaissance complète. mais aussi l'intelligence de la loi: il faut donc que celle-ci soit formulée dans des

termes clairs, nets, qui en fassent apparaître d'une manière précise le sens et la portée.

Or, cette condition se rencontre dans tous les principes de la loi naturelle : par eux-mêmes ils se révèlent
à la conscience, l'éclairent, et lui indiquent ses devoirs
pour peu qu'elle soit attentive à en entendre la voix.

« Præcepta communia legis naturæ sunt per se nota
« habenti rationem naturalem et promulgatione non in-
« digent. [1] » Cujas, s'inspirant de la célèbre définition
de Cicéron, écrivait : « Elegans est sententia Menandri:
« non licet ignorare leges naturæ. Has enim leges na-
« tura ipsa arripuimus, hausimus, expressimus : nec in
« damnis etiam amittendorum omnium bonorum nos-
« trorum, et publicandorum earum legum ignoratio
« quemquam excusat : causari juris civilis ignorantiam
« quidem non improbabiliter possunt : juris naturalis
« nemo [2]. »

La conséquence logique de ce qui précède, en ce qui
concerne les lois positives, c'est que leur autorité, absolue, il est vrai, en soi, devra céder devant la preuve qui
serait faite de l'ignorance où se trouvait celui qui les a
violées, lorsqu'elles ne sont pas l'expression fidèle du
droit naturel. Telle paraît être la conclusion d'un auteur
qui se plaçait au point de vue du droit pénal : « Pour
« imputer à un être un fait comme son œuvre, il ne
« suffit pas que cet être soit de sa nature intelligent et
« libre. Il faut qu'il ait été intelligent et libre spéciale-
« ment au moment où il a commis le fait.... Point d'im-
« putabilité si la liberté d'action manque à l'intelligence

---

[1] S. Thomas Aquin Summa 1-2, quæst. C. art. 4.
[2] Cujas in lib. quest. Pap. ad l. 63 D de ritu nupt.

« par l'effet de la contrainte physique.... Les mêmes
« observations s'appliquent à l'erreur... Pour détruire
« ainsi l'imputabilité du mal produit, l'erreur doit être
« invincible [1]. »

Mais que deviendrait alors l'autorité de la loi? Le
droit naturel est son type, sans doute : mais est—il raisonnable de penser qu'elle puisse jamais le réaliser? Et
s'il suffit dès lors de prouver qu'en fait on n'a pas connu
la loi, la preuve ne sera souvent que trop facile et cette
ignorance trop probable. Il n'entre pas dans notre sujet
de montrer combien à toute époque et chez tous les peuples a été insuffisante la publicité donnée aux dispositions législatives : pour ne parler que de notre droit actuel, est-ce assez de les inscrire dans un bulletin officiel
que bien peu de personnes peuvent lire? N'a—t—on pas
reconnu combien cette publicité était défectueuse quand
à l'égard de simples ordonnances, pour peu que leur
exécution parût urgente, on jugea convenable de prendre des mesures plus complètes (Ord. 17 janv. 1817)?
Et encore, ces mesures eussent-elles été généralisées,
combien d'obscurités, d'équivoques, d'erreurs matériel-
les n'eussent pas rendu bien excusable la violation d'un
texte souvent difficile à interpréter [2]?

Qu'on le remarque : plus on accentue ces observations et plus on montre l'urgence qu'il y a à limiter le
droit de se prévaloir de l'ignorance de la loi. Ces limites
sont-elles légitimes? Est—il équitable de rendre responsable, en de certaines circonstances, celui qui est tombé

[1] Oudot, Conscience et science du devoir t. 252, 253.
[2] M. Bressoles, Rev. de lég., XVII, p. 632 suiv.

sans avoir aucune faute peut-être à se reprocher? Nous
le pensons.

« L'homme membre d'un État y est saisi par la loi [1]. »
Cet empire de la loi, que l'homme paraît condamné à
subir fatalement, c'est lui-même qui s'y est soumis : « Il
« y a une portion de son existence, de sa destinée, que
« l'individu met en commun, qu'il engage dans ses rela-
« tions avec ses semblables, et que, par une conséquence
« nécessaire, il soumet à certaines conditions, aux con-
« ditions naturelles ou convenues, des liens qui l'unis-
« sent à eux [2]. » C'est par cette abdication momentanée
de son intérêt à l'intérêt de tous que l'individu s'assure
la garantie et le respect de ses droits comme membre de
la société. Lors donc que s'élèvera ce conflit entre l'intérêt de chacun et l'intérêt de tous, commune, province
ou État, peu importe, c'est l'individu qui devra se soumettre, c'est là une des conséquences naturelles des liens
qui l'unissent à ses semblables. Mais lorsque se trouvent
en présence des intérêts du même ordre, nous devons
uniquement nous demander si l'acte attaqué est valable
et si l'erreur est en soi assez grave pour en faire prononcer l'annulation : l'on ne peut en effet exiger qu'une
prétention se retire devant une autre prétention dont la
nature est identique : là où l'exception ne se justifie pas,
la règle reparaît avec toute sa force.

En un mot, s'agit-il d'une loi d'intérêt général,
d'ordre public, il ne sera pas permis d'en affaiblir l'autorité en alléguant qu'on l'a complétement ignorée ou

[1] M. Bressoles loc. cit.
[2] M. Guizot, Civil. en Fr. IV, p. 75.

imparfaitement connue : lors, au contraire, qu'il est question d'une loi dont l'objet principal est l'intérêt individuel, on appliquera le principe que l'erreur, quelle que soit sa nature, vicie la volonté qu'elle affecte, et, par contre-coup, dans des hypothèses déterminées, l'acte juridique où elle est intervenue. — Notre principe devrait être respecté même au cas où la loi violée était une loi d'intérêt général, quand le législateur lui-même y a dérogé en faveur de l'intérêt individuel : telles sont les dispositions concernant le mariage putatif.

Cette théorie nous paraît satisfaire aux conditions de toute doctrine juridique : en même temps qu'elle tient un compte suffisant des intérêts légitimes, elle répond aux exigences de l'équité. Un doute cependant s'élève au point de vue des dispositions dont l'intérêt privé est le principal objet. N'est-il pas injuste, a-t-on dit, que lorsqu'un contrat, par exemple, a été passé par deux personnes, l'une puisse se soustraire à ses engagements et tromper l'attente légitime de son co-contractant ? Que celui qui a contracté sans se renseigner suffisamment subisse les conséquences de son irréflexion ! C'est là, à notre avis, confondre deux questions absolument distinctes. Sans doute, dans tel ou tel cas déterminé l'annulation d'un contrat, lorsqu'elle a lieu pour erreur, pourra causer un préjudice à celui contre qui elle est obtenue ; mais la prévision de ce préjudice ne peut évidèmment pas avoir la vertu de donner à une volonté viciée l'efficacité qu'elle n'a pas par elle-même : il ne saurait logiquement appartenir à personne de maintenir dans de semblables circonstances un acte que les principes du droit déclarent nul. Mais cette première question tranchée en faveur de la partie trompée, il faudra examiner s'il n'y a pas eu de la part de cette partie une faute dommageable à son adversaire, faute qui, en vertu des règles les plus élémentaires, la rendrait passible de dommages-intérêts.

La doctrine à laquelle nous nous arrêtons n'enlève pas d'ailleurs à la loi son autorité, et nous ne prétendons pas assimiler de tout point les deux espèces d'erreur. L'existence de l'erreur de droit sera toujours moins aisément admise par le juge, la preuve en sera plus difficile ; enfin les dommages-intérêts à allouer à la partie adverse seront le plus souvent fixés à un chiffre plus élevé s'il s'agit d'une erreur de droit, laquelle aura généralement sa source dans une plus grande négligence. — On le voit, nous admettons, mais dans un sens beaucoup moins radical, la maxime que toute personne est présumée connaître la loi.

— Les principes qui précèdent nous conduisent à décider que toutes les fois qu'il s'agira d'appliquer une loi pénale, l'erreur de droit ne pourra être alléguée. « Il « est possible à la rigueur qu'un citoyen ignore l'exis- « tenc. de la loi pénale ; il est possible qu'il n'en com- « prenne pas les motifs. Mais la justice humaine ne « saurait admettre la preuve du premier fait sans s'ab- « diquer, pour ainsi dire, elle—même... ¹ »

Dans tous les cas où, dans des vues d'intérêt général, le législateur édicte une nullité ou prononce une dé—

---

¹ Rossi, Droit pénal, II, p. 206 suiv. — Cf. M. Ortolan, Élém. de lr pénal, nᵒ 388.

chéance ⁱ la décision sera identique : remarquons toutefois que, principalement en ce qui concerne les déchéances résultant de l'expiration d'un certain délai, la question serait étrangère à la discussion à laquelle nous nous sommes livré : cette discussion avait en effet pour objet de bien distinguer les conséquences diverses que doivent produire les deux espèces d'erreur : or, en ce cas la preuve de l'une et de l'autre devrait être rejetée, pour cette raison que l'effet de droit se produit alors indépendamment de toute volonté des parties et par la seule force de la loi.

Au contraire, toutes les fois que d'après la nature du litige ou la disposition légale, l'intérêt privé sera dominant, l'ignorance de la loi devra, en droit, et quant à la validité de l'acte, être traitée de la même manière que l'erreur de fait.

— Nous ne saurions terminer cet exposé général, sans parler brièvement de la théorie appelée par la doctrine : théorie de l'excusabilité. Elle tient dans l'histoire du droit une place trop considérable pour qu'il nous soit permis de la passer ici sous silence.

Cette théorie peut se résumer ainsi :

Pour qu'il soit permis d'alléguer utilement une erreur quelle qu'elle soit, afin de se faire relever des conséquences qui en pourraient résulter, il faut que cette erreur soit excusable : cette règle est applicable à l'erreur de fait comme à l'erreur de droit ; mais voici ce qui distingue l'une de l'autre : l'erreur de fait est présumée être excusable : lors donc que celui qui l'invoque a

---

ⁱ MM Bressoles, Op. et loc. cit. — Póchonnet, Rev. crit., 1856, 179.

prouvé que cette erreur existait réellement, c'est à son adversaire qu'il appartient de prouver qu'elle eût pu être facilement évitée, et que, par conséquent, le demandeur est en faute de s'être trompé. Au contraire, celui qui allègue une erreur de droit peut toujours, il est vrai, en faire la preuve ; mais cette preuve n'emporte avec elle aucune présomption d'excusabilité ; elle ne met aucune preuve contraire à la charge de l'adversaire ; celui qui l'allègue et la prouve n'a rien fait, autant qu'il n'a pas prouvé de plus que son erreur est pure de toute négligence.

Nous essaierons de montrer que cette théorie est vraiment celle du droit romain, et que si M. de Savigny en a le premier présenté l'exposé méthodique, il n'est pas exact de lui attribuer, comme on l'a fait, l'honneur de l'avoir inventée.

La théorie de l'excusabilité, considérée en elle-même et dans son principe, ne nous paraît pas devoir être admise. L'erreur en effet, si nous l'envisageons au point de vue de la validité de l'acte juridique, n'excuse ni ne condamne celui qui l'a commise. L'erreur est essentiellement un vice du consentement : se placer à un autre point de vue, c'est déplacer la question et s'exposer à la résoudre mal.

Ce n'est pas à dire, toutefois, que nous trouvions fondés tous les reproches qui ont été adressés à cette théorie. Ces reproches ont été ramenés à |deux chefs principaux formulés en ces termes dans une dissertation récente .

---

[1] M. Caratheodory, De l'erreur en matière civile, thèse pour le doctorat, p. 213.

1° « Cette théorie, a-t-on dit, par sa grande élas-
« ticité, par la confusion inévitable à laquelle elle en-
« traîne entre les considérations législatives et les
« motifs juridiques, tend visiblement, et pourvu que
« ceux qui l'invoquent aient le courage de la pousser
« jusqu'à ses conséquences, à une subversion de tous
« les principes et à la substitution de l'équité du juge
« aux déductions rigoureuses de la science.

2° « Il est une vérité qui, avant de passer dans les li-
« vres de droit, a été, comme elle est restée depuis, un
« article écrit dans le Code du bon sens de tous les
« peuples : c'est que *errantis nulla est voluntas*. On ne
« peut concevoir que là où la volonté est nécessaire,
« elle puisse exister malgré l'erreur. Tout système
« d'interprétation qui viendrait se heurter contre une
« vérité de cet ordre porterait avec lui sa condamna-
« tion et serait jugé *à priori*. »

Laissons de côté l'adage : *errantis nulla voluntas*.
D'une exactitude fort douteuse au point de vue purement
philosophique , il est, dans sa généralité, absolument
inadmissible si on veut l'appliquer au règlement des
rapports de droit : nous aurons du reste l'occasion de
revenir sur ce point : nous nous attachons uniquement,
en ce moment, aux considérations qui s'attaquent directement à la théorie de l'excusabilité.

Le second reproche repose sur une méprise complète,
touchant la portée de cette théorie.

Si l'on interroge en effet son interprète le plus autorisé, on se persuade que la distinction entre l'erreur
excusable et celle qui ne l'est pas ne doit intervenir que
là où existe un acte juridique valable, c'est-à-dire réu-

nissant tous les éléments qui lui sont essentiels, et par-
ticulièrement la volonté. Si l'erreur porte sur un de ces
éléments, l'acte est radicalement nul ; ce n'est que dans
le cas contraire, et seulement si l'on se trouve dans l'une
des hypothèses prévues par la loi, qu'il y a lieu d'examiner si l'erreur dans laquelle est tombée l'une des
parties a ce caractère d'excusabilité qui permettra de
restituer la victime de l'erreur contre les conséquences
légales de son acte. — La théorie de l'excusabilité
ainsi comprise ne se heurte donc pas contre les principes admis par le bon sens de tous les peuples : elle
les admet, au contraire, en s'appuyant sur la distinction fondamentale et incontestée que nous avons rap-
pelée plus haut entre les éléments essentiels et les éléments appelés accidentels d'un acte juridique.

Ce qui précède montre que le reproche adressé à la
théorie de l'excusabilité d'introduire d'une manière absolue l'arbitraire dans la loi est également exagéré.
Fût-il fondé d'ailleurs, encore faudrait-il reconnaître qu'il lui est commun avec tout système quel
qu'il soit. Toujours, en effet, il faudra admettre que
le juge aura un certain pouvoir d'appréciation relativement à la plus ou moins grande négligence
qu'aura mise la partie trompée à s'entourer de lumières
suffisantes, en ce qui concerne par exemple les dommages-intérêts à allouer à l'autre partie. Cette idée
d'excusabilité se rencontre très-fréquemment dans la
loi. C'est ainsi qu'elle est l'un des fondements du droit
pénal et qu'elle reçoit, dans les matières du droit civil,
de fréquentes applications. Il y a plus. De tout
temps a été admise une règle d'une incontestable jus-

tice, et que personne n'a songé à critiquer : c'est la règle : *Error communis facit jus.* — Or, quelle en est l'explication vraie, juridique ? Quelle idée donnerons-nous comme fondement à cette règle ?

C'est que l'on ne peut reprocher à personne d'être tombé dans une erreur que tout le monde partageait : c'est l'idée d'excusabilité.

C'est donc, nous l'avons dit, à un autre point de vue que nous nous plaçons pour repousser la théorie de l'excusabilité : elle pèche par son principe même, en méconnaissant le caractère de l'erreur et par conséquent la nature de l'influence que cette erreur doit exercer.

Ici se présente un problème que nous devons aborder et résoudre, s'il se peut, brièvement.

Si la théorie de l'excusabilité mérite ce reproche radical, comment se fait-il que la législation romaine, dont la perfection relative est incontestable, ait pu la consacrer ? N'est-il pas bien plus vraisemblable que cette théorie est l'œuvre des commentateurs, et que ceux-ci ont prêté aux jurisconsultes romains une doctrine qui n'a jamais été la leur ?

Nous allons essayer d'établir qu'il y a de bonnes raisons pour considérer cette théorie comme ayant appartenu aux jurisconsultes romains ; dans le cours de notre travail, nous devrons prouver par les textes, qu'elle leur a appartenu en effet.

Dans la première période de l'histoire du droit romain, la loi est essentiellement formaliste. Les actes matériels accomplis, les paroles prononcées par les parties préoccupent presque exclusivement le législateur. On en trouve un exemple frappant dans les règles re-

latives à l'organisation des procès. Au témoignage de
Gaius, un mot changé dans la formule sacramentelle
suffit pour vicier tout une procédure, décision d'autant
plus rigoureuse que le droit s'était trouvé éteint par le
seul fait des poursuites : « Actiones... ipsarum legum
« verbis accommodatæ erant, et immutabiles observa-
« bantur. Unde eum qui de vitibus succisis ita egisset,
« ut in actione vites nominaret, responsum est rem perdi-
« disse, quia debuisset arbores nominare, eo quod lex XII
« tabularum, ex qua de vitibus succisis actio compe-
« teret, generaliter de arboribus succisis loqueretur. »
(IV, § 11.)

Cette décision ne résultait pas de principes particuliers à la procédure ; non ! elle était une conséquence
de cette « religion de la lettre » qui fait le fonds de la
législation décemvirale et avait trouvé dans la loi des
douze tables elle-même sa formule énergique « uti lin-
« gua nuncupassit, ita jus esto » . Et ce n'est pas seulement la toute-puissance des paroles qui est ainsi consacrée : c'est sa toute-puissance exclusive ; ce qui est en
dehors des termes sacramentels et des paroles réellement
prononcées est censé ne pas exister.

Il semble qu'une pareille législation, si contraire à
tous les principes, eût dû promptement disparaître. S'il
est vrai que « c'est dans l'équité qu'il faut chercher le
critérium des bonnes lois [1] », si le droit est la science
de ce qui est équitable et bon, *ars boni et œqui*, comment la loi des douze tables et les institutions qui en furent la conséquence nécessaire ont-elles pu si longtemps
subsister ? On en doit chercher la raison dans le respect

---

[1] Quintilien. Cf. Cic. De officiis, II, 12.

des Romains pour leur législation première. Au reste, ce respect n'excluait pas l'indépendance des idées, et les jurisconsultes n'hésitèrent pas à s'écarter des décisions de leur antique loi, quand elles leur parurent contraires à l'équité. Ils le firent avec une complète franchise : on en trouve la preuve dans l'opposition si fréquemment formulée dans leurs écrits entre le *jus* et l'*æquum* .

Mais, qu'on veuille bien le remarquer, quand l'acte juridique réunissait les conditions essentielles à son existence, il était nécessaire de recourir à un moyen anormal, exceptionnel, pour garantir la partie trompée contre les conséquences de son erreur : c'était soit l'*exceptio doli* soit la *restitutio in integrum* accordée *cognita causa.* Le préteur, en présence d'un acte valable en soi, mais contre les suites duquel on réclamait sa protection, ne se trouva-t-il pas tout naturellement amené à examiner si la personne qui recourait à lui était en effet digne de sa *faveur*, et, en particulier, si elle n'aurait pas pu, avec quelque soin, éviter le préjudice auquel maintenant elle le priait de la soustraire? c'était là, si nous ne nous faisons illusion, le résultat inévitable d'une manière

---

† « La jurisprudence romaine est, dans presque tous les cas, parfaitement équitable ; lorsque les principes établis ne satisfont pas l'équité, les jurisconsultes s'en écartent. Seulement ils ne dissimulent pas cette déviation: ils l'accusent ouvertement ; ils ne faussent pas la logique pour satisfaire l'équité. Ils sont loin de dire : périssent les intérêts des particuliers, plutôt qu'un principe. Mais ils respectent les principes établis en ne leur faisant pas produire des conséquences qui ne sont pas renfermées dans leur sein. » (M. Labbé, Etudes sur quelques difficultés relatives à la perte de la chose due, etc. p. 23 note.)

de voir que nous n'avons pas adoptée, mais qui s'explique, se justifie même par ce sentiment du respect de la
loi, qui en est la source.

Le droit romain exerça, en matière d'obligations surtout, une telle influence, qu'il atteignit même ceux qui
lui paraissaient le plus complétement étrangers [1]. Aussi
ne doit-on pas s'étonner de le reconnaître tout entier
dans les législations qu'il a directement inspirées. Le
droit canonique, en effet, adopta en général les principes romains. Les canonistes reproduisirent la distinction entre l'erreur excusable et celle qui ne l'est pas : on
peut même leur reprocher de l'avoir exagérée par des
sous-divisions souvent très-complexes et très-subtiles.

Nos anciens auteurs suivirent les mêmes errements.
Domat se contenta de résumer les lois romaines en les
classant « dans leur ordre naturel ». Pothier l'imita et
l'on a pu dire avec raison de son traité qu'il avait été
tout entier inspiré par le droit romain. Pothier n'est
vraiment en effet que le vulgarisateur d'une théorie en
faveur de laquelle on pouvait invoquer l'autorité des
jurisconsultes et une pratique universellement admise.

Malgré l'autorité de ces précédents, le Code Napoléon a adopté une doctrine contraire. « Entre le siècle
« de Pothier et le nôtre viennent se placer quarante an-

---

[1] « Beaumanoir fit peu d'usage de la loi romaine, dit Montesquieu
« (xxviii, 38). Disons plutôt qu'il en fit beaucoup d'usage, mais un
« usage si intelligent et si éclairé que la trace de ses emprunts s'éva-
« nouit, et qu'il semble original, alors même qu'il ne fait que répéter
« ce que les sages avaient pensé et dit avant lui » (Beugnot, Notice sur
Philippe de Beaumanoir, en tête de ses œuvres, p. LXXXIII).

« nées de régénération sociale, qui ont fait éclore des
« intérèts nouveaux et des Codes qui les consacrent.,…
« Pensons-y, le Code n'a pas toujours vécu d'emprunts.
« Il a aussi son originalité, et de profondes innovations
« doivent nous mettre en garde contre des anachronis-
« mes [1] ».

Sans doute, hommes pratiques avant tout, les législateurs de 1804 n'ont pas exposé une théorie de l'erreur ; mais leur pensée ressort clairement des dispositions qu'ils ont édictées sur quelques points particuliers,
comme de l'ensemble des dispositions relatives à cette
matière.

Mais il serait téméraire de tenter ici une démonstration qui ne pourrait être suffisante: elle viendra mieux à
sa place lorsque, après avoir étudié la législation romaine
dans son principe et ses applications pratiques, nous
nous attacherons d'une manière spéciale à l'étude de la
loi française.

[1] M. Troplong, De la vente, preface p. 2.

DROIT ROMAIN

PREMIÈRE PARTIE

EXPOSÉ GÉNÉRAL DE LA THÉORIE DU DROIT ROMAIN EN MA-
TIÈRE D'ERREUR.

Dans cette première partie de nos études sur le droit romain, nous nous proposons de rechercher d'abord : quelle est la personne dont il faut considérer la volonté pour savoir s'il existe une erreur susceptible d'avoir quelque influence juridique ;

Puis nous nous occuperons successivement de l'objet, et des effets de l'erreur.

CHAPITRE PREMIER

De quelle personne doit-on, au point de vue de la théorie de l'erreur, envisager le consentement.

L'erreur, nous l'avons dit, est un vice du consentement. Elle n'influe sur l'acte juridique que parce qu'elle affecte l'un des éléments nécessaires à son existence ou à sa validité : il résulte de ceci, d'une manière certaine, que tout vice du consentement, et, en particulier, l'erreur, doit être envisagé chez celui dont le consentement eût produit un effet de droit, s'il eût été suffisamment éclairé.

Cette personne sera le plus souvent celle qu'intéresse directement et immédiatement l'acte juridique qui est en question ; mais il n'en est pas toujours ainsi. Les exceptions se présentent au cas où l'intéressé agit non pas par lui-même, mais par un mandataire, *per procuratorem* : dans ces hypothèses, ce sera, en général, à la volonté du mandataire qu'il conviendra de s'attacher.

Le mandat est conventionnel ou légal.

Le mandat conventionnel peut avoir été donné expressément ou tacitement : dans l'un et l'autre cas, les textes appliquent formellement notre règle. Ainsi la tradition faite par le propriétaire d'une chose *nec mancipi* transfère le *dominium* pourvu que celui qui livre et celui qui reçoit aient la volonté d'opérer cette transmission. Or si l'on suppose que l'acquéreur ait donné à un tiers mandat de recevoir tradition, il n'importera pas qu'au moment où celle-ci sera effectuée, le mandant en ait connaissance : pourvu que le mandataire ait l'*animus* nécessaire, la tradition produira ses effets : « Per liberam personam, velut per procuratorem, placet non solum scientibus sed et *ignorantibus* nobis acquiri possessionem, et, per hanc, dominium » (Instit. II, 9 § 5 cf. 59 D. 41, 1) : il faut donc, mais il suffit que le mandataire ait la volonté d'acquérir la propriété.

La même doctrine est appliquée à la matière des obligations, dans un cas que l'on peut rapprocher de celui d'un mandat : « In ejusmodi questionibus personæ

« ementium et vendentium spectari debent, non eorum
« quibus acquiritur ex eo contractu actio. Nam si servus
« meus vel filius qui in mea potestate est, me præsente,
« suo nomine emat, non est quærendum quid ego exis-
« timem, sed quid ille qui contrahit (12 D 18, 1—51 D.
21, 1.).

L'exemple le plus remarquable d'un mandat tacite se
présente au cas où un père de famille, un maître, a con-
fié un pécule à son fils ou à son esclave. « Item acqui-
rimus possessionem per servum, aut filium, qui in potestate est et quidem earum rerum quas peculiariter te-
nent, etiam ignorantes (1 § 5, 4 D 41, 2). » C'est encore
par conséquent chez le fils ou l'esclave, et non chez le
pater familias, qu'il faut chercher la volonté d'acquérir.

Ces solutions n'ont rien qui puisse surprendre quiconque a présents à l'esprit les principes de la législation romaine en ce qui concerne le mandat. Le *procura-*
tor, en effet, ne représente jamais le mandant; aux yeux
de la loi, c'est pour son propre compte qu'il agit: qu'il
stipule ou qu'il promette, c'est lui et lui seul qui devient
créancier ou débiteur: dès lors, en droit, c'est lui seul
qui est directement intéressé à l'acte dans lequel il figure;
il est donc logique que ce soit uniquement de sa volonté
que dépende la validité de cet acte.

Lorsque, par des modifications successives qu'il ne
nous appartient pas de rappeler, la jurisprudence romaine arriva à donner directement au mandant et contre
lui les actions nées du contrat passé par le mandataire, il
est possible que, par une conséquence naturelle, on ait
admis que désormais c'est de la volonté du mandant, et

non plus de celle du *procurator*, que dépendrait l'existence de l'acte : il est permis de croire cependant, que
les jurisconsultes, tout en admettant cette déduction
d'un principe nouveau, furent portés à en restreindre
l'application en faveur des tiers qui avaient contracté
avec le mandataire dans l'ignorance du mandat : les textes qu'a conservés la compilation de Justinien paraissent
d'ailleurs en général se rapporter à une époque antérieure aux changements que nous venons de rappeler.

Nous ne pensons pas que l'on puisse tirer argument
contre nous de cette circonstance que le père ayant constitué un pécule à son fils était tenu de l'action *de pe-
culio* : action que l'on pourrait rapprocher des actions utiles données contre le mandant, et que cependant
c'était toujours à la volonté du fils qu'il fallait s'attacher.
La constitution d'un pécule présente en effet quelque
analogie avec le mandat : mais elle produit des effets
beaucoup plus énergiques : le *filiusfamilias* est vraiment,
relativement à son pécule, *loco patris familias* : le pécule constitue désormais un patrimoine distinct. Aussi,
le fils de famille, lorsqu'il agit *ex peculiari causa*, bien
qu'il ait agi dans l'intérêt de son père, joue le rôle de
débiteur. C'est lui qui a formé le contrat et fait naître
l'action ; c'est lui et lui seul qui est obligé civilement,
directement. Le père de famille est tenu, mais utilement,
prétoriennement, subsidiairement [1]; il n'est tenu aussi que
jusqu'à concurrence du pécule. Le mandant, au contraire,
est tenu de toutes les obligations contractées par le mandataire dans les limites de son mandat, le *procurator*

---

[1] M. Labbé études sur quelques difficultés, etc. p. 24 n° 16.

à ne plus se distinguer vraiment du mandant, et en vint à n'avoir rien de cette indépendance dont jouit le fils à la tête de son pécule.

— Quand un mandataire contracte, c'est lui qui devient, en principe, créancier ou débiteur, et c'est ainsi que nous avons expliqué que c'était sa volonté seule qu'il convenait d'envisager ; au contraire quand il s'agit d'acquisition de la propriété, c'est le mandant qui acquiert : le *dominium* passe directement des mains du *tradens* dans les siennes, sans faire impression sur la tête du mandataire qui reçoit matériellement la chose. Comment s'expliquer dès lors que ce ne soit pas du mandant que l'on exige l'*animus acquirendi dominii*? Peut-être faut-il voir là une marque de l'esprit formaliste des Romains, qui s'attachant à l'acte lui-même et aux personnes qui y figurent, demande seulement le consentement de ces dernières. — Cujas donne toutefois une interprétation différente qu'il formule en ces termes: « Hoc ideo fit quod *procurator* « habeat voluntatem sive mandatum ejus cui acquirit. » Faut-il entendre ces mots en ce sens que, par le fait du mandat, le mandant est présumé consentir à l'acquisition au moment même où se réalise la tradition, ou que la volonté du mandataire se confond avec celle du mandant dont il a les pouvoirs? Bien que cette doctrine [1] dénature le rôle attribué par le droit romain au *procurator*, elle est cependant assez conforme à certaines décisions des jurisconsultes : il est certain en effet que les

---

[1] On pourrait penser aussi que Cujas se reportait à l'époque où se produisirent, relativement aux principes du mandat, les modifications que nous avons signalées.

principes admis en ce qui concerne la matière des obligations étaient moins rigoureusement appliqués quand
il s'agissait de transmission de la propriété ; on les
laissait même complétement de côté, pour ne s'attacher
qu'à la volonté du mandant, au cas où le mandataire
infidèle aurait la volonté d'acquérir pour lui-même,
(13 D. 39, 5).

— Le tuteur reçoit de la loi le mandat de prendre
soin de la fortune de son pupille. Aux yeux de la loi
romaine, la personnalité du pupille ne disparait pas ;
c'est lui qui figurera dans les actes qui l'intéressent, mais
il lui faudra toujours l'assistance de son tuteur : sans
elle, le pupille est considéré comme incapable de toute
volonté sérieuse : « Impuberes, sine tutore agentes,
« nil scire posse intelliguntur » (10 D. 22-6). La volonté du tuteur doit donc y suppléer, et, au besoin, la
remplacer par sa volonté propre. Une succession, par
exemple, est-elle dévolue à un pupille, peu importe que
celui-ci en ait eu ou non connaissance : il sera déchu du
droit de demander la *bonorum possessio*, ou conservera
ce droit, suivant que celle-ci aura été ou non demandée
dans les délais légaux à partir du jour où le tuteur aura
connu l'ouverture de la succession. (7 § 2. D. 37, 1) [1].
Les Romains ont poussé si loin l'application de cette
idée qu'ils l'ont étendue même au cas de délit civil commis par le tuteur ; ainsi : le pupille serait tenu
de l'action *in factum* au cas où son tuteur aurait
acheté pour son compte, à lui, pupille, un homme libre :

[1] On disait de même, mais avec plus de raison : « Municipes intelli-
« guntur scire, quod sciant hi quibus summa reipublicæ commissa
« est. » (14 D 50 1.)

« scientia tutoris pupillo nocet » (22 § 5, D. 40, 12). Il
était donc bien vrai de dire que le tuteur a en quelque
sorte à sa disposition le patrimoine du pupille, qu'il en
est le maître, suivant l'expression de Paul : « Tutor qui
tutelam gerit, domini loco haberi debet » (27, D.
26, 7) [1].

Tout autre est la situation du père vis-à-vis de son
fils, aussi ne verrons-nous plus sa volonté substituée à
la volonté de celui-ci : la loi 7 § 2, D. 37, 1, semble, il
est vrai, l'assimiler au tuteur : « Dies quibus tutor aut
« pater scit, cedere placet ; » mais ainsi que l'a remarqué Cujas, ces mots : « aut pater » sont certainement
interpollés : ils sont en contradiction avec d'autres
textes non suspects, et spécialement avec la loi 3 (D.
38, 5) : « Patris scientiæ ignoranti filio *non* nocet. »

Ce système est à coup sûr beaucoup plus conforme
au principe d'équité et de raison, consacré aussi par les
jurisconsultes, que l'ignorance d'une personne ou la
connaissance qu'elle a de certains faits ne doit nuire
qu'à elle-même : « Iniquissimum videtur, cuiquam
« scientiam alterius, quam suam nocere (5 D 22-6 ;
4, D 40, 12). N'est-il pas de plus bien étrange de
voir la tutelle, institution qui repose sur une idée toute
de protection, devenir à tel point un *droit* et un *pouvoir*,
qu'elle soit, en certains cas nuisible à celui qui en est
l'objet ?

Pour les actes où il est nécessaire que deux ou plusieurs volontés concourent, il faut appliquer comme il

---

[1] « Quantum ad providentiam pupillarem, » ajoute Paul, mais cette
restriction ne semble guère justifiée en présence des textes que nous
avons cités.

suit, les règles qui viennent d'être exposées. Les deux parties devront avoir la même volonté *(consensus)* et au consentement de chacune d'elles s'appliqueront les principes qui précèdent. Il ne suffirait donc pas que les parties fussent d'accord, ce qui se présenterait si toutes deux étaient dans la même erreur ; car le consentement de chacune serait alors vicié : or, ce sont deux consentements valables qui doivent concourir (14 *in f. D.* 18, 1, *f.* 21 § 2, *D.* 19, 1) [1].

CHAPITRE DEUXIÉME.

De l'erreur considérée dans son objet.

§ I. — Toute erreur est nécessairement une erreur de fait ou une erreur de droit.

L'erreur de droit est celle qui « tombe sur une règle « de droit, c'est-à-dire sur le droit objectif [2] ». « Er-« rare in jure » c'est donc ignorer le droit, ou le croire autre qu'il n'est réellement. Ainsi celui qui connaît la mort de son cognat, mais ignore que le préteur donne aux cognats la *bonorum possessio, in jure errat ;* de même si, institué héritier pour le tout, je pense qu'il ne m'est pas permis de demander la *bonorum possessio* avant l'ouverture du testament.

L'*error facti,* au contraire, est celle qui n'a pas pour objet le droit objectif : « *Factum hic intelligimus quod-*

[1] Cf. Mulhenbruch, *doctrina Pandect.*, § 338, note 18.

[2] Savigny, System, Append., VIII n° 1. Mulhenbruch. § 95.

« *cumque non ad juris objectivi nomen referri potest*[1] ».
L'erreur de fait est donc celle qui a pour objet ou les
personnes, comme lorsque je contracte avec un mineur
que je crois majeur (3 pr. *D.*, 14, 6,) ou les choses; par
exemple, j'entends vous vendre le fonds Cornélien, et vous
croyez qu'il s'agit du fonds Sempronien (9 pr. *D.*, 18,
1), ou des faits: vous me livrez l'esclave Pamphile
parce que vous croyez me le devoir en vertu d'un legs
qui m'en aurait été fait ; enfin il y a encore *error facti*,
quand l'erreur porte sur le droit considéré à un point
de vue subjectif : « *Adeoque error facti est jc dure*
« *subjectivo*[1]. » Sans doute, dans ces hypothèses, il y a
encore, comme les mots l'indiquent, un droit ignoré ;
mais ce qui est en question, ce n'est pas à proprement
parler l'existence juridique du droit, c'est son existence
au point de vue des faits qui devaient lui servir de base,
en justifiant l'application de la loi dans telles circonstances déterminées : c'est ce qui se présenterait, si
mon plus proche agnat étant mort sans laisser d'héritiers préférables au *proximus agnatus*, j'ignorais la mort
de cet héritier qui m'était préférable, et par conséquent,
mon droit héréditaire. Ici l'objet immédiat de l'erreur,
c'est un *fait ;* le *droit* n'en est que l'objet indirect et
médiat.

L'opposition entre l'*error facti* et l'*error juris* se ren—
contre fréquemment dans les lois romaines : nous ne cite-
rons que deux textes du titre : *de juris et facti ignorantia* (D. 226), textes auxquels nous avons déjà emprunté

---

[1] Mulhenbruch, *loc. cit*
[2] Savigny, loc. cit. note *c*, Mulhenbruch, loc. cit.

plusieurs exemples d'erreur de droit : « Idem dicendum,
« (sc. in jure errare) si ex asse hæres institutus, non
« putet se bonorum possessionem petere posse ante
« apertas tabulas ; quod si nesciat esse tabulas, in facto
« errat. » (1 § 4). « Si quis nesciat se cognatum esse,
« interdum in jure, interdum in facto errat. Nam si li-
« berum se, et ex quibus natus sit sciat, jura autem
« cognationis habere se nesciat, in jure errat. At si quis
« forte expositus, quorum parentum esset ignorct for-
« tasse et serviat alicui, putans se servum esse : in
« facto magis quam in jure errat. » (1 § 2.) Godefroid
résume en ces termes ce § 2 : « Servire facti est, servum
« esse juris. »

§ II. — L'objet dc l'erreur peut être encore éludié
au point de vue de l'influence qu'il est susceptible d'exercer sur l'existence ou la validité de l'acte juridique.

Dans tout acte doivent se rencontrer des éléments
sans lesquels on ne comprendrait pas qu'il existât,
d'autres, au contraire, n'ont qu'une importance moindre.
Ainsi : on ne comprendrait pas une donation sans un
objet donné, une vente sans prix, etc. ; un contrat
exige de plus, nécessairement, le concours des volontés,
un acte unilatéral, la volonté de l'agent. Or, si nous
supposons que l'objet de la donation fasse défaut, que
le concours des volontés ne se soit pas produit, l'acte
sera radicalement nul faute d'objet, faute de consentement réciproque ; comment, dès lors, l'erreur pourrait-
elle lui donner une efficacité que la force même des
choses lui refuse ? Mais il se peut que ces éléments
essentiels soient réunis, que la volonté elle-même soit
intervenue, mais qu'elle n'ait été donnée que sous l'em-

pire d'une erreur : c'est alors seulement que cette erreur exercera vraiment son influence sur la validité de
l'acte juridique et qu'il y aura lieu de déterminer quelle
sera cette influence.

On voit donc, en étudiant à ce point de vue l'objet
de l'erreur, quelles sont les limites de nos recherches :
nous n'avons évidemment à nous préoccuper que des
cas de la deuxième espèce, c'est-à-dire de ceux où,
un acte réunissant d'ailleurs les conditions essentiel les à
son existence, la volonté, existant aussi, est viciée par
l'erreur.

Nous devons, avant tout, nous demander quels éléments de l'acte appartiennent à la première classe, afin
d'écarter tout ce qui est étranger à la théorie de l'erreur.

Nous l'avons déjà fait observer : le consentement
dans un acte juridique ne doit pas se produire d'une
manière abstraite : il faut, si l'on peut ainsi parler, que
ce consentement rencontre chacun des éléments essentiels : autrement ceux-ci n'ont, en réalité, aucune existence juridique au point de vue de l'acte actuellement en
question; on conçoit donc que l'erreur ait sur l'existence
de l'acte une influence proportionnée à l'importance de
son objet comme élément de ce même acte; aussi ne sera-
t-on pas étonné de voir cette inexistence légale, provenant du défaut de consentement, produire les mêmes effets
que l'inexistence matérielle, principalement en ce qui
concerne l'*error in corpore.*

I. — *De l'erreur sur la nature de l'acte juridique.* Ce
qui importe avant tout, c'est que les parties soient
d'accord sur la nature de l'acte qu'elles entendent faire.

« Si in ipsa emptione dissentiunt, emptio imperfecta
« est (9 pr. D, 18. 1). Si ego pecuniam tibi quasi dona-
« turus, tu quasi mutuam accipias, Julianus scribit do-
« nationem non esse : sed an mutua sit, videndum ? Et
« puto nec mutuam esse...» (18 pr. D. 12. 1). Comment
comprendre le doute ? Serait-il possible de penser que
le consentement relatif à la nature de l'acte juridique
n'est pas indispensable ? Non, sans doute, mais on aurait pu faire ce raisonnement : Celui qui consent à donner aurait évidemment consenti à faire un prêt ; or
l'autre partie ayant eu l'intention de recevoir ce prêt,
les deux volontés se sont rencontrées sur ce point ;
mais le jurisconsulte repousse cette solution et décide
que le contrat ne vaut à aucun de ces deux titres. —
La même décision serait assurément applicable s'il s'a-
gissait de deux contrats plus différents encore, dont
l'un, par exemple, impliquerait translation de propriété,
et non pas l'autre. Le jurisconsulte n'exprime pas même
alors de doute : « Si ego pecuniam quasi deponens tibi
« dedero, tu quasi mutuam accipias, nec depositum nec
« mutuum est. Idem est et si tu quasi mutuam dederis,
« ego quasi commodatam ostentandi gratia accepi. »
(18 D. 12, 1.)

Aucune obligation n'est donc créée : à vrai dire, il
n'y a pas eu là de consentement : « quia non hoc inter
« eos actum est. » (5 § 1 D 44, 7). Mais dans l'hypothèse de deux contrats comportant translation de
propriété, s'élève une grave question. L'argent passera-
t-il dans le patrimoine de l'*accipiens*, ou restera-t-il la
propriété du *tradens*. Nous devons réserver l'examen
de cette difficulté pour le moment où, ayant déterminé

ce qu'est exactement la *justa causa* en matière de tradition, nous connaîtrons quelle est, sur ce point, l'influence de l'erreur. Nous verrons s'il y a encore à ce
point de vue une *erreur essentielle*, s'il est indispensable, en d'autres termes, non-seulement que les parties
aient d'une manière générale l'*animus transferendi dominii*, mais encore qu'elles s'accordent sur la *causa* de
cette translation.

L'erreur sur la nature de l'acte est beaucoup plus
vraisemblable dans les cas où est exigé le concours
de deux volontés : elle serait toutefois possible aussi,
bien que plus rarement, dans les actes pour lesquels une seule volonté est nécessaire : dans ces hypothèses aussi il n'y aurait rien de fait ; par exemple
si une personne malade ou aveugle, dont on conduit
la main, signe un acte qu'elle croit être une vente, et
auquel on a substitué un testament ou un acte de donation.

II. — *De l'erreur : in ipso corporei rei.* Un second
cas d'erreur portant sur un des éléments essentiels de l'acte est l'*error in corpore* ou *error in ipso corpore rei.*

Quand l'erreur tombe sur l'objet du rapport de
droit, on peut dire exactement que cet objet n'existe
pas ; or, sans objet, un rapport de droit ne saurait subsister.

Supposons, en effet, que Séius vend à Titius son
cheval, et que Titius croie lui acheter un bœuf : il n'y a
pas *consensus* relativement à l'objet du contrat : il est
exact aussi de dire que la vente n'a pas légalement d'objet. De même, Mævius fait un testament, et par erreur

lègue un objet pour un autre [1] : le légataire ne pourra rien réclamer : ni l'objet désigné dans le testament, car le testateur, ne l'a pas eu en vue, ni l'objet auquel pensait le testateur car celui-ci n'a exprimé aucune volonté à son égard.

L'error in corpore vicie donc radicalement l'acte, lequel est absolument nul : « In omnibus negotiis con— « trahendis, sive bona fide sint, sive non sint, si error « aliquis intervenit, ut aliud sentiat, puta qui emit, aut « qui conducit, aliud qui cum his contrahit, nil valet « quod acti sit. Et idem in societate respondendum « est (57 D. 44, 7) ; » il en est de même s'il s'agit d'usucapion : « Cum Stichum emissem, Dama per igno— « rantiam mihi pro eo traditus est, Priscus ait, usu me « non capturum : quia id quod emptum non sit, usucapi « non potest. » (2 § 6, D. 41, 4).

Cependant la loi 83, § 1 (D. 45, 1), donne une décision contraire, mais elle se justifie par son motif même : le respect de la chose jugée. Sans doute, dit le jurisconsulte, si, stipulant Stichus, je pense à un esclave et mon co-contractant à un autre, il n'y a rien de fait : *nil actum erit.* Ariston décidait de même au cas d'un jugement : « Sed hic magis est ut is petitus videatur, « de quo actor sensit, nam stipulatio ex utriusque con— « sensu valet ; judicium autem etiam in invitum reddi— « tur, et ideo actori potius credendum est : alioquin « semper negabit reus se consensisse. » Ce texte n'est donc nullement en opposition avec ceux qui précèdent : il les confirme, au contraire, par le soin qu'apporte le

---

[1] Nous ne supposons pas évidemment une simple *error nominis.*

jurisconsulte à motiver la solution tout exceptionnelle qu'il contient.

Si au lieu d'être dans l'erreur sur l'individualité du *corpus,* on se trompe sur son existence même, l'acte est encore nul, mais l'erreur n'est à aucun degré la cause de cette nullité. Il en serait encore de même si les parties avaient cru *in commercio* une chose qui n'y était pas (Instit. III, 19 § 21 37 ; § 6 D. 50, 17). Au reste, pour que cette solution soit exacte, il faut que l'objet du contrat ne soit pas *in commercio* relativement au créancier : si donc un débiteur s'était engagé à livrer une chose dont il croyait, à tort, avoir le *commercium,* il n'y aurait là qu'une difficulté d'exécution qui n'empêcherait pas le contrat de valoir.

L'error in corpore peut se produire non—seulement au cas où l'objet de l'acte est un corps certain, mais aussi lorsqu'il consiste dans un *genre* : et en ce cas, elle aurait les mêmes effets : le vendeur avait en vue du froment, l'acheteur, du seigle : *nil acti est.*

Dans ce cas de choses *in genere,* les parties ont pu être d'accord sur le genre même, mais différer sur la quantité : y a-t-il là une erreur essentielle ? La réponse comporte des distinctions. S'il s'agit d'un acte simplement unilatéral, le consentement existera pour la moindre quantité, car celui qui promet 20 tandis qu'on ne lui demande que 10, consent évidemment à être obligé pour 10, et le stipulant aimera mieux recevoir 10 que ne rien recevoir du tout. « Si stipulanti mihi X, XX res- « pondeas, non esse contractam obligationem nisi in X « constat » (I § 4. D. 45, 1). Quant aux 10 autres, ils ne sont pas dus, puisque le consentement ne les a pas touchés.

A cette loi I § 4 on oppose un autre texte du même jurisconsulte Ulpien : « Cum adjicitur aliquid, aut detra-« hitur obligationi, semper probandum vitiatam esse « stipulationem » (1 , § 3. D. 45,). On ne saurait voir là une contradiction, et Paul nous donne la conciliation de ces deux textes. Quand le désaccord entre l'interrogation et la réponse porte sur la quantité, on peut décomposer l'opération en deux parties dont l'une sera nulle pour défaut de consentement, tandis que l'autre sera valable. « In summis, id quod minus est semper sponderi videtur » ; mais cette fiction légale d'une double opération n'est plus possible lorsque, comme dans le texte d'Ulpien, l'addition que renferme la ré-ponse ou le point sur lequel elle est muette est autre chose que la quantité., par exemple, une modalité telle qu'une alternative ou une condition (Cf. 83, §§ 2, 3, D, 45, 1.)[1].

La décision consacrée par la loi 1 § 4 est-elle équita-ble ? Nous le croyons, lorsqu'il s'agit d'un cas où le stipu-lant n'avait rien fourni pour obtenir la promesse qui lui est faite ; mais ce cas sera le plus rare : et si nous supposons qu'une prestation avait eu lieu de la part du stipulant, comment peut-on dire que le contrat vaudra pour la quantité moindre, et donner comme justification cette raison que le stipulant aimera mieux recevoir 10 que ne rien recevoir du tout ? Dans une semblable hy-pothèse donc, il nous eût paru préférable d'appliquer les règles admises dans les actes synallagmatiques [2].

---

[1] M. Demangeat, *Cours élém.* II, 223-224.
[2] M. Machelard, à son cours.

Ces règles reposent sur les deux idées suivantes :
Celui qui consent à payer 10 en échange d'une certaine
prestation consent, à plus forte raison, à ne payer que
5 ; mais celui qui consent à fournir une certaine prestation pour une somme déterminée ne peut être con-
traint à fournir cette même prestation pour une somme
moindre. « Si decem tibi locem fundum, tu autem exis-
« times quinque te conducere, nihil agitur. Sed etsi
« ego minoris me locare sensero, tu pluris te conduce-
« re, utique non pluris erit conductio, quam quanti ego
« putavi (52, D, 19, **2**). » Décision que l'on peut généraliser ainsi : Si celle des deux parties qui doit fournir
la prestation douteuse avait voulu la moindre quantité,
l'acte ne vaudra pas ; au cas contraire, il aura toute sa
force dans les limites de la moindre quantité [1].

Doneau explique dans les termes suivants la différence
entre la règle des stipulations et celles consacrées par
la loi 52 [2] : « Stipulatio in X valet propter consensum ;
« locatio non valet propter dissensum. »

III. — *De l'erreur sur la substance.* Supposons
maintenant qu'il n'y a pas erreur sur l'objet du
contrat, matériellement déterminé ; il n'est pas question non plus d'erreur sur la quantité : cela suffit-
il, et ne peut-on pas encore rencontrer, relativement à l'objet de l'acte, quelque erreur essentielle ? En
d'autres ter es, l'*ipsum corpus* est-il tout, dans cet
acte, où bien au contraire n'est-il pas certaines qualités
de ce *corpus* qui peuvent changer sa nature juridique,

[1] Savigny, 136
[2] Comment in Cod. ad l. 2, tit. 28, liv. IV.

et en faire en réalité un autre objet que celui que les parties ont eu en vue?

A cette question, tous les commentateurs ont répondu qu'il existe, en effet, des qualités de l'objet de l'acte, qui lui sont essentielles, et dont, par conséquent, l'absence doit entraîner la nullité absolue du rapport de droit. C'est ce qu'ils ont exprimé en disant : *Quoties in substantia erratur, nullus est consensus.*

Les jurisconsultes romains ont rarement fait usage du mot *substantia*: dans un texte, ils l'ont employé comme synonyme du mot *materia* (9, § 2, D. 8, 1). Or il est certain que dans le langage des interprètes cette expression a une plus grande portée, car elle désigne tantôt la matière de l'objet, tantôt quelques-unes de ses qualités. Même pris dans ce sens large, le mot *substantia* exprime une idée qui ne pouvait être, et qui n'a pas été, en effet, étrangère au droit romain : c'est que une même chose peut être envisagée sous des aspects très-divers, et que souvent certaines qualités modifieront à tel point sa nature, qu'il n'y aura plus entre le consentement et son objet cette équation, si l'on peut ainsi parler, ce rapport nécessaire sans lequel un acte volontaire ne peut être valable.

D'après certains interprètes, la *substantia* d'une chose serait les qualités que les parties ont eu spécialement en vue lorsqu'elles contractaient. Mais les textes que l'on cite à l'appui de cette opinion nous paraissent plutôt la contredire. Ainsi la loi 11 § 1 D. 18, 1., prononce bien la nullité de la vente dans laquelle l'une des parties a cru vendre *mulierem*, une esclave, tandis que l'acheteur croyait acquérir un esclave, *puerum*; mais le même juriconsulte, dans le même fragment, décide: « Quod si ego virginem me emere putarem, cum esset jam mulier, emptio valebit: in sexu enim non est erratum », et cependant la volonté de l'acheteur s'était bien portée sur cette circonstance que l'esclave était encore *virgo*.

De plus cette doctrine, outre qu'elle tend à confondre l'erreur sur la substance avec l'erreur sur les motifs [1], ne permet pas de tenir un compte suffisant de la distinction entre les ac'es de droit strict et les actes de bonne foi : admettre pour les uns comme pour les autres, cette influence prépondérante, presque absolue, de la volonté, nous paraît absolument contraire aux conséquences pratiques résultant en droit romain, de cette distinction.

Si l'on se souvient, en effet, que la reconnaissance des *negotia bonæ fidei* est une conquête faite, au nom de l'équité, sur l'ancien formalisme, base des *negotia stricti juris*; que, dans ceux-ci , c'est la parole ou l'acte solennellement accompli qui donne sa force au rapport de droit, au lieu que, dans les contrats de bonne foi, c'est à la volonté qu'appartient le premier rang, on comprendra aisément qu'au point de vue qui nous occupe, une très-grande différence doit exister entre ces deux classes d'actes, et qu'il est impossible d'y accorder à l'intention des parties une égale importance.

Ainsi, les principes ne permettent pas d'admettre dans sa généralité l'opinion dont nous parlons, et le texte cité montre que, même au point de vue des actes de bonne foi, elle n'est pas exacte.

[1] M. Vernet, textes sur les obligations.

La vérité est donc que l'on ne peut donner de la *substantia* une définition qui s'applique à tous les actes juridiques.

Ce que l'on entend par substance, dans les actes de droit strict n'est pas autre chose que l'*ipsum corpus*, l'objet même; dans les contrats de bonne foi, au contraire, c'est ce même objet, mais considéré dans sa matière et dans ses qualités au point de vue de la volonté des parties, telle qu'elle résulte de la nature de l'acte, et de toutes les circonstances qui l'ont accompagné. — Que l'on veuille bien remarquer la différence qui sépare cette doctrine de celle que nous combattions il n'y a qu'un instant. Pour apprécier si l'une des qualités de l'objet est ou n'est pas substantielle, il ne faut pas se placer absolument au point de vue de la volonté des parties, telle qu'en fait elle a pu exister : la substance juridique d'une chose a un caractère moins variable : elle se modifiera sans doute suivant les circonstances de chaque espèce, mais nulle part nous ne voyons les jurisconsultes romains donner à la simple volonté des parties cette influence qu'on veut lui attribuer.

La substance consistera donc tantôt dans la matière dont est formé l'objet du contrat, tantôt dans les qualités de cet objet, suivant que les qualités ou la matière présentent le caractère que nous venons de déterminer. — Et ne voit-on pas que c'est là véritablement tout ce qu'exige la bonne foi? Si j'achète telle statue que je crois d'un sculpteur en renom, et que le vendeur me présente comme faite d'un marbre de telle provenance, dira-t-on que j'ai consenti au contrat et que le concours des volontés s'est opéré si, cette dernière énonciation étant vraie, la statue se trouve être l'œuvre d'un artiste vulgaire? Assurément non! Sur quoi en effet avons-nous contracté? Sur un Cellini, par exemple: le reste importe peu, et il est exact de dire que l'objet du contrat est ce Cellini et non un bloc de marbre taillé de telle ou telle façon par un ouvrier inconnu. — Ainsi s'expliquent les décisions qui nous ont paru inconciliables avec l'opinion contraire. Pourquoi, dans la loi 11 § 1; regarde-t-on la vente comme nulle quand il y a erreur sur le sexe de l'esclave acheté, tandis qu'on maintient le contrat ayant pour objet une *mulier* que l'acheteur croyait *virgo*? C'est que, ordinairement, les parties attachent une importance déterminante à la différence de sexe, tandis que la considération de la qualité de *mulier* ou de *virgo* chez l'esclave aura un moins grand intérêt [1]. L'acheteur pourra, il est vrai, éprouver un préjudice; qu'il recoure alors, de ce chef, contre le vendeur, si les principes généraux lui en donnent le droit, mais on ne saurait aller plus loin, et prononcer, pour lui éviter ce préjudice, la nullité d'un contrat valable: ce sont là, nous aurons souvent l'occasion de le remarquer, deux questions absolument distinctes, qui ont leurs principes propres: or

[1] Nous reconnaissons toutefois que dans deux textes qui portent d'ailleurs en eux-mêmes leur explication, l'erreur sur les qualités substantielles de la chose, même en matière de vente, n'entraîne pas la nullité radicale du contrat, pourvu que les parties aient été d'accord sur l'*ipsum corpus* et sur la matière (45 D 18, 1, Marcien — 9 § 2 D, *eod. tit* où Ulpien cite l'opinion de Marcellus, mais sans l'admettre). Il nous paraît difficile de ne pas reconnaître ici les traces d'une controverse qui aurait existé entre les jurisconsultes. Probablement cette opinion de Marcellus et celle de Labéon rapportée par Marcien dans la loi 45 est un vestige d'une ancienne doctrine, qu'auraient définitivement écartée Pomponius, Julien (loi 45) et Ulpien.

nous nous occupons ici uniquement de la validité des
actes juridiques : les seules règles à suivre, sont celles
que nous avons exposées : toute considération étrangère
ne pourrait que compliquer la discussion sans aider à la
résoudre.

M. de Savigny a résumé en ces termes les notions qui
précèdent : L'erreur sur une qualité de la chose est essentielle, lorsque, d'après les idées admises dans les re-
lations de la vie réelle, la qualité faussement supposée
range la chose dans une autre classe d'objets que celle
dont elle fait partie (§ 137). « Error de substantia, sive
« materia, irritam facit conventionem, nisi forte sit res
« in qua forma potius respiciatur quam materia, ut in
« artificiis fieri solet [1].

Comme on l'a remarqué depuis longtemps, dans une
langue bien faite, la *substantia* ainsi comprise devrait
toujours être désignée par des substantifs, ou des adjec-
tifs employés substantivement, et qui seraient le *nomen*
appellativum de l'objet du contrat, et ce nom ne varie-
rait pas, quelles que fussent les modifications que pussent subir les qualités purement accidentelles : « Etiam
« cum demutantur qualitates, accipiunt vocabulorum
« possessiones [2]. » Ce n'est là du reste qu'un procédé
pratique : se trouvât-il en défaut, ce serait toujours aux
principes qu'il faudrait demander une solution : « sermo
« rei, non res sermoni subjicitur. »

Nous avons déjà rencontré chez les jurisconsultes ro—

---

[1] Mühembruch. Bien que cet auteur prenne le mot *substantia* comme
synonyme de *materia*, on voit que sa doctrine est au fond conforme à
celle que nous avons adoptée.

[2] Tertullien.

mains l'application de cette notion de la substance. En
voici encore quelques exemples : J'ai cru acheter une
table d'or massif, et il se trouve qu'elle était d'un métal
moins précieux, *plaqué* seulement d'or : la vente est
nulle, *nulla est emptio* (41 § 1, D. 18 1.). Si j'achète
du cuivre pour de l'or, du plomb pour de l'airain, la
vente est encore nulle : ce que je voulais acheter, ce
n'est pas tel ou tel lingot que j'avais sous les yeux :
c'était tel ou tel métal, préférablement à tout autre.
Enfin il y aura encore nullité radicale au cas où j'achète
une maison, un bois, dans l'ignorance où je suis que le
feu vient de les détruire : le vendeur ne pourrait m'obliger à prendre le terrain : ce n'est pas lui, en réalité, qui
était l'objet du contrat. — La décision serait tout autre
si l'erreur portait sur une modalité, une qualité de l'objet, qui influât moins gravement sur sa nature même.
Ainsi le vase que j'achète est bien en or, mais à un titre
plus ou moins élevé (10, 14, D. 18, 1). Le vin, que je
croyais bon, a suri (9 § 5, D. *eod. tit.*). La vente est
valable : *tunc venditio valet.*

Que faudrait-il décider si l'acheteur pensait acquérir
des tables faites de bois de citronnier, tandis qu'elles
étaient d'un autre bois? D'après les règles que nous avons
posées, nous verrons là une erreur sur la substance.
Nous ne disons pas, avec quelques-uns des auteurs qui
ont soutenu la même opinion, que toute erreur sur
la matière est une erreur substantielle, mais, nous repor-
tant à la pensée vraisemblable des contractants, eu égard
au prix qu'attachaient les romains aux meubles de bois
de citronnier, nous disons que la matière forme, dans
l'espèce, la *substantia rei.* — Toute la difficulté vient de

la loi 21, § 2, *Dig.* 19 1. « Quamvis supra diximus, cum
« in corpore consentiamus, de qualitate autem dissen-
« tiamus, *emptionem esse* : tamen venditor teneri debet,
« quanti interest non esse deceptum, et si venditor quo-
« que nesciet : veluti si mensas quasi citreas emat, quæ
« non sunt. » Cette leçon, *emptionem esse*, est celle de
la Florentine : les autres manuscrits donnent, au contraire : *non esse*. Cette correction doit-elle être admise ?
Oui, assurément, si les règles ci-dessus énoncées sont
exactes. M. de Savigny, toutefois (§ 137), auquel nous
avons emprunté en grande partie l'exposé qui précède,
s'en tient au texte du manuscrit de Florence. D'après
lui, en effet, on ne doit pas appliquer à l'espèce actuelle les décisions que l'on applique lorsque du cuivre
a été pris pour de l'or, du plomb pour de l'airain. Sans
doute, personne ne dira que l'erreur sur l'essence du
bois n'influe pas sur la valeur du meuble, mais cela ne
change pas la nature de la marchandise, surtout quand,
au moyen du poli, le bois précieux a été assez bien imité
pour faire illusion. Ce cas est très-différent de celui des
métaux précieux, car les différentes espèces de bois
sont travaillées par les mêmes ouvriers, et, une fois
la forme du meuble détruite, les morceaux n'ont ordinairement aucune valeur, quelle que soit l'espèce du
bois.

Il nous semble qu'il y a ici quelque confusion : nous
cherchons ce que les Romains entendaient par *substantia* :
avec M. de Savigny nous avons répondu que c'est l'ensemble des qualités que les parties ont eu vraisemblablement en vue en contractant... Qu'importe dès lors que le
bois de citronnier ait pu être imité avec perfection ?

qu'importe aussi que les différentes pièces dont se compose le meuble ne puissent reprendre leur forme primitive et que le bois, une fois ainsi travaillé, n'ait plus la même valeur intrinsèque, comme l'aurait un métal précieux?

L'unique question à résoudre est celle-ci : Quelle a du être l'intention des parties, en prenant pour objet de la vente une table de bois de citronnier? Est-ce un meuble, de quelque matière que ce soit? N'est-ce pas au contraire un meuble confectionné avec tel bois, *mensa citrea?* Il ne nous parait pas possible de ne pas se prononcer pour ce dernier parti, et, lorsqu'on voit les Romains payer jusqu'à 1,400,000 sexterces une table de ce bois, de ne pas reconnaître que la matière est bien ici la *substantia rei*, et que l'erreur dont elle est l'objet est incompatible avec l'existence du contrat.

On pourrait objecter contre cette interprétation, que la loi 21 § 1 porte en elle-même, et indépendamment des expressions discutées, la preuve que le contrat existe, car elle suppose que le vendeur qui a déclaré que les tables étaient en bois de citronnier devra payer à l'acheteur une indemnité, malgré sa bonne foi : or comment, dit-on, « cette déclaration qui fait partie du contrat « de vente peut-elle être un titre pour réclamer une in- « demnité alors que le contrat est anéanti [1]? » M. de Savigny nous fournit la réponse : « Quoique le contrat « soit nul en soi, le vendeur n'en est pas moins obligé « par d'autres motifs, indépendamment du contrat. »

---

[1] Cf. M. Massol, *des oblig nat.*, p. 20, note 1. Ce passage se réfère il est vrai à la loi 45, D. 18, 1 : mais l'objection qu'il formule s'applique à plus forte raison à la loi sur laquelle porte la présente discussion.

« Nous ne disconvenons pas, dit M. Massol, que si le
« vendeur avait commis un dol, il ne fût responsable. »
Assurément ! mais le vendeur ne répond pas seulement
de son dol : il répond de sa faute, aussi ; or il y a faute
de sa part de n'avoir pas connu de quelle matière étaient
les tables qu'il mettait en vente, et d'avoir ainsi, bien
qu'involontairement, favorisé l'erreur de l'acheteur [1], et
c'est précisément à cause de cette faute qu'il sera tenu
d'indemniser l'acheteur.

Nous croyons donc pouvoir maintenir comme exacte
cette définition que la substance, en droit romain et en
ce qui concerne les actes de bonne foi, est l'objet de cet
acte, considéré non pas dans son individualité matérielle, mais dans les caractères essentiels qu'a dû lui
attribuer, d'après les circonstances, la volonté probable
des parties. Dans les actes de droit strict, au contraire,
rappelons que la *substantia* se confond avec l'*ipsum
corpus*.

IV. — *De l'erreur sur la cause.* Le mot *causa*
a, en droit romain, plusieurs sens : il désigne
tantôt la circonstance nécessaire pour rendre
l'acte obligatoire, tantôt le motif immédiat de cet
acte.

L'erreur sur la *causa civilis* entraîne, nous l'avons
dit, la nullité radicale de l'acte juridique.

Au contraire, l'erreur sur le motif même immédiat
est, en principe, sans influence directe sur l'existence
même du rapport de droit : au reste, cette rigueur ne
s'est pas maintenue, et de bonne heure on accorda une

---

[1] Cf. M. Vangerow, III, 265.

exception de dol, soit même une action, à celui qui ne s'était engagé ou n'avait aliéné que sous l'empire d'une semblable erreur [1].

L'erreur sur les simples motifs ne donnerait pas même lieu à cette exception.

Enfin l'erreur sur la désignation nominale, ou la description d'un objet *(nomen, demonstratio)*, ne sera jamais une cause de nullité, à moins, bien entendu, d'une part, que cette erreur n'empêche de discerner la véritable volonté de l'agent, ou bien que la *demonstratio* ne constitue une condition à laquelle fût subordonnée l'existence de l'acte.

V. — De l'erreur sur la personne. Le droit romain a considéré l'erreur sur la personne comme viciant *ipso jure* l'acte juridique [2].

Cette décision s'explique aisément lorsque l'*error de persona* se confond avec l'erreur sur l'objet même du contrat; il en est ainsi dans tous les cas d'obligation *quæ in faciendo consistit*; de même pour la transaction; mais elle nous semble souffrir plus de difficulté quand l'*error de persona* n'est autre chose qu'une erreur sur le motif déterminant de l'acte : Par exemple, croyant avoir affaire à Pierre j'ai fait à Paul un prêt de 10,000 sexterces (32, D. 12, 1), ou bien deux plaideurs ont, par leur convention, attribué juridiction à un juge d'ailleurs incompétent, puis ils s'aperçoivent que ce juge n'est pas

[1] M. Mayuz, *Éléments du droit romain*, II, p. 127.

[2] Quod si de personis erratur, idque simpliciter, inutilis est conventio, nisi quatenus ipsa re contractum esse videri potest (Mulhembruch, p. 338, note 7, 8. F. M. Ch. Mayuz, p 285, note 10.

la personne qu'ils pensaient (15, D. 2, 1 ; 2 pr. D. 5, 1). Il semble que dans de semblables hypothèses, les Romains auraient dû reconnaître que le consentement existait réellement ; seulement qu'une exception pourrait être opposée par la partie trompée. Tel n'a pas été leur point de vue. Peut-être ont-ils considéré qu'il y avait ici quelque chose d'analogue à l'*error in substantia*, que la volonté devait, en conséquence, être envisagée d'une manière large, en quelque sorte indivisible, et comme ne devant produire d'effets juridiques qu'autant qu'elle serait susceptible d'une efficacité absolue.

Lorsque l'erreur sur la personne n'a aucun des deux caractères que nous venons de rappeler, l'acte juridique est valable. Il semble toutefois que telle ne soit pas la doctrine de M. de Savigny (§ 136) en ce qui concerne du moins les actes qui exigent un concours de volontés. « L'opinion erronée de plusieurs auteurs sur « ce point, ajoute le savant romaniste, tient à ce que la « substitution de personnes ne compromet aucun inté- « rêt; dès lors on laisse subsister le contrat dont la « nullité pourrait toujours être réclamée... Le principe « général est que chacun peut invoquer cette nullité du « contrat. » — Si, en effet, cette opinion n'avait pas d'autre fondement, elle devrait être rejetée ; mais elle s'appuie au contraire sur les principes mêmes de la matière. L'erreur n'a d'action sur un acte juridique, qu'autant qu'elle vicie le consentement. — Tout vice du consentement n'est pas un vice de l'acte: il faut pour cela que l'objet de l'erreur ait, relativement à cet acte, l'importance d'un élément essentiel; or en est-il ainsi dans l'espèce? Séius a vingt sacs de froment : il veut les vendre: Titius se présente et Séius consent à faire marché avec lui : celui–ci pourra–t-il plus tard attaquer le contrat en soutenant qu'il a pris Titius pour une autre personne? S'il l'essayait, Titius lui répondrait avec raison: Tout ce que vous vouliez, c'était vendre votre froment: la personne de votre acheteur n'était pour vous d'aucun intérêt : vous avez donc consenti au contrat, malgré votre erreur, car celle-ci a porté sur un pur accident, un simple accessoire: la vente est donc valable.

Nous n'avons parlé jusqu'ici que des actes licites : quant aux actes illicites, nous n'en dirons qu'un mot. Ou bien en effet le rapport de droit est la conséquence du fait seul, même involontaire, ou bien au contraire c'est la volonté mauvaise qui lui donnera naissance. Dans le premier cas, l'erreur n'aura aucune influence, dans l'autre, son influence sera absolue. — Cette dernière règle s'appliquerait, entre autres, à tous ces faits si divers, compris sous le nom de *dolus*. Le dol suppose avant tout une intention coupable, il est donc complétement incompatible avec l'idée d'erreur, quelle qu'en soit la nature.

CHAPITRE TROISIÈME

Des effets de l'erreur.

De ce qui précède nous sommes autorisés à conclure :

En premier lieu, que tout acte auquel manque l'un des

éléments essentiels à son existence ou à sa validité est radicalement nul, peu importe que cet élément fasse défaut par suite de l'erreur des parties, ou pour toute autre cause.

Cette dernière hypothèse est évidemment étrangère à la théorie de l'erreur. Ainsi l'esclave que son maître aurait, par erreur, déclaré libre, ne pourrait se prévaloir de cette déclaration quand le maître plus tard voudrait *vindicare in servitutem,* car un esclave ne peut acquérir la liberté qu'en vertu d'un affranchissement régulier ;— de même le propriétaire qui soustrait sa propre chose, croyant qu'elle appartient à autrui, ne commet pas un vol, car il n'y a pas alors : *contrectatio rei alienæ.*

Lorsque l'erreur porte sur un des éléments essentiels de l'acte, celui—ci, nous l'avons dit, est nul d'une nullité absolue : nous en avons vu la preuve en parlant de l'erreur sur la *causa* ou sur l'*ipsum corpus.*

Enfin l'erreur exerce une influence directe sur l'acte, quand elle détruit totalement la volonté. Quelques textes paraissent décider que tel est toujours l'effet de l'erreur : « Non videntur, qui errant, consentire (116 § 2, D 50, 17); errantis nulla voluntas (20, D, 39, 3.—8 C. 1, 18) ; error non habet consensum (2 pr. D 5, 1) »; mais ces décisions, prises dans un sens absolu, sont certainement inadmissibles, elles s'expliquent, au contraire, aisément, si on prend le soin de les restreindre aux cas auxquels elles se réfèrent.

« Si patiente vicino opus faciam, ex quo ei aqua
« pluviæ noceat, non teneri me actione aquæ pluviæ
« arcendæ : sed hoc ita si non per errorem deceptus fue—
« rit : nulla enim voluntas errantis est » (19, **20 D** 39,

3). La « patientia vicini » faisant supposer son consentement tacite à la construction qui lui portera préjudice ; il est bien évident que s'il n'a pas connu, en fait
ces constructions, on ne peut le considérer comme y
ayant donné son approbation, et, par conséquent, le
constructeur ne peut acquérir aucun droit contre lui. —
Le résultat serait le même dans tous les cas où la loi fait
résulter de certaines circonstances l'existence d'une volonté tacite : l'erreur rendrait impossible cette présomption, et par conséquent empêcherait de se produire le
rapport de droit dont elle devait être la base : (cf. 15,
D 2, 1 — 2 pr. D 5, 1).

Les expressions de la loi 116 § 2 sont, il est vrai,
isolées, et par conséquent ne peuvent être expressément rapportées à une hypothèse déterminée ; mais il
n'est pas douteux que le jurisconsulte n'ait eu en vue
quelque cas analogue à ceux que nous venons de parcourir. La place qu'occupe ce texte au titre dernier des
Pandectes autorise à croire qu'il y a ici quelque décision spéciale détachée par Tribonien de l'espèce sur
laquelle elle avait été rendue et érigée en principe général.

Dans tous les cas où l'acte est radicalement nul par
suite de l'erreur, il n'y a pas lieu d'examiner quelle est
la nature de cette erreur, peu importe qu'elle soit de
fait ou de droit, excusable ou non.

Cette règle, à laquelle nous avait conduit la logique,
est confirmée de manière à ne laisser aucun doute, par
tous les textes que nous avons cités. Tous en effet
prononcent la nullité de la manière la plus générale,
et sans aucune distinction. On comprendra combien

cette absence de toute restriction est significative, lorsque nous aurons constaté avec quel soin les jurisconsultes, quand il s'agissait de déterminer les effets de l'erreur, dans les cas où ces effets peuvent être modifiés, appliquaient à l'erreur de fait et à l'erreur de droit des règles différentes.

Ces hypothèses, où l'erreur se produit relativement à un acte qui n'est pas radicalement nul, sont celles dont l'examen constitue à proprement parler la théorie de l'erreur : ce sont celles dont nous devons maintenant nous occuper. Qu'il nous soit permis, avant d'en aborder l'étude, de faire remarquer de nouveau que nous nous trouverons en présence d'actes valables en soi, et que, par conséquent, quelle que soit la doctrine que nous reconnaissions pour avoir été celle des Romains, on ne pourra pas, quel qu'en soit le mérite d'ailleurs, la regarder, ainsi qu'on l'a fait, comme bouleversant toutes les idées du sens commun, et tendant à attribuer des effets à ce qui n'existe pas.

Avant d'exposer cette théorie, il ne sera pas inutile de rappeler en peu de mots par quels progrès successifs et quelles modifications lentes, mais continues, des principes de leur législation, les romains sont arrivés à cet ensemble de règles où ils essayèrent, non sans succès, de concilier les exigences de l'équité avec l'esprit étroit et formaliste de leurs antiques lois.

L'un des caractères les plus remarquables de la législation romaine est sa tendance à se perfectionner d'une manière incessante, remplaçant peu à peu les institutions vieillies par d'autres que lui imposaient soit les nécessités de la pratique, soit les principes méconnus par ses premiers fondateurs. L'organisation du pouvoir législatif était d'ailleurs merveilleusement propre à faciliter cette tendance. A côté du Sénat, assemblée permanente qui ne perdait jamais de vue un seul des intérêts de la chose publique, nous voyons qu'il appartient aux prudents, dans leurs *réponses*, aux magistrats, dans leurs édits, de *faire la loi*; la coutume, enfin, était l'une des sources du droit, de telle sorte que toute idée nouvelle pouvait se manifester, tout besoin nouveau recevoir satisfaction, de la manière qui convenait le mieux à sa nature et aux circonstances dans lesquelles il se produisait. C'est ainsi que le droit changea peu à peu, à Rome, sans que l'on puisse donner à ces changements une date précise, et que, sans secousse, sans brusque transition, la législation romaine remplaça le strict droit civil, si étroit, si exclusif, par ces principes de raison et d'équité qui en ont fait le type des législations modernes.

C'est ainsi que du *nexum*, forme unique au moyen de laquelle on peut d'abord créer des rapports d'obligation, et où la volonté ne joue aucun rôle, on arrive successivement aux contrats consensuels, c'est-à-dire aux actes dont la seule *cause civile* est la volonté des parties. Plus tard on ira plus loin, et l'on étendra cette efficacité de la seule volonté à des cas où primitivement elle ne s'exerçait pas : les pactes prétoriens et les pactes légitimes seront à leur tour pourvus d'une action [1].

Ce n'était pas assez d'avoir donné accès au droit des gens. Le droit civil conservait toute son autorité, et aussi tous ses défauts. Nous avons dit plus haut combien

[1] Cf M Ortolan : Éléments de droit romain général I, nᵒˢ 154 suiv.; III, nᵒ 1105 suiv.

un système qui accordait toute autorité à la forme et aucune à la volonté était contraire aux principes les plus
élémentaires du droit, principes qui doivent être l'expression de la justice, de la bonne foi, de l'équité. [1]

La réaction se manifesta de bonne heure. Sous la ré-
publique, Cicéron disait de Crassus : « In interpretanda,
« in definienda, in explicanda æquitate nihil erat
« Crasso copiosius », et il le présente en même temps
comme l'orateur le plus versé dans la science du droit :
« eloquentium juris peritissimus [2]». Dans un autre ouvrage, ayant à faire l'éloge de Servius Sulpitius, il en
parle en ces termes : « Nec vero silebitur admirabilis
« quædam, et incredibilis, ac pæne divina ejus in legi-
« bus interpretandis, æquitate explicanda, scientia ;
« neque enim ille magis juris consultus quam scientiæ
« fuit [3]. »

A la même époque ces idées de justice et d'équité se
traduisaient dans un monument législatif : Aquilius Gal-
lus introduisait dans la pratique les formules relatives
au dol.

Et toutefois, telle était à Rome la force des institutions que le temps avait consacrées, qu'il fallut des siècles
pour faire disparaître définitivement cet empire de la
forme, cette religion des mots, qu'avait introduits la loi
des XII Tables : au temps de la jurisprudence classique,
nous voyons encore les règles inflexibles de l'obli-

[1] *Jus semper quæsitum est æquabile : neque enim aliter jus esset. (Cic·
de off.* II, 12). *Unde jus aut quitum aut hoc civile dicitur? . unde justitia, fides, æquitas...(de repub.* I, 2.)

Brutus, c. 39.

[3] Philipp. IX, c. 5.

gation *verbis* produire des conséquences que l'on atté-
nue, que l'on paralyse de mille moyens, (cf. 36 D. 45, 1,)
mais sans les répudier entièrement, et il faut descendre
jusqu'au bas-empire pour voir anéantir tout ce formalisme.

La théorie de l'erreur se présente donc à Rome
comme une dérogation au-droit commun, une exception
aux règles établies : elle reposait sur une idée de protection, de faveur, justifiée par l'équité.

Or le magistrat, arbitre des procès, ne devait accorder le bénéfice de la ' loi qu'à ceux qui en étaient
dignes : tout ce que réclame l'équité, c'est que vous n'é-
prouviez pas un préjudice qu'il n'était pas en votre pouvoir d'éviter : autrement c'est à vous seul qu'il convient
d'imputer ce dommage, et la loi n'est que juste en ne
vous relevant pas des suites de votre incurie : « volenti
« non fit injuria. »

Ces idées sont exprimées par les Romains dans des
textes nombreux que nous aurons plus d'une fois occasion de citer : du moment qu'elles avaient prévalu et
étaient devenues la base de la théorie de l'erreur, il était
logique que cette théorie se résumât en un mot : L'excusabilité. L'erreur excusable était la seule contre les
conséquences de laquelle on pouvait invoquer le secours
de la loi.

Les jurisconsultes ont en effet distingué l'erreur qu'ils
appelaient : *justus* (11, § 10, D. 11, 1 42, D. 50, 17.
Paul. sent. I. 7, § 2), *probabilis, tolerabilis* (5, § 1 D. 41
10), et l'*error crassus, supinus* (6, D. 22, 6), *dissolutus*
(29, D. 17, 1). D'après eux, l'*error* ou *ignorantia* était
excusable quand elle avait été commise par un homme

suffisamment soigneux et attentif : « non deperditi et
« nimium securi hominis » (3 § 1, D. 22, 6). « Scien-
« tia hoc modo æstimanda est, ut neque negligentia
« crassa, aut nimia securitas sit » (6, D. 22, 6).

Quand l'erreur est excusable, la loi vient au secours
de celui qui en est victime, et le relève des conséquences
de cette erreur. C'est de là qu'est venue l'expression :
L'erreur plausible, excusable, est relevante. Quelquefois
aussi l'erreur pourra devenir la raison d'être d'un droit :
elle ne produira également cet effet qu'à la condition
d'être excusable. C'est encore pour exprimer ces diverses conséquences de l'erreur que l'on a dit : « Error
« nocet, non prodest. — Prodest, non nocet. »

Le principe que nous venons de poser est commun
à l'erreur de fait et à l'erreur de droit : l'une et l'autre
aut prodest, aut nocet, suivant qu'elle est *tolerabilis* ou
crassus.

Ce point, d'ailleurs, a été l'objet de vives controverses. Nous développerons d'abord notre sentiment
sur cette grave question ; puis nous examinerons les
objections qu'on a élevées contre lui, et les divers systèmes qu'on a voulu lui substituer.

—Lorsque nous disons qu'un même principe est applicable à l'erreur de droit et à l'erreur de fait, nous
n'entendons pas qu'elles doivent toutes deux être placées sur la même ligne et traitées d'une manière identique. La nature des choses établit entre elles, au point
de vue de la preuve, une profonde différence.

Les Romains ont reconnu en effet qu'il est des règles,
des préceptes que tous les hommes sont tenus de con-

naître ; ce sont d'abord les préceptes du droit naturel :
« Omnes scire tenentur ea quæ sunt universalia juris
« præcepta ; » ce sont aussi, du moins en principe, les
règles du droit positif, lorsqu'elles ont été régulièrement promulguées : « Constitutiones principum, nec
« ignorare quemquam, nec dissimulare permittimus [1] ».
Cette présomption de *scientia* est, en soi, légitime : elle
se justifie, nous l'avons vu, par une pensée d'intérêt social que tous les peuples ont consacrée. Mais cette présomption ne doit être admise qu'autant qu'elle ne sera pas
absolue : pour qu'on lui eût accordé une autorité complète, il eut fallu que la loi fût publiée à Rome de manière à ce que chacun pût la connaitre : or, par leur
nature même, les sources du droit se refusaient à une
pareille publicité. Aussi les jurisconsultes ont—ils pensé
que la preuve contraire devait être permise contre la
présomption qui nous occupe, car pour eux il pouvait se
rencontrer des cas où l'erreur de droit fût pardonnable.
Tout en admettant donc qu'il existe entre l'*error juris*
et l'*error facti* la différence essentielle : « Cum jus fini—
« tum esse et possit et debeat, » ils se contentent, pour
l'une comme pour l'autre, que leur victime ait apporté
à s'éclairer les soins d'un « bonus paterfamilias » (9,
§ 2, D. 22, 6), et c'est précisément à propos de l'erreur
de droit qu'ils déterminent en ces termes les caractères
de l'erreur excusable : « Scientiam eam observandam
« Pomponius ait, non quæ cadit in jurisprudentes, sed
« quam quis aut per se, aut per alios adsequi potuit.
« scilicet consulendo prudentiores, ut diligentiorem

[1] Code théod. 2, liv. I, tit. I.

« patremfamilias consulere dignum est » (2 § 5,
D. 38, 15, Ulp.) [1].

L'*error juris* n'est donc pas toujours *supinus, crassus :*
et par conséquent, il peut être équitable de lui appliquer le bénéfice de l'excusabilité ; seulement, et c'est
ici qu'elle se distingue de l'erreur de fait, on n'admettra
l'excuse que l'on voudrait fonder sur elle, qu'autant qu'il
serait prouvé qu'on n'a pu l'éviter : « Si temere separa-
« tionem petierint creditores defuncti, impetrare ve-
« niam possunt, justissima scilicet ignorantiæ causa
« allegata » (1, § 17, D. 42, 6).

Ce qui domine ici, c'est l'idée de faute : celui que la
loi consent à secourir, c'est un homme malheureux, mais
non pas négligent. Mais si aucune présomption de faute
n'est possible, comme lorsqu'il s'agit d'une question
controversée, ne devra-t-on pas appliquer à l'erreur de
droit des règles semblables à celles de l'erreur de fait ?
en d'autres termes, ne devra-t-on pas se contenter de la
preuve de l'erreur sans exiger de plus la preuve qu'il
n'existait aucun moyen de l'éviter ? Nous le pensons.
Dans tous les textes qui condamnent une personne tombée dans une erreur de droit, on suppose toujours des
points indiscutables ; ce sera, par exemple, un successible qui ignore que le préteur donne aux cognats la
bonorum possessio, (2 § 1, 5, D. 41, 4,) ou bien un acheteur, qui pense qu'il est permis à un pupille de vendre
ses immeubles sans l'*auctoritas* de son tuteur (2 § 15,
D. 41, 4). Il n'y a là, nous en convenons, qu'un raisonnement *a contrario* : il nous paraît toutefois suffisant

[1] Cujas, ad h. l. Opp. v. p. 888.

pour autoriser la solution à laquelle nous nous sommes arrêté : d'autant plus qu'ici la présomption de faute n'a plus aucun fondement : n'est-il pas juste dès lors qu'on cesse de l'appliquer ? Et si l'on recule devant cette exception à une règle certaine, ne peut-on pas dire du moins que l'on trouve ici cette *justissima causa erroris* que le jurisconsulte Ulpien lui donnait pour limite ?

M. de Savigny donnerait la même décision au cas où il s'agirait d'un point de droit particulier, surtout si ce droit était un droit coutumier[1]. Mais cette dérogation ne nous paraît pas devoir être admise : la règle, ne l'oublions pas, est que l'erreur de droit n'est pas relevante: *non prodest, nocet...* les exceptions ne devront être reconnues que dans les cas incompatibles avec le fondement même de la règle : or ici nous n'avons rien de pareil : celui qui erre sur un point de droit, même coutumier, est en faute, car il aurait pu consulter de plus instruits que lui, et prendre ces informations que n'omet pas un homme prudent: « ut diligentiorem patremfamilias con- « suitere dignum est. » — Sans doute, il se pourra que le point de droit dont il s'agit ne soit pas constant, on pourra même être divisé sur l'existence de tel ou tel usage, mais alors nous rentrons sous l'empire de l'hy-

[1] Notre ancienne jurisprudence, qui avait admis les principes romains, en matière d'erreur, considérait comme involontaire, et par conséquent, digne d'excuse, l'ignorance des statuts et règlements de police, quand cette ignorance était alléguée par un étranger arrivé depuis peu de temps dans le pays. (Boullenois, *Personal et réal des lois*, I, p. 160, (Merlin remarque,) v° *ignorance* I, n° 3) avec raison que cette doctrine, très-délicate et fort dangereuse dans l'application, ne peut être adoptée sous l'empire du Code Napoléon.

pothèse précédente, et de l'exception qu'elle nous a paru justifier.

Pour les mêmes raisons, nous donnerions une solution identique au cas où ce serait un étranger qui allèguerait une erreur de droit ; seulement, sa qualité d'étranger pourrait lui rendre plus facile, *en fait*, la preuve de la *justa causa ignorantiæ*.

Tandis que l'excusabilité est l'exception quand il s'agit d'erreur de droit: elle devient la règle, au cas d'*error facit*.

Les lois, en effet, sont définies, ou tout au moins doivent l'être. Au contraire, rien n'est plus divers, plus varié que les faits sur lesquels peut porter l'erreur, et dont, par conséquent, l'appréciation doit entrer e.1 ligne de compte, quand il faut se prononcer sur la valeur d'un acte juridique: et c'est là l'explication véritable de la différence que nous avons signalée : « In omni parte, « error in jure non eodem loco quo facti ignorantia, ha- « beri debebit; cum jus definitum esse et possit et de- « beat, facti interpretatio plerumque etiam prudentissi- « mos fallat. » (2, D. 22, 6). »

L'erreur de fait sera donc, en général, relevante, et ce n'est que lorsqu'il y aura eu négligence prouvée que la loi laissera produire à l'erreur ses effets, si nuisibles soient—ils à celui qui doit les subir.

Il est facile de suivre chez les jurisconsultes l'application de cette idée : Si j'ai loué une maison à un soldat dont j'ignorais la qualité, je pourrai agir contre lui pour obtenir le paiement des loyers, car je n'ai pas contrevenu à la discipline, puisque je ne connaissais pas la condition de mon preneur (50, D. 19, 2). — Mævius achète de Gaius un homme libre qu'il croit esclave, un *fundus sacer* qu'il ne croit pas tel : sans doute la vente ne tiendra pas puisqu'elle n'a pas d'objet ; mais l'acheteur étant tombé dans une faute excusable, « quia difficile dignosci « potest liber homo a servo », pourra réclamer du vendeur réparation du préjudice que lui causerait son erreur (4, 5, D. 8, 1). Le jurisconsulte prenant en considération l'erreur excusable de l'acheteur donne vie, pour ainsi parler, à cette vente nulle d'une nullité radicale : *emptio intelligitur*, dit le texte [1].

Une autre application se rencontre dans l'adage : *Error communis facit jus*. Lorsqu'une erreur est partagée par tout le monde, on est excusable d'y être aussi tombé.

Ulpien nous donne en peu de mots un exemple des circonstances qui peuvent constituer une *error communis*. Supposant qu'une personne a prêté de l'argent à un fils de famille, le jurisconsulte décide que ce prêteur sera à l'abri du S. C. Macédonien, pour cette raison qu'il a partagé l'opinion générale, en attribuant à l'emprunteur la qualité de *pater*, qualité confirmée par son ordinaire manière d'agir : « quia publice paterfamilias « plerisque videbatur, sic agebat, sic contrahebat, sic « muneribus fungebatur. » — Une constitution d'Adrien statue de même, que, dans l'hypothèse particulière qui lui est soumise, l'on n'a pas à se préoccuper du point de

---

[1] On voit, par le rapprochement de ces deux textes, que les jurisconsultes traitaient d'une façon identique la question d'indemnité et la question de validité de l'acte juridique. — En étudiant les règles du droit actuel nous essaierons de montrer que l'on doit au contraire appliquer à chacune d'elles des règles tout différentes.

savoir si les témoins appelés à concourir à la confection
d'un testament étaient libres ou esclaves, « cum eo tem-
« pore quo testamentum signabatur, omnium consensu
« liberorum loco habiti sint, nec quisquam eis usque
« adhuc status controversiam moverit » (1, C. 6, 23)[1].

— Parcourons maintenant quelques espèces où celui
qui est tombé dans l'erreur est coupable de négligence :
en ce cas, il en subira toutes les suites : la loi ne fera
rien pour l'en préserver.

Ainsi le préteur accorde une action à l'acheteur relativement aux vices cachés dont est affecté l'objet du
contrat ; mais ce secours lui serait refusé si l'acheteur
eût pu, avec un peu de soin, connaître ces vices au moment de la vente (14, § 10, D. 21). — Il ne serait pas
non plus permis d'alléguer l'ignorance d'une chose que
tout le monde connaît (14, § 3, D. 14, 3), ou une erreur que sa position personnelle, ou les circonstances
particulières de chaque espèce, permettaient d'éviter.
Nous nous arrêterons seulement à ce qui concerne l'*error*
facti proprii. En thèse générale, une semblable erreur
n'est pas excusable, ou tout au moins, elle est présumée être le résultat d'une grande négligence : « Pluri-
« mum interest, utrum quis de alterius causa et facto
« non sciret, an de jure suo ignoret (3 pr. D. 22, 6). On
peut pardonner à celui qui se trompe, mais non à celui
qui sait ou qui aurait dû savoir. Or chacun est présumé

---

[1] Nous n'avons pas cru devoir citer la loi *Barbarius Philippus* car
elle est étrangère à notre sujet : elle consacre de la manière la plus
formelle dans une hypothèse relative au droit public, la règle dont
nous recherchons quelques applications au point de vue du droit
privé.

se souvenir de ses propres actes. On trouve une application de cette idée dans la matière de la révocation des legs par attribution de l'objet légué, du premier légataire à un second : pour que cet acte ultérieur soit valable, il faut que le testateur ait eu l'intention d'annuler ou modifier le premier : qu'il sache, par conséquent, qu'il a fait la première disposition : cette connaissance sera toujours présumée chez lui : « cum « memor erat eorum quæ testamento cavisset» (3 p., D. 34, 4) ; mais cette présomption n'a encore rien d'absolu, et elle tombera devant la preuve d'une *justa causa ignorantiæ*: ainsi en serait-il si le *factum proprium* remontait à une époque déjà éloignée : « Dixi... nec infirmitatem memoriæ damnum afferre (Papinien, 44, D. 41, 2) [1]. »

C'est donc avec raison que les commentateurs ont rapproché l'*error facti proprii* de l'*error juris*: ce sont, on le voit, les mêmes principes qui leur sont applicables.

Cujas et Doneau n'ont pas admis cette théorie si simple de deux présomptions opposées, dominant tour à tour suivant les cas, et admettant toutes deux la preuve contraire.

En ce qui concerne l'erreur de fait, les deux illustres commentateurs convinrent bien qu'elle était toujours relevante, pourvu bien entendu qu'elle ne fût pas le résultat d'une grande négligence, mais il ne leur parut pas

---

[1] Il n'est pas besoin d'ajouter que les règles applicables à l'*error facti proprii* ne s'étendent pas aux héritiers ou ayants-cause, relativement aux faits de leur auteur : un texte cependant le déclare expressément : « Qui in alterius locum succedunt justam habent ignorantiæ causam, an id quod peteretur, deberetur.» (4, 2, D. 50, 17.)

que la règle inverse dût être appliquée à l'erreur de droit.

Un principe certain, en effet, d'après eux, c'est que l'erreur de droit ne peut procurer un bénéfice à celui qui y est tombé : il en serait ainsi quand bien même ce se - rait une femme qui invoquerait cette erreur. « Juris error « nec fœminis in compendiis prodest (**8, D. 22, 6, Pa-** pinian.). Or, que faut-il entendre par *compendium ?* Le jurisconsulte auquel est empruntée la loi 8 le donne à entendre : Il y a *compendium* lorsqu'il y a acquisition réalisée : or ceci se présente non-seulement quand un bien entre dans notre patrimoine sans en avoir jamais fait partie, mais aussi quand nous recouvrons un bien qui nous avait antérieurement appartenu, ou tout au moins ce second cas *(damnum rei amissæ)* doit être assi- milé au premier ; au contraire, il y aura *damnum* quand nous serons menacés de perdre un bien qui nous appar- tient encore : c'est le *damnum rei amittendæ.* Telle est la doctrine consacrée par les lois 7 et 8 de notre titre (22, 6). « Juris ignorantia non prodest adquirere vo— « lentibus : suum vero petentibus non nocet. Error facti « ne maribus quidem in damnis vel compendiis obest : « juris autem error nec fœminis in compendiis prodest : « cæterum omnibus juris error in damnis amittendæ « suæ rei non nocet. »

On remarquera tout d'abord ce qu'il y a d'étrange dans cette assimilation du *damnum rei amissæ* à un *com- pendium.* On aurait compris que les Romains aient éta- bli une différence entre le *lucrum* et le *damnum,* celui—ci envisagé d'une manière générale : et à ce point de vue, nous pensons que la décision de la loi 7 eût été excel-

lente : mais il nous est impossible d'émettre le même
sentiment en ce qui concerne la loi 8, et les développe-
pements que donne Cujas à sa pensée nous paraissent
montrer ce qu'elle a de contradictoire: Supposons que
Gaïus a payé à Mævius, par erreur de droit, 100 écus
d'or qu'il croyait lui devoir, faudra–t–il décider, en
envisageant d'ailleurs la question uniquement au point
de vue de la controverse actuelle, que Gaïus pourra répéter? Accurse avait dit : Il y aura lieu à *condictio indebiti,* « ne damnum faciat qui solvit. » « Inepta ratio,
« répond Cujas : Qui enim solvit indebitum, versatur in
« damno, nec damnum timet. Si vult sibi restitui solu-
« tum, lucrum captat », et dans un autre endroit :
« Damnum facio si, quæ mea sunt, aut mihi debita
« (nil refert), non recipio, aut non retineo. Unde sic
« statuamus : Si indebitum promisero, tuebor me er-
« rore facti ne solvam, ne pecuniæ promissæ, nondum
« amissæ, damnum faciam... Compendium facio si
« acquiro quæ mea non sunt, licet quandoque meæ fue-
« rint » [1]. Il y a, ce nous semble, dans tout ce raisonnement une bien grande subtilité ou une contradiction
certaine. Cujas, en effet, permet d'invoquer l'erreur de
droit à celui qui poursuit le paiement de ce qui lui est
dû : or telle est bien la position du *solvens* qui intente la
condictio indebiti : il prétend que l'*accipiens* lui doit les
100 sous d'or qu'il a reçus: est-ce donc la différence
entre les *causæ obligationum,* qui peut justifier des solutions si dissemblables?

Doneau[2] adopte les mêmes idées que Cujas ; comment

---

1 Opp. ɪᴠ, col. 505 D., 507, D.
2 *Comment. de j. civ.* ɪ. 23.

alors a-t-il pu écrire ¹ : « Si quid de suo amisit, dam—
« num... est enim damnum patrimonii deminutio »...
C'est bien là qu'est la vérité : les mots ont un sens trop
précis pour qu'on puisse s'y méprendre. Celui qui invoque l'erreur de droit veut-il obtenir un accroissement
de son patrimoine, y faire entrer un bien qui n'y était
pas compris, sous quelque forme que ce fût, au moment
où est intervenu l'acte que l'on prétend entaché d'erreur, *lucrum captat*, il veut obtenir un enrichissement,
il y a vraiment là *compendium ;* autrement, *certat de
damno vitando* ; éviter une perte, quel que soit le sens
que l'on donne à ce mot, ou réaliser un gain, ne seront
jamais même chose.

L'unique fondement de cette distinction entre les
deux sortes de dommages se trouve dans la loi 8 de notre
titre : mais l'argument que l'on tire de ce texte nous
semble prêter à Papinien une idée qui n'a pu être la
sienne, et les expressions dont il se sert ne sont pas assez
formelles pour qu'on doive fatalement leur appliquer
cette interprétation. D'après nous, le jurisconsulte n'a pas
eu en vue d'établir une antithèse entre le *damnum rei amittendæ*, *amissæ*, mais seulement entre l'erreur de fait et
l'erreur de droit: voici quelle était vraisemblablement sa
pensée : l'erreur de fait ne peut porter préjudice aux
hommes (*maribus*) ni quand ils veulent éviter une perte,
ni quand ils cherchent à réaliser un bénéfice ; quant à
l'erreur de droit, les femmes mêmes ne peuvent les invoquer en ce qui concerne les gains à réaliser (*in compendiis*) : du reste elle ne nuit à personne lorsqu'il s'agit

¹ *Eod. op.* 1, 21.

d'un préjudice à subir [1]. La loi 8 se réduirait donc à une reproduction du principe déjà posé dans la loi 7, laquelle distingue simplement, quant aux effets que peut produire l'erreur de droit, entre le *lucrum* d'une part et le *damnum* d'autre part.

C'est donc à cette distinction que nous devons maintenant nous attacher : au surplus, c'est elle que nous avons rencontrée à la base du système de Cujas et de Doneau, et la distinction subsidiaire que nous venons de combattre n'en était que l'application et le développement : enfin les commentateurs modernes s'accordent à reconnaître qu'il n'y a qu'une espèce de *damnum*, et à lui opposer purement le *compendium* [2].

Nous avons reconnu que cette distinction entre le gain à réaliser et le dommage à éviter était juste en soi, et il n'y aurait pas eu lieu de s'étonner que les jurisconsultes romains l'eussent adoptée ; mais il n'en est rien : Papinien essaya de la faire prévaloir, et la loi 7 est une preuve de cette tentative [3] : il ne fut pas suivi

---

[1] Cette traduction de la loi 8 a paru à certains commentateurs combattue par les expressions du texte précédent: *suum vero petentibus..* qui semblent bien indiquer ce que Papinien entend par *damnum* quand il l'oppose au *compendium* : Toutes les fois qu'une personne voudrait réclamer autre chose que ce qui est actuellement dans son patrimoine, à titre de propriété, *acquirere vult*, et par conséquent on ne peut admettre la preuve de l'erreur de droit. Cette opinion, plus rigoureuse que celle que nous avons combattue, doit-être à plus forte raison rejetée. Ajoutons que l'interprétation étroite qu'elle donne au mot *suum* est inexacte au point de vue du langage des jurisconsultes, qui l'emploient aussi pour désigner ce que Cujas et Doneau appellent *damnum rei amissæ* (Cf. 53, D. 12, 6).

[2] Cf. Mulhembruch, § 96, note 6.

[3] M. de Savigny voit dans les lois 7 et 8 les traces d'une généralisation maladroite : Papinien, d'après le savant romaniste, ne parlait pas de l'erreur en général : il parlait de l'erreur des femmes

dans cette voie. Paul, qui vivait à une époque postérieure, pose comme un principe très-général que l'erreur
de droit à la différence de l'erreur de fait nuit à tout le
monde : « Regula est, juris quidem ignorantiam *cuique*
« nocere, facti vero ignorantiam non nocere... » et, à
la différence du texte de Papinien, celui—ci est longuement développé. Tout au moins conviendra·t-on que si,
de ces deux formules, il en est une qui ne comporte pas
de doutes, c'est bien celle de Paul.

Il y a plus, des décisions nombreuses prouvent que
l'erreur de droit n'est pás relevante, même quand il
s'agit d'éviter une perte : ainsi celui qui a prêté une

seulement, qui avaient de son temps le privilége de pouvoir invoquer
même l'erreur de droit dans tous les cas où l'influence de l'erreur
était admise, les donations exceptées. Dès lors, le mot *lucrum* avait
un sens très-précis. Les compilateurs se virent forcés de généraliser
ce passage, parce que, dans la suite, le privilége des femmes se
trouva restreint et leur condition presque assimilée à celle des
hommes. Voilà comment l'inadvertance des compilateurs a donné à
ces textes la fausse apparence d'un principe général sur l'efficacité
de l'erreur Cette interprétation trouve enfin, ajoute M. de Savigny,
un fondement historique dans la comparaison de la loi 3 C. th. III,
5. avec la loi 11 C. J. I, 18 ; celle-ci, en effet, nous montrant également
la généralisation d'une décision spéciale donnée par la loi 3, précisément dans le cas d'une donation faite par un mari à sa femme,
et reproduit presque littéralement, dans un sens en apparence absolu,
les expressions de Papinien : « Quamvis in lucro, nec fœminis jus
« ignorantibus subveniri liceat », alors que dans la constitution originale, elles ne s'appliquaient certainement qu'à un *lucrum* proprement
dit.

Bien que ces savantes conjectures puissent paraître fondées, nous
croyons préférable de nous en tenir à l'interprétation que nous avons
adoptée L'altération ou la mutilation des textes est à coup sûr un
procédé qu'ont employé trop fréquemment les commissaires de Justinien : mais on doit reconnaître que si elles sont ici possibles et même,
si on le veut, vraisemblables, elles ne sont pas, du moins, suffisamment établies.

somme d'argent, *errore juris*, à un *filiusfamilias miles*
parce qu'il croyait que le S. C. Macédonien ne s'appliquait pas aux soldats, pourra-t-il répéter avec succès?
Non! — Une veuve qui se remarie avant l'an de deuil,
croyant que cela lui est permis, encourra—t—elle l'in-
famie? Oui. — Nous empruntons ces deux décisions à
Cujas. D'après la doctrine que nous avons adoptée, elles
s'expliquent d'elles—mêmes : l'ignorance du droit nuit à
celui qui l'a commise ; mais ne sont—elles pas absolument contraires au système de Cujas? Le grand jurisconsulte prétend cependant les concilier avec ce système :
complétant sa distinction entre le *damnum rei amittendæ amissæ*, il donne aux expressions : *nocet, non
prodest — prodest, non nocet* des sens différents et voici
dès lors comment il explique—les exemples que nous
venons de citer : l'*ignorantia juris* ne nuit pas au prêteur : *non nocet!* « mais elle ne lui profite pas non
plus, *non prodest,* car elle ne lui fournit pas une cause
de répétition. » — Et relativement à la veuve qui se
remarie avant l'an de deuil : « Igitur ignorantia juris
« nocet! » non, car cette ignorance « non minuit fa-
« mam, sed dicitur eam famam non conservare.
« Ideoque non dicitur nocere, sed dicitur non pro-
« desse. » — Enfin, la loi 9 de notre titre refuse la
condictio indebiti à celui qui, sous l'empire d'une erreur
de droit, paie ce qu'il ne devait pas : l'ignorance du
droit, dit Cujas, n'enlève pas au solvens la *condictio*,
« sed conditioni causam non præbet [1]. »

C'est là prêter aux jurisconsultes romains des déli-

---

[1] Opp. VII, col. 890 — et Obs. V, 39.

catesses de langage qu'ils n'ont pas soupçonnées. Ils
ont toujours employé sans distinction les expressions :
nocet, non nocet, prodest, non prodest, subvenitur, etc.,
sans appliquer l'une ou l'autre plus spécialement à tel
ou tel cas. L'étude des divers fragments de notre titre
suffit pour s'en convaincre (4, 7, 8, 9, § 3, D. 22, 6).

Noodt [1] avait aperçu l'erreur de ce système : « Talem
« facti ignorantiam non nocere ait Paulus (l. 9) usus
« figura rhetoricæ, poetis familiari, nec tamen nostris
« insolita : litotes appellatur, quia aliquando plus, ali-
« quando minus dicitur quam significatur. Posterius
« hoc loco mavult Paulus, nam cum ait : regulam esse
« facti ignorantiam non nocere, non solum vult non
« obesse cuiquam, sed eo plus indigitat, omnibus **pro—**
« **desse**. Ejus interpretationis causam hanc habeo : quod
« et damno liberat facti ignorantia, et ad lucrum pro-
« dest (5, D. h. t., 4, C. h. t.). Quippe illic minus, hic
« plus dicit, quam intelligit. Hoc suadet Pomponius
« l. 4 h. t. sic scribens : « juris ignorantiam in usu-
« capione negatur *prodesse*. Mitto Pomponium : ipse
« Paulus (D. l. 9, § 3) in eumdem sensum : sed juris,
« inquit, ignorantiam *non prodesse* Labeo ita accipien-
« dum existimat...... » Et il conclut ainsi : « Ita ne,
« non prodesse non est nocere... sed ut medium inter
« nocere et prodesse, ut non velle, nedum inter velle ac
« nolle, auctore Cujacio... »

Le système de Cujas a été repoussé sur ce point par
Doneau lui-même : Mulhenbruch ne l'a pas non plus
reproduit. Nous nous trouvons donc de nouveau en pré-

---

[1] Comment l. **IX**. — Adde : Struvius, Synallagma. jurisprud. exerc.
28, Th. 53, 58.

sence des textes que nous avons cités et qui montrent que les jurisconsultes Romains, refusant d'admettre la solution proposée par Papinien, ont décidé que l'erreur de droit ne pourrait en aucun cas être invoquée, à moins que celui qui l'invoque ne prouve qu'il n'a pu l'éviter.

— Les règles concernant l'erreur de droit, règles qui reposent sur une présomption de faute de la part de celui qui en est victime, comportent quelques exceptions.

Nous avons vu en effet que cette présomption de faute ne cède que devant la preuve d'une juste cause d'erreur : *justissima erroris causa allegata :* or, dans les hypothèses que nous allons maintenant parcourir, la loi admet, *de plano,* l'existence de cette *justa causa erroris,* et la fait résulter de la condition même de la personne qui invoque son erreur : « Illud nullam habet dubitatio- « nem, quin minor debitum solverit ex ea causa, ex « qua jure civili repetitio non est danda, sit ei utilis ac- « tio ad repetendum, cum et majoribus xxv annis « justis ex causis dari solet repetitio (25 pr., D. 4, h). » Ce que Gaïus dit ici du mineur peut s'appliquer aux trois autres classes de personnes privilégiées : femmes, soldats, *rustici :* « In his ignorantia tolerabilis est et ex- « cusanda [1]. »

Ce n'est donc pas assez de dire que la présomption est renversée en faveur de ces personnes, et que l'erreur de droit est traitée comme l'erreur de fait : quand en effet il s'agit de cette dernière, de droit commun celui contre qui on l'invoque peut prouver non—seule—

---

[1] Donell. Comment. j. civ.

ment qu'en fait elle n'a pas existé, mais que, si elle a en effet existé, elle eût pu du moins être évitée avec quelque soin. Il faut ici aller plus loin, et la prétention de la personne qui allègue une erreur de droit ne serait repoussée que par la preuve que cette allégation est fausse ; mais on ne pourrait lui opposer sa négligence ou son incurie : chez elle toute erreur de droit est excusable : « in his ignorantia tolerabilis est et excusanda. » Mais si l'adversaire parvient à établir que la prétendue victime de l'erreur était un *juris peritus,* ou a consulté, bien qu'il n'y fût pas tenu, *juris peritiores se,* il n'y aurait plus lieu, l'*error* disparaissant de lui accorder la faveur exceptionnelle qu'elle invoque.

On peut ranger dans deux catégories les diverses classes de personnes privilégiées : aux unes est accordé un privilége général, applicable à tous les cas, remplaçant d'une manière absolue les règles générales sur l'erreur de droit ; il en est au contraire pour qui le privilége n'a pas ce caractère de généralité, mais est, au contraire, limité dans les cas expressément prévus par la loi.

Les mineurs ont toujours joui du privilége général : au contraire les *rustici* et les soldats n'ont jamais pu l'invoquer. Quant à la femme, jusqu'au v⁰ siècle, elle a été à peu près en tous points assimilée au mineur : depuis cette époque, elle s'est vue réduite comme les soldats et les *rustici* à un privilége spécial.

Des mineurs.

Le secours que la loi accorde au majeur en raison de sa *justa causa ignorantiæ* est accordé au mineur en considération de son jeune âge : « Imperfectam ætatem

« tantumdem valere in impuberibus, quantum in cæteris
« valet ignorantia[1]. » « Minoribus jus ignorare permissum
« est, » avait dit le jurisconsulte Paul (9 pr. D. 22, 6)
et les empereurs Honorius et Théodose s'expriment
aussi de la façon la plus absolue : « Minoribus in his quæ
« vel prætermiserint, vel ignoraverint, innumeris auc—
« toritatibus constat esse consultum (5 C. 2, 22).

Ce n'est qu'aux actes licites que s'applique cette
exception : « Si quod flagitium admiserit quod ad publi-
« cam exercitionem spectet, ob hoc in integrum
« restitui non potest (Paul. sent. I. 9, § 1.). Il parait
bien cependant que cette règle même recevait exception
quand il s'agissait de délits de droit civil : on conçoit
cette différence. Lorsqu'on est en présence d'une per—
sonne qui est en pleine possession de ses facultés et
de l'expérience que donne l'âge, on conçoit que l'in—
térêt public ait pu, sans injustice, l'emporter sur des
considérations d'intérêt particulier ; mais quand il s'a-
git d'un mineur, il eût été sévère non moins qu'illo-
gique, du moment qu'on le déclarait incapable d'un
jugement parfaitement sûr, de le punir d'une erreur
qu'il n'eût pu éviter qu'avec des soins et une attention
que la loi ne demande pas de lui (Cf. 38, § 2, D 48., 5.—
9, § 5, D. 4., 4).

Des femmes. — Jusqu'au cinquième siècle de l'ère
chrétienne, les femmes étaient placées sur la même ligne
que les mineurs, excepté toutefois en ce qui concerne
les donations (Cf. 3, C. th. 3, 5 ; 11, C. J. 1, 18). « Et
« mulieribus et minoribus, in his quæ prætermiserint vel

[1] Mulhembruch, § 95, note 20.

« ignoraverint, innumeris auctoritatibus constat esse consultum » (3, C. th. 2, 16). Cette constitution est reproduite au Code de Justinien dans un texte déjà cité: on y remarque cependant la suppression des premiers mots: « et mulieribus et…. » C'est une conséquence de l'innovation de l'empereur Léon qui, dans une constitution de l'an 469, rappelant la règle consacrée par Honorius et Théodose, prononce que désormais les femmes ne pourront se faire relever des suites de leurs erreurs si elles ne se trouvent dans les conditions fixées par le droit commun, à moins qu'une disposition spéciale n'en ait décidé autrement: « Ne passim liceat mulieribus omnes suos con

« tractus retractare, in his quæ prætermiserint vel igno

« raverint, statuimus si per ignorantiam juris damnum

« aliquod circa jus vel substantiam suam patiantur, in his

« tantum casibus, in quibus præteritarum legum auc

« toritas eis suffragatur, subveniri » (13, C. 1, 18).

Les auteurs énumèrent les cas auxquels est réservé le privilége des femmes, en vertu de cette constitution: en voici quelques-uns: La femme reçoit une caution judiciaire qui n'est pas valable (8, § 2, D. 2, 8)[1] ; elle néglige,

---

[1] Cujas, préoccupé peut être de sa distinction entre le *lucrum* et le *damnum rei amittendæ*, semble admettre que ce n'est pas absolument au cas de donation proprement dite qu'il est défendu à la femme d'invoquer l'erreur de droit, mais *in compendiis, in lucris, lato sensu.* C'est ainsi qu'il explique l'expression : « Forsitan et fœminis propter imperitiam succurrendum est » au cas où la femme a accepté pour fidéjusseur un esclave (8, § 2, D. 2, 8). Mais il restreint la rigueur de cette interprétation en disant que la femme pourra être restituée quand il s'agira d'un *lucrum* de peu d'importance: «non magnum adeo lucrum, ut hoc invidere liceat mulierculæ jus ignoranti. — Il est beaucoup plus exact de voir dans ce texte l'application pure et simple du privilége général accordé aux femmes, antérieurement à la constitution de Léon et conservé ensuite en vertu des termes mêmes de cette constitution. (*In quæst. Pap.* liv. **XIX** *ad l.* 7 D. h t.).

dans un procès, de produire les pièces à l'appui de sa
prétention (1, § 5, D. 2, 13); omet les formalités prescrites au cas de grossesse (2, § 1, D. 25, 4); paie une
dette, au lieu d'invoquer le S. C. Velléien(9, C. 4, 29).

Quant aux délits, la femme est soustraite aux peines
prononcées contre *l'incestus juris civilis*(38, § 2, D. 48,
5 — Nov. 12, ch. 1) ou contre les actes commis en
violation de la loi Cornélia *de falsis*.

Les rustici et les soldats. Ce n'est que par exception
que les *rustici* peuvent invoquer l'erreur de droit indépendamment de toute preuve de *justa erroris causa*. Le
plus remarquable de ces cas exceptionnels est celui où
le *rusticus* aurait laissé passer les délais de la *bonorum
possessio* (8, C. 6, 9) [1].

L'erreur de droit pourrait encore être invoquée par
ces personnes au cas de violation d'un délit de droit
civil : les *rustici* sont, dans ces hypothèses, mentionnés
presque toujours à côté des femmes (28, D. 48, 5 ;
2. § 22, D. 29, 5. — 2, § 1. D. 2, 5).

On sait quelles faveurs la législation romaine avait
accordées aux soldats C'était d'abord la récompense
de leur dévouement à la chose publique : c'était surtout
une conséquence de l'ignorance où les tenait leur profes-
sion, de tout ce qui concerne les règles du droit : « pro-
« pter nimiam imperitiam (Instit.), propter simplicita-
« tem armatæ militiæ » (1, C. 1, 18; 22 pr. C. 6,
30).

De même que pour les *rustici*, leur condition n'est

---

[1] Le même privilége n'était pas accordé en ce cas aux femmes (1,
C. 6 .9).

pas pour les soldats une cause générale d'excuse. Plu—
sieurs textes, il est vrai, s'expriment à leur égard d'une
manière presque aussi absolue qu'à l'égard des mi—
neurs [1] : cependant, ils ne figurent pas à côté de ceux-
ci dans l'édit du préteur relatif à l'*in integrum restitutio*,
et d'autre part aucun jurisconsulte, aucune constitution
impériale ne les assimile, comme nous l'avons vu faire
pour les femmes, à ceux quel'on protége *propter ætatem*.

Le *miles* est dispensé des règles prescrites en ma—
tière de testaments : le privilége est devenu ici une loi
spéciale et formelle et se trouve par conséquent soustrait
à la théorie de l'erreur.

Le *miles* n'est pas assujetti aux délais de la *bonorum
possessio* (1, C. 2, 51) ; et s'il a accepté une succession
onéreuse, il peut se faire restituer contre son accepta—
tion (Inst. ii, 19, § 5). Quand Justinien introduisit le
jus deliberandi, le bénéfice dont nous venons de parler
devint sans objet : il fut remplacé par la dispense d'in—
ventaire.

Il est plusieurs cas où le soldat est assimilé à la femme
et au *rusticus* ; ainsi lorsqu'il a omis par erreur de droit
de produire dans un procès « competentes allegationes»
(1, C. 1, 18), ou bien lorsqu'il s'est rendu coupable
d'un délit de droit civil (5, C. 9, 23—4, § 15, D. 49,16).

Nous ne dirons qu'un mot des moyens par lesquels on

---

[1] Miles per constitutiones principales, jus ignorare potest (9, § 1,
D. 22, 6).
Arma etenim magis quam jura scire milites, sacratissimus legisla-
tor existimavit (22 pr. C. 6, 30).

pourra faire produire à l'erreur les effets dont elle est susceptible.

En principe, il n'existe aucun moyen d'agir ou de se défendre, aucune action ni exception qui soit spéciale à l'erreur.

Le plus souvent, la personne qui se prétend victime d'une erreur attendra que son adversaire se prévale contre elle de l'acte qu'elle entend faire tomber : elle opposera alors soit l'*exceptio doli*, soit l'*exceptio in factum*, qui la supplée en certains cas. Cette exception sera d'ailleurs soumise à toutes les règles du droit commun : si donc il s'agit d'une erreur qui aurait annulé radicalement l'acte en question, l'exception serait inutile : le préteur refuserait de délivrer la formule au demandeur ; si l'acte est valable en soi, mais que l'action par laquelle on en réclame l'exécution soit une *actio bonæ fidei*, l'exception sera encore inutile, car le juge d'une semblable action possède d'après les termes mêmes de la formule, des pouvoirs suffisants pour tenir compte de tout ce qu'exige la bonne foi, et par conséquent pour déjouer le dol que commet le demandeur en se prévalant d'un acte entaché d'erreur. S'il s'agit enfin d'une action de droit strict, l'exception sera indispensable au défendeur. Tout ceci est, on le voit, l'application des principes généraux (Cf. 4, § 5, D. 2, 11 — 17 pr. D. 44, 4 — 18, D. 12, 1).

Il peut se présenter des circonstances où l'exception de dol serait une ressource insuffisante : aussi à côté d'elle le droit romain avait-il placé l'*in integrum restitutio*. C'était, nous le savons, un secours extraordinaire accordé par le préteur dans les cas spécialement prévus

par l'édit : au nombre de ces cas figurait l'erreur (Paul
sent. I. 7, § 2 ; 2, D. 4, 1). On a déjà rencontré plusieurs exemples : rappelons d'abord ceux relatifs
aux personnes privilégiées ; en voici quelques autres :
Les créanciers d'une succession ont imprudemment demandé la séparation des patrimoines (1, § 17, D. 42, 6),
un plaideur a demandé par erreur plus que cc à quoi il
avait droit (Inst. IV, 6, § 33, pr.). Celui qui avait fait
un aveu sous l'empire d'une erreur était également restitué (11, §§ 8, 10, D. 11. 1).

C'est surtout en étudiant l'*in integrum restitutio* que
l'on peut se convaincre du véritable caractère de la théorie de l'erreur, en droit romain : elle repose tout entière
sur l'équité : « æquitatis ratione », la nature essentielle
de l'erreur, le vice du consentement n'en est pour ainsi
dire que l'occasion : aussi l'erreur si grave qu'elle soit
ne pourra être invoquée que si elle est tout à fait excusable : ainsi que l'expriment les Instituts à propos de la
plus petitio : « Sane si tam magna causa justi erroris
« interveniebat, ut etiam constantissimus quisque labi
« possit, etiam majori succurrebatur » (IV, 6, § 33).
« Scilicet justissima erroris causa allegata » (1, § 17,
D. 42, 6).

— Le droit d'opposer l'*exceptio doli* ou l'*in integrum
restitutio* n'est pas spécial à l'erreur ; au contraire il
existe des actions qui ne peuvent être exercées qu'en cette
matière. Ce sont les actions édiliciennes et plusieurs de
celles désignées sous le nom générique de *condictio*.

Les actions rédhibitoire et *quanti minoris* sont accordées à celui qui a acheté une chose affectée de vices
qu'il ne connaissait pas lors de la vente. Ces deux ac-

tions sont subordonnées à la condition essentielle, indispensable, qu'une erreur ait existé, et dès que l'acheteur
aura connu les vices de la chose, la prescription commencera à courir contre lui. Au reste, ici comme toujours, c'est seulement l'*ignorantia non supina* qui est
protégée (55, D. 21, 1).

L'erreur sur le motif même immédiat d'un acte (*causa*)
n'entraîne pas la nullité radicale de cet acte : mais outre
la ressource de l'exception de dol, la partie trompée
pourra, dans certains cas, recourir par une action personnelle contre celui qui a tiré profit de l'acte. Cette
action serait accordée à la personne qui aurait fait une
prestation ou contracté une obligation en vue d'une
cause qu'elle croyait exister, et qui, en réalité, n'existe
pas. Mævius, par exemple, a livré à Stichus un esclave
qu'il croyait lui devoir, ou bien s'est obligé envers lui,
dans la pensée que Stichus lui fournirait telle somme
d'argent : il aura, dans le premier cas, la *condictio sine
causa (lato sensu)* [1], et dans le second la *condictio causa
data causa non secuta*, par lesquelles il réclamera soit le
corpus qu'il a livré (7, D. 12, 6), soit des objets de même
nature s'il s'agit d'un *genre*, soit enfin la libération de
l'obligation qu'il a contractée (34, D. 12, 6–51, § 1,
D. 2, 14. 36 D. 45, 1).

Ici encore l'erreur est la condition *sine qua non* de
l'action : celui qui fait une prestation ou contracte un en-

---

[1] Si la *causa* en vertu de laquelle Titus avait fait l'acte qu'il veut
attaquer, pouvait servir de base à une *actio* spéciale, c'est cette
action, qu'il devrait intenter : ainsi en serait-il s'il avait livré 100
écus d'or qu'il croyait devoir à titre de *mutuum :* en pareil cas la
condictio certi ex mutuo compétant au *tradens*, la *condictio indebiti*
deviendrait inutile.

gagement sachant bien qu'ils n'ont pas d'autre cause
que sa volonté, celui-là ne fait pas un acte sans cause :
les Romains en effet n'admettaient pas qu'un homme
sensé se dépouille sans cause d'une chose qui lui appartient, aussi la connaissance qu'avait l'agent de
l'absence de cause était considérée par eux comme constituant une cause suffisante : et en pareil cas ils refusaient toute action en répétition. (3, § 7, D. 12, 4 7,
C. 4, 6).

Le cas le plus intéressant de *condictio sine causa* est
celui d'un paiement effectué en vertu d'une dette qui
n'existait pas : il y a lieu alors à une action spéciale : la
condictio indebiti. C'est en étudiant cette action que nous
nous demanderons s'il convient d'appliquer ici la distinction entre l'erreur de fait et l'erreur de droit.

SECONDE PARTIE

On peut considérer l'homme, comme sujet du droit, à deux points de vue généraux : au point de vue de sa personne d'une part, et de l'autre au point de vue de ses biens, de son patrimoine. C'est sous ces deux chefs que nous distribuerons les détails dans lesquels nous devons maintenant entrer.

CHAPITRE PREMIER

Jus personarum

L'homme est libre ou esclave, — citoyen ou étranger, — *sui juris* ou *alieni juris*. Sa condition doit donc être étudiée au point de vue de la liberté, de la cité, de la famille.

La législation romaine nous a légué à cet égard fort peu de renseignements, en ce qui concerne l'erreur, et cependant les questions qui s'agitent ici ne sont-elles pas les plus graves, et ne devrait-on pas s'étonner que les jurisconsultes n'aient pas porté leur attention de ce côté ?

Une observation nous paraît rendre compte, en partie du moins, de ce silence. Nous avons déjà eu l'occasion de le remarquer : la question de savoir si l'erreur produit quelque effet ne se présente évidemment que relativement aux actes où la volonté est en jeu : or, en parcourant la liste des modifications diverses dont est susceptible l'état d'une personne, surtout par rapport à la liberté et à la cité, il est aisé de constater que presque toutes ont pour cause ou un fait, indépendant de tout consentement, ou un acte criminel, auquel cas l'intention coupable est incompatible avec toute idée d'erreur. Enfin, même dans les hypothèses où l'erreur est susceptible d'exercer quelque influence, les questions qu'elle soulève sont beaucoup moins complexes et moins délicates que lorsqu'il s'agit de rapports contractuels ou de tous autres relatifs au patrimoine. — N'est-il pas permis, au surplus, de conclure du silence des jurisconsultes qu'ils ont considéré les principes généraux comme suffisant pour trancher toutes les difficultés, à moins que quelque raison particulière n'y vint faire obstacle?.... Ce mode d'interprétation nous parait en effet justifié par les quelques décisions qui nous sont parvenues.

SECTION I

Liberté

§ I. — Pour quelles causes perd-on la liberté.

On naît ou on devient esclave.

Laissons de côté la *naissance*, pur fait sur les conséquences duquel l'erreur ou la *scientia* ne sauraient avoir aucune action.

D'après l'ancien droit, on pouvait devenir esclave de quatre manières : nous ne nous y arrêterons pas non plus, car en ce qui concerne le « fur manifestus » la règle est certaine : il n'y a pas de *furtum* sans *affectus furandi;* quant aux trois autres cas, « qui censeri noluit, « qui miles factus non est, judicatus », on conçoit difficilement comment en pratique l'erreur aurait pu se produire.

Sous Justinien l'homme libre condamné au dernier supplice perdait la liberté par le fait seul de la condamnation. — L'affranchi ingrat envers son patron retombait en servitude (2, C. 6, 7.—Inst. I, 16, § 1).

La disposition du Sénatus-consulte Claudien, et celle relative à l'homme libre, majeur de 25 ans, qui a consenti à se laisser vendre comme esclave, méritent quelques détails.

Paul, dans ses *Sentences*, s'occupe avec quelques développements du Sénatus-consulte Claudien, (Lib. I, tit. 21, A).

« Si mulier ingenua civisque romana vel latina,
« alieno se servo conjunxerit, si quidem invito et
« denuntiante domino in eodem contubernio persevera-
« verit, efficitur ancilla. »

L'erreur de la femme ne peut porter sur la volonté du maître, puisque les *denuntiationes* ont pour but de l'éclairer sur ce point ; mais au contraire la femme peut-elle alléguer qu'elle a ignoré la disposition du sénatus-consulte ? Nous ne le pensons pas. C'est là sans doute une dérogation à la règle qui range la femme parmi les personnes « quibus jus ignorare permissum est » ; mais cette dérogation nous semble résulter du § 14 de notre titre. Ce paragraphe en effet suppose qu'une femme libre a *sciens* commerce avec l'esclave d'un municipe : « etiam citra denuntiationes ancilla efficitur. » Or ce mot *sciens* signifie que la femme connaît sa condition et celle de l'esclave, comme l'indique la suite du texte : « Non idem si nesciat : nescisse autem videtur quæ, « comperta conditione, contubernio se abstinuit, aut li- « berum putavit. » S'il en est ainsi dans un cas où le

maître est dispensé des « denuntiationes », comment
supposer qu'il en serait autrement quand ces significations ont eu lieu ? On avait cru pouvoir faire cesser en
ce point le privilège introduit en faveur de la femme à
cause de l'intérêt qu'avait le maître à ce que son esclave
n'eût *contubernium* avec certaines personnes qu'autant
qu'il croirait devoir y consentir : et il n'y avait là rien
de trop rigoureux, puisque la femme était avertie par
les « denuntiationes » de la peine qui la menaçait.

Bien entendu l'intérêt du *dominus servi* avait dû céder
quand la femme avait été victime d'une erreur qui aurait
été excusable chez tout autre. Ainsi en sera-t-il de
l'erreur sur sa propre condition : « Errore quæ se pu-
« tavit ancillam atque ideo alieni servi contubernium
« secuta est, si postea se liberam sciens in contubernio
« eodem perseveraverit, efficitur ancilla (§ 12). »

Se croire esclave quand on est libre peut constituer
une erreur de fait ou une erreur de droit. Que faudrait-
il décider dans cette dernière hypothèse ? Le bénéfice
général d'excusabilité, accordé aux femmes, devrait reprendre son empire : nous n'avons plus en effet de texte
qui autorise à y apporter une exception, et d'ailleurs les
motifs ne sont plus les mêmes : il est en effet possible
que les significations du *dominus* qui devaient révéler
à la femme l'existence du sénatus-consulte ne l'avaient
nullement éclairée sur sa véritable condition.

La difficulté serait plus grande si la femme alléguait
une erreur relative à la condition du *servus*. Si l'on se
trouvait dans l'un des cas où les notifications ne doivent pas avoir lieu, cette erreur, qu'elle fût de fait ou de
droit, serait relevante ; que si les notifications ont été

faites, on devrait décider, faute de textes précis, que l'erreur de droit, dans les cas extrêmement rares où elle se rencontrerait, profiterait à la femme.

— C'est le maître qui doit faire les « denuntiationes » à la femme (§§ 1, 8), à moins qu'il n'agisse *per procuratorem* : le jurisconsulte applique alors avec précision cette règle que l'on doit considérer la volonté du mandataire, et non celle de la personne qu'intéresse directement le sénatus-consulte Ainsi le fils ou l'esclave qui a un pécule dont fait partie le *servus*, acquierra pour son père ou pour son maître, *nulla disquisitione paternæ voluntatis*, en faisant à la femme les significations prescrites (§ 5). Si le maître de l'esclave est un pupille, la *denuntiatio* faite par le tuteur suffira (§ 2).

Les dispositions du sénatus-consulte pouvaient recevoir échec de deux manières par leur combinaison avec les principes généraux du droit.

Les enfants ne peuvent rendre pire la condition de leur père, à moins que celui-ci n'y consente. Si donc, à l'insu de son père, « filiafamilias alieno servo se conjunxerit, etiam post denuntiationem statum suum detinet » (§ 9) ; si au contraire le père avait connaissance de ces faits, sa fille perdrait la liberté (§ 10).

De même les *liberti* ne peuvent, par leurs actes illicites, nuire à leurs patrons : si donc une affranchie a commerce avec un esclave, il faut distinguer suivant que le patron en a ou non connaissance ; sans doute la *liberta* retombera toujours en servitude ; mais au premier cas, elle deviendra esclave du *dominus servi*, au second : *ancilla patroni efficitur* (§§ 6, 7).

—Les Instituts indiquent en ces termes la dernière cause

de déchéance de la liberté : « Fiunt servi.... aut jure
« civili, cum liber homo, major viginti annis, ad pre-
« tium participandum sese venumdari passus est (Inst. I,
« 3, § 4). »

Pour que la liberté soit perdue pour ce *minor*, il faut
qu'il ait connu sa qualité d'homme libre : toute erreur,
même de droit, sur ce point, le soustrairait à cette déchéance, laquelle est une peine infligée à la fraude.

La loi Sentia met en jeu deux volontés, celle du mineur vendu, et celle de l'acheteur. Elle a voulu mettre
celui-ci à l'abri d'un préjudice qu'il lui aurait été difficile d'éviter : par une disposition toute de faveur elle
déroge au principe que la liberté ne peut faire l'objet
des transactions : on exigera donc non-seulement qu'il
ait ignoré l'état du mineur, mais encore que son ignorance soit excusable : les motifs qui servent de base à
la théorie de l'erreur se présentent ici dans toute leur
force.

Quand, au lieu de se déclarer esclave, le *minor* xx *an-*
nis a joué un rôle purement passif, la disposition de la
loi Ælia Sentia ne s'appliquera pas : l'acheteur aura seulement une action *in factum* pour se faire indemniser du
préjudice qu'il éprouve.

Le jurisconsulte applique encore à cette action les
règles relatives au cas où c'est un *procurator* qui agit :
cependant il faut noter ici une modification. Nous avons
vu plus haut que dans les contrats on s'attache uniquement à la volonté des parties qui y ont figuré, et non à la
volonté des personnes auxquelles l'action sera acquise,
à tel point que si mon fils ou mon esclave achète, *me*
præsente, « non est quærendum quid ego existimem, sed

« quid ille qui contrahit. » Au contraire voici la décision de la loi 16, § 4 D. 40, 12 : « Plane si filius igno-
« raverit, pater sit, adhuc dico repellendum patrem,
« etiamsi peculiari nomine filius emit, si modo pater
« præsens fuit, potuitque filium emere prohibere (Ul-
« pien). »

Il n'y a pas là, à notre avis, marque d'une dissidence
entre les jurisconsultes. La décision d'Ulpien se justifie
par cette considération que l'action *in factum* dont il
s'agit est un secours donné à la bonne foi de l'acheteur ; si
l'on pouvait, dans la rigueur des principes, s'en tenir
en général à l'idée que le mandataire est la seule personne dont la volonté doive exercer quelque influence
sur la création du rapport de droit, on conçoit qu'en
ce qui concerne notre action, le jurisconsulte ait cru pouvoir rejeter la fiction légale et écarter cet acheteur auquel un mot eût suffi pour empêcher de s'accomplir un
acte qu'il savait être illicite.

§ II. Des affranchissements.

L'affranchissement peut être fait entre-vifs ou par
acte de dernière volonté : nous laisserons de côté pour
le moment cette seconde hypothèse : nous l'étudierons
quand nous aurons posé les règles relatives aux actes de
dernière volonté. C'est en effet plutôt par la nature même
de ces actes que par celle de l'affranchissement considéré en lui-même, que l'on peut se rendre compte de
plusieurs décisions particulières dont l'étude ne serait
pas, à présent, sans quelque difficulté.

Quant aux affranchissements entre-vifs, deux questions s'étaient élevées. Quel est le sort 1° de l'affranchissement fait par un propriétaire qui croit avoir affaire à

l'esclave d'autrui ; 2° de l'affranchissement fait en vertu d'une *falsa causa* approuvée par le *consilium* dans le cas où cette approbation devrait être obtenue?

Les décisions du droit romain sur ces deux questions sont certaines et n'ont soulevé aucune controverse : il nous suffira donc de citer les textes qui les renferment.

« Quotiens dominus servum manumittit quamvis
« existinet alienum esse eum, nihilhominus verum est
« voluntate domini servum manumissum, et ideo liber
« erit. » (4, § 1, D. 40, 2. Cf. 3, g. pr. D. 40, 5).

« Semel autem causa probata, sive verasit, sive falsa,
« non retractatur. » (Inst. I, 6, § 6).

Avant que le conseil ne prononçât, on pouvait contre-dire les allégations du maître : la détermination du conseil, lorsqu'elle avait été prise, nepouvait être rétractée : « Causæ probationi contradicendum, non etiam causa « jam probata retractanda est » (9, § 1, D. 40, 2, Cf. Théophile).

SECTION II

Cité.

Parmi les causes qui peuvent faire acquérir à un étranger le droit de cité, une seule nous intéresse : l'*erroris causæ probatio*.

Lorsqu'un citoyen romain avait épousé une latine ou une pérégrine, « cum eam civem romanam esse crede— « ret, » ou bien qu'une romaine épousait un pérégrin, ou, « ex lege Ælia Sentia, un déditice, tanquam civem ro— « manum vel latinum, » ou enfin qu'un latin ou une la-tine épousaient par erreur une pérégrine ou un pérégrin qu'ils croyaient de leur propre nation, il leur était per—

mis de prouver leur erreur et d'obtenir ainsi : le droit
de cité romaine pour eux—mêmes, leur conjoint et les
enfants qui seraient nés de leur union.

Cette faveur accordée à l'erreur mérite d'être remar—,
quée. Pour qu'il y ait mariage de droit civil il fallait
tout d'abord qu'il y eût *connubium* entre les époux : en
l'absence de cette condition l'union ne pouvait être qu'il-
légale et les enfants regardés comme illégitimes cette
décision aurait dû être maintenue quelle qu'eût été la
bonne foi des parties, car la bonne foi, nous l'avons dit,
ne peut tenir lieu à un acte de celui de ses éléments es—
sentiels qui lui fait défaut. C'est donc par une exception
aux principes généraux que le droit romain reconnut,
dans de semblables circonstances, un mariage valable,
ou plutôt fit produire à cette union qu'il ne reconnaissait
pas en règle générale, des effets pareils à ceux que produisent les *justæ nuptiæ*.

Le bénéfice de la loi Ælia Sentia qui avait introduit
l'*erroris causæ probatio* et du sénatus—consulte qui
l'avait complétée, devra—t—il être soumis, dans ses
applications pratiques, à la théorie générale de l'erreur ?

Bien que les jurisconsultes s'expriment dans les termes les plus absolus: « per ignorantiam duxerit uxorem
« sive per errorem permittitur causam erroris probare »,
nous ne voyons pas de bonnes raisons pour s'écarter du
droit commun, et, à cette première faveur en joindre une
seconde, qui consisterait dans une excuse accordée *de
plano* à l'erreur de droit. Gaius (I, 67 suiv.) et Ulpien
(reg. VII, 4) auxquels sont empruntées ces citations se
sont vraisemblablement référés aux principes généraux

sans juger qu'il fût utile d'en faire ici l'application. — Nous aurons du reste l'occasion de compléter nos études sur ce point en traitant du mariage.

S E C T I O N III

Famille

§ I. Mariage.

On ne trouve point, en droit romain, de théorie du mariage putatif. Ce n'est que par exception, dans certains cas particuliers, que des dispositions expresses accordaient à des unions contractées de bonne foi une efficacité restreinte.

L'*erroris causæ probatio* dont nous venons de parler nous en offre un exemple : cette institution d'ailleurs avait un certain caractère de généralité : les mesures qui suivirent ne furent guère que des faveurs individuelles ou locales : tel est le rescrit des empereurs Marc-Aurèle et Lucius Vérus : « Movemur et temporis diuturnitate, « quo, ignara juris, in matrimonio avunculi tui fuisti. » (57, § 1, D. 23, 2). Une novelle de Justinien (nov. 154) déclare excusables les unions illicites contractées par les habitants de la Mésopotamie, et il se fonde sur ce que ce sont gens de campagne : « maxime quia agrestis ut « plurimum multitudo hæc fertur delinquere. » La novelle **139** est, il est vrai, générale dans ses termes, et paraît accorder la même faveur à des personnes qui ne peuvent alléguer leur *rusticitas* ; mais ce rescrit se justifie par des considérations spéciales dont on retrouve la trace dans la novelle 154. Ce qui le prouve, c'est que la novelle **139** déclare expressément qu'à l'avenir les unions qu'il excuse seront sévèrement punies : « facul- « tates amittet, atque insuper corporalibus pœnis ex-

« ceptis, perpetuum incolet exsilium », et, d'autre part, que la novelle 154 ayant à statuer peu de temps après sur les mêmes faits, dans une contrée voisine, motive sa disposition notamment sur ce que ces faits ont été commis par des « agrestes. »

Ces textes, en même temps qu'ils dénotent l'absence de toute règle générale en vertu de laquelle la bonne foi aurait fait produire à un mariage nul des effets civils, prouvent bien cependant que l'arbitraire *indulgentia* des empereurs reconnaissait certains principes, qui ne sont autres que ceux qui constituent la théorie générale de l'erreur : s'agit-il, en effet, d'une femme, ils remarquent que sa requête est prise en considération malgré l'ignorance du droit : *ignara juris*, et les constitutions applicables à des gens de campagne prennent soin de noter cette circonstance. Cette théorie n'était donc pas regardée comme étrangère à la matière du mariage et c'est pour nous une nouvelle raison de penser que le magistrat devant lequel était produite « l'erroris causæ pro-« batio » devait également se soumettre à ces règles, et n'accorder par conséquent à un latin ou à un citoyen romain le bénéfice de la loi Sentia que dans l'hypothèse d'une erreur de fait, ou d'une erreur de droit dûment justifiée.

Restreinte quant aux cas auxquels elle s'applique, la faveur accordée par l'*indulgentia principis* est restreinte aussi quant aux effets qu'elle peut produire. — Sur ce point d'ailleurs on en est encore réduit aux conjectures. Il est cependant probable que le mariage ne produisait que les effets spécialement énumérés dans l'acte de l'empereur qui admet l'excuse. Tantôt, et ce devait être

le cas le plus fréquent, la légitimité des enfants était reconnue (57, § 1, D. 23, 2), tantôt les époux étaient exemptés de la peine qu'ils avaient encourue : « Exceptis « tam fœminis quam viris qui, aut errore acerrimo, non « affectato insimulatove..... decepti sunt,... si, aut « errore comperto, aut ubi ad legitimos pervenerint « annos, conjunctionem hujusmodi sine ulla procrasti- « natione diremerint. » (4 in f. C. 5, 5).— Aucun texte n'accorde d'une manière générale, même pour le passé, à l'union contractée de bonne foi les effets d'un mariage valable.

§ II. — Tutelle.

Nous renverrons ici encore à une époque ultérieure ce qui concerne l'erreur intervenant dans la nomination d'un tuteur testamentaire.

Restent donc les questions relatives aux excuses et aux pouvoirs du tuteur : elles sont peu nombreuses et ne demandent pas de longs développements.

Lorsqu'un tuteur se trouve dans l'un des cas prévus par les lois, il peut se faire excuser. Si l'excuse qu'il a alléguée est fausse, « non est liberatus onere tutelæ. » (Inst. I, 25, § 20). Il en était autrement, on se le rap- pelle, quand une « falsa causa manumissionis » avait été approuvée par le conseil (I, 6, § 6). Cette différence s'explique par la diversité même des actes juridiques, l'un où l'idée dominante est la faveur due à la liberté, « favore libertatis, » l'autre au contraire où l'on veut surtout assurer l'accomplissement de ce « munus publi- cum » dont on ne sera que difficilement exempté. — On devait donc toujours exiger l'existence d'une *causa*, comme une condition indispensable, et en cas d'erreur l'excuse ne saurait être valablement prononcée, quand bien même le tuteur aurait été de bonne foi [1].

Outre le droit de présenter des excuses, le tuteur peut « nominare potiorem, » désigner au magistrat une personne qu'il juge plus capable que lui d'exercer la tutelle. — Cette désignation devait être faite lorsqu'on n'avait aucune excuse à présenter : le fait seul d'avoir recouru à cette *nominatio* emportait renonciation tacite au droit de faire valoir ultérieurement aucune excuse. « Licet is qui tutor datus est et excusare se, et « non recepta excusatione potiores nominare potest, si « tempora dierum patiuntur, tamen si maluerit potiores « nominare, postea ad excusationem transire non potest : « nam loco fatentis est nullam se excusationem habere, « cum potiores nominavit. » (Vat. fr., § 207). Le motif de cette fin de non recevoir opposée au tuteur autorise à penser qu'au cas où celui-ci aurait, en fait, ignoré les causes d'excuses qu'il aurait pu faire valoir, il serait admis à les invoquer, même après avoir déjà recouru à la « nominatio potioris, » car cette erreur n'est pas compatible avec l'idée de renonciation tacite. C'est donc à une espèce toute spéciale que l'on doit rapporter, comme ses termes d'ailleurs le permettent, la décision suivante d'Ulpien : « *Scio tamen quosdam*, cum per « errorem ad potiorem nominationem prosilissent, haud « impetrasse ut, deserto jure potiorum, ad excusatio— « nem se converterent. » (Vat. fr., § 242).

Le rôle du tuteur est de compléter la personnalité

[1] Cependant une constitution de l'empereur Alexandre semble exiger que le tuteur ait été coupable de dol (1 C. 5, 63).

juridique du pupille, et quelquefois d'y suppléer. Si le
pupille agit en personne et sans le concours de son tuteur, il peut bien devenir créancier, mais nulle obligation ne naîtra contre lui. En serait-il de même au cas
où le pupille a agi *falso tutore auctore* avec un tiers de
bonne foi? Non! celui qui contracte avec un pupille qui
n'est nullement assisté commet une faute, et doit en supporter la peine. Au contraire la personne qui traite avec
un pupille qu'assiste un faux tuteur peut être victime
d'une erreur très-excusable et dont il ne doit pas dès
lors souffrir. Aussi voyons-nous le préteur venir au secours de ce tiers de bonne foi et lui accorder l'*in integrum restitutio*, l'affranchissant ainsi, suivant l'énergique
langage d'un commentateur, des liens de ces obligations
boiteuses qui ne lui offraient aucune compensation :
« Adeoque liberatur ab ea obligatione, ex rigore juris
« ita claudicante » (Voët). Un titre du Digeste est consacré à cette matière (27, 6). Il applique simplement
les principes généranx, et décide en conséquence, dans
des textes qu'il suffit d'indiquer, que le procès soutenu
contre le tuteur putatif (loi 10) ou l'acte passé avec lui
(loi 1) produiront les mêmes effets que si le tuteur eût
été *verus*.

CHAPITRE SECOND

Actes relatifs au patrimoine.

Les droits réels et les droits personnels sont les deux
éléments dont se compose le patrimoine. C'est à ce

double point de vue que nous étudierons les effets de
l'erreur sur les actes juridiques relatifs au patrimoine.
Nous dirons ensuite quelques mots de la manière dont
les jurisconsultes romains ont appliqué aux actes testamentaires les règles qui constituent la théorie de l'erreur.

SECTION 1

Des droits réels.

Parmi les causes qui peuvent conduire à l'acquisition
de la propriété, il en est qui consistent surtout en l'ac—
complissement de formalités et des faits indiqués par la
loi : Ce sont les modes suivants d'acquisition *juris civilis* : la mancipation, l'*in jure cessio*, l'*adjudicatio*. Nous
ne voulons pas dire que l'erreur ne puisse exercer sur
eux aucune influence : il est certain, au contraire, que
l'*error in corpore* rendrait ces actes nuls ; mais on voit
qu'il n'y a rien ici de spécial à la théorie de l'acquisition
de droits réels. Au contraire, la tradition et l'usucapion
ont soulevé des graves controverses. L'une et l'autre, on
le sait, reposent sur l'existence d'une *justa causa ;* de
plus, l'usucapion n'est possible qu'autant que celui qui
s'en prévaut a possédé de bonne foi. Or, on s'est demandé quelle devait être l'influence de l'erreur sur les
éléments de ces *causæ acquisitionis* : sera-t-elle exclusive de l'acquisition, ou au contraire la laissera-t-elle
se produire.

Pour ramener cette étude aux principes généraux il
faudra nous demander si la *justa causa*, dans la tradition, la *justa causa* et la bonne foi dans l'usucapion sont

des éléments essentiels de ces deux modes d'acquisition.
C'est en effet sur ce point que porteront nos recherches,
nous nous efforcerons ensuite d'en corroborer le résultat par l'examen des textes nombreux et divers qui nous
sont parvenus.

§ I. — Tradition.

La tradition est un mode d'acquérir du droit des
gens. Elle opère l'aliénation de la propriété par la
possession : « Dominii per possessionis translatio—
« nem alienatio ¹. » Ce qui donne à la tradition
le pouvoir de transférer la propriété du *tradens* à
l'*accipiens*, c'est la volonté de ces deux personnes : « Ani-
« mus transferendi acquirendique dominii. » Sans cet
animus la tradition ne peut être translative que de la
possession ; mais si cet *animus* existe, n'est-il pas raisonnable de faire produire à la volonté des parties l'effet de droit qu'elles se sont proposé? Telle paraissait
bien être la pensée de Gaïus : « Nil enim tam conveniens
« est naturali æquitati, disait ce jurisconsulte, quam
« voluntatem domini, volentis rem suam in alium trans—
« ferre, ratam haberi. » (9, § 3, D. 41, 1).

Et d'abord, si l'*animus transferendi acquirendique dominii* n'existe pas, la tradition ne sera pas translative de
la propriété : c'est ce qui arriverait s'il y avait erreur sur l'objet même de la tradition: « Si me in va-
« cuam possessionem fundi Corneliani miseris, ego cum
« putarem me in fundum Sempronianum missum, et in
« Cornelianum iero, non acquiram possessionem, nisi
« forte in nomine tantum erraverimus, in corpore con-
« senserimus. » (34 D. 41, 6).

¹ Mulhembruch, § 250.

Si le *tradens errat de dominio*, « nulla est alienatio, « quia nemo errans rem suam amittit » (35, D. 41, 1).

Le jurisconsulte Marcellus n'est pas d'une opinion contraire, lorsque, supposant que Titius, sur le mandat que je lui donne, a aliéné et livré l'esclave qu'il ne savait pas lui appartenir, il refuse à Titius l'action en revendication : Marcellus en effet ne dit pas que l'*accipiens* est tenu comme propriétaire, mais seulement que le *tradens* ne pourra revendiquer à cause de l'obligation de garantie dont il est tenu par suite de la vente [1].

En second lieu, pour que la tradition fût translative de propriété, il suffisait que le *tradens* ait eu la volonté d'aliéner, l'*accipiens*, celle d'acquérir.

Lorsqu'on dit que la tradition doit être faite *ex justa causa*, on n'entend pas exprimer que le motif qui préside à la tradition doit exister et être conforme aux lois : l'erreur sur le motif même immédiat n'empêche pas la mutation de propriété, ainsi que nous aurons occasion de le constater en nous occupant de la *condictio indebiti*. La *causa* dont il est ici question, c'est « la forme con « crète de tel ou tel contrat, de telle ou telle affaire » forme sans laquelle se présente la volonté. Quand Paul dit, dans la loi 31, D. tit. 1 : Numquam nuda traditio transfert dominium, sed ita si venditio aut aliqua justa causa præcesserit, propter quam traditio sequatur, il donne à entendre, « non pas que la *cause* doive précé « der d'un certain intervalle de temps la tradition, mais « simplement qu'une certaine affaire, admise et non ré « prouvée par le droit, doit servir de fondement à la

---

[1] M. Pellat, textes choisis, p. 133 suiv. — M. Demangeat, I, p 488.

« tradition qui n'en est que l'accomplissement, le
« moyen d'exécution [1] ». — La *justa causa* n'est donc
pas un élément distinct de l'*aninus transferendi dominii*:
« C'est le fait juridique qui met hors de doute la volonté
des parties, » toute tradition faite en vertu de cet *aminus*
est une tradition faite *ex justa causa*. Or, que demandent les jurisconsultes ? Uniquement que la tradition
ne soit pas *nuda :* qu'elle ait un fondement juridique
sérieux et licite : une partie ne doit pas être dépouillée
malgré elle, l'autre ne peut acquérir ni contre le gré du
propriétaire, ni contre son propre gré ; voilà la *justa
causa traditionis*.

Julien adopte les conséquences de cette doctrine dans
la loi 36 D. (41, 1). — Cum in corpus quidem, quod
traditur, consentiamus, in causis vero dissentiamus, non
aminadverto cur inefficax sit traditio : veluti si ego credam me ex testamento tibi obligatum esse , ut fundum
tradam, tu existimes ex stipulatu sibi eum deberi. Nam
et si pecuniam numeratam tibi tradam donandi gratia,
tu eam quasi creditam accipias, constat proprietatam ad
te transire : nec impedimento esse, quod circa causam
dandi atque accipiendi dissenserimus.

A ce texte, on oppose la loi 18 pr. D 12, 1 : Si ego
pecuniam tibi quasi donaturus dedero, tu quasi mutuam
accipias, Julianus scribit donationem non esse. Sed an
mutua sit, videndum. Et puto nec mutuam esse; magisque nummos accipientis non fieri, cum alia opinione
acceperit. Quare si eos consumpserit, licet condictione

---

[1] M. Pellat, Op. cit., p. 116-117. — Cf. Propriété et usufr.; comment.
du titre 2, liv. 6, p. 465.

teneatur, tamen doli exceptione uti poterit ; quia se-
cundum voluntatem dantis nummi sunt consumpi (Ulpien).

Les jurisconsultes ne sont pas divisés en ce qui concerne l'existence d'un contrat : tous deux reconnaissent
qu'il n'y a ni donation ni *mutuum*. — Quant à la mutation de propriété ; certains auteurs ont voulu
concilier les textes de Julien et d'Ulpien: « peut-être,
disent-ils, les mots « *accipientis non fieri* » signifient-
« ils simplement que l'*accipiens* est tenu de restituer,
« ce qui parait d'autant plus probable qu'Ulpien n'ac-
« corde point à celui qui a donné, la revendication,
« mais une *condictio*, action qui ne compète point au
« propriétaire[1] ». Il semble bien résulter cependant des
termes même dont se sert Ulpien qu'il entend se mettre
en contradiction directe et complète avec Julien. Quant
à la circonstance que le jurisconsulte ne donne pas la
revendication, il n'y a aucune conséquence à en tirer,
puisqu'on suppose que les deniers ont été dépensés.

Devant donc choisir entre deux opinions contradic-
toires, nous croyons devoir nous attacher à celle de Julien; elle est, nous l'avons vu, plus conforme à l'idée que
se faisaient les romains de la *justa causa*[2]. Ulpien, il est
vrai, est postérieur à Julien, et nous n'hésitons pas à reconnaître que son opinion est, en soi, préférable, parce
qu'elle tient un compte plus exact de la volonté des par-

---

[1] M. Ch. Maynz, *Éléments du droit romain*, § 92, note 14. — Vinnius, Select. quest. II, C. 35. — Pothier, Pandect. 41, 1, n° 58.

[2] Mulhenbruch, § 250, note 15. — MM. Pellat, textes choisis, p. 114-
124; Maynz, loc. cit. — Ortolan III n° 48.

ties ; mais nous ne voyons dans cette opinion qu'une tentative individuelle *(et puto....* dit-il ; *magisque....)* qu'aucun texte d'une époque ultérieure ne nous indique comme ayant définitivement triomphé.

Si le *dissensus* relatif à la *causa traditionis*, consistait en ce que l'une des parties n'aurait pas eu l'intention d'aliéner ou de recevoir le *dominium*, celui-ci ne serait certainement pas transféré : aucun doute n'est d'ailleurs possible sur ce point.

L'erreur peut avoir quelque autre objet que ceux dont nous avons parlé.

Si elle a consisté, par exemple, en ce que l'*accipiens* pensait que le *tradens* n'était pas propriétaire alors qu'il l'était réellement, la propriété ne lui sera pas moins transférée (9, § 4 D. 22, 6), Car il est vrai de dire que cet *accipiens* a eu l'*animus acquirendi*.

L'erreur sur la personne serait régie par les principes généraux.

Ces principes s'appliquent également à la question de savoir quelle est la personne dont la volonté est nécessaire pour rendre la tradition efficace. Ce sera la volonté de l'*accipiens*, ne fût il qu'un mandataire. (Inst. II, 9 § 5–59 D. 41, 1). On avait cependant admis que si la *scientia* du mandataire profitait au mandant, celui-ci ne devait souffrir ni de l'*ignorantia* ni de la mauvaise foi du mandataire : « Sed si procurator meus erret, ego non « errem, *magis est* ut acquiram possessionem » (33, § 1 D. 41, 2-Inst. II, 9, § 5).

Rappelons que, dans les cas où le mandataire avait l'*animus acquirendi*, la propriété passait directement sur la tête du mandant : « Per liberam personam, veluti

« per procuratorem, placet non solum scientibus, sed
« et ignorantibus nobis acquiri possessionem, ac per
« hanc dominium. » (Inst. II 9, § 5). Cette doctrine
était déjà admise à l'époque classique (13 D. 41, 1—
Adde 20, § 2 D. 41, 1). En un cas, enfin, on considère
exceptionnellement la volonté du mandant, sans tenir
compte de celle du mandataire : c'est dans le cas où celui-ci voudrait retenir pour lui le bénéfice de la tradition, au lieu d'en faire profiter son mandant (13, D.
39, 5).

§ II. — Usucapion.

Pour conduire à l'usucapion, la possession doit réunir
les conditions suivantes : « Possessio cui subsit domini
« animus, conjuncta cum bona fide, descendens ex
« justa causa [1]. »

Cette condition de bonne foi exigée au cas d'usucapion, amènera quelque modification dans l'application de
la règle relative aux effets juridiques que peut produire
un acte fait *per procuratorem*, car la bonne foi exigeant
une connaissance personnelle de la part de celui qui
s'en prévaut, il n'est plus possible de se contenter de la
scientia du *procurator*. « Possessio per procuratorem
« ignoranti quæritur, usucapio vero scienti competit.
« (49, § 2 D. 41, 2). Si emptam rem mihi, procurator,
« ignorante me, meo nomine apprehenderit, quamvis
« possideam eam, non usucapiam ; quia ut ignorantes
« usuceperimus, in peculiaribus tantum rebus receptum
« est. » (47, D. 41, 3). L'exception mentionnée ici est
développée en ces termes dans le texte suivant : « Cel-
« sus scribit, si servus meus peculiari nomine adipis-

[1] Mulhenbruch, § 263.

« catur possessionem, id etiam ignorantem me usuca-
« pere. Quod si non peculiari nomine, non nisi sciente
« me, et si vitiose cœperit possidere, meam vitiosam
« esse possessionem » (2, § 11 D. 41, 4). Le jurisconsulte en mettant en lumière cette règle que le maître qui
veut usucaper doit avoir connaissance de la possession
acquise par son esclave fait bien voir, en même temps,
que la volonté de ce dernier est prise aussi en considération.

Quant à la dérogation admise au cas de pécule elle a
été admise par une pure faveur pour le maître : on a
donc décidé qu'il serait réputé consentir à chaque prise
de possession par le fait seul de la constitution du pécule. On n'exige donc pas de lui qu'il soit de bonne
foi ; mais sa mauvaise foi empêcherait l'usucapion,
malgré la bonne foi de l'esclave (43, § 1 D. 41, 3) [1].

Enfin les pupilles pouvaient usucaper *etiam ignorantes*. De même les *municipes* : « hoc jure utimur ut et
« possidere et usucapere municipes possint » et cependant, comme le faisait observer Paul, *universi consentire
non possunt.* (1 in f. 2 D. 41, 2).

La bonne foi et la nécessité du juste titre forment-
elles deux conditions distinctes de l'usucapion, ou doit-
on, au contraire, les confondre en une seule? Cette question doit être d'abord résolue, avant d'étudier les effets
de l'erreur touchant l'usucapion.

Quelques auteurs ont pensé, contrairement au sentiment général, que la doctrine qui faisait de la bonne foi
et du juste titre deux éléments distincts, devait être re-

---

[1] M. Pellat, comment. du titre de Public. *in rem act. ad* l. vii, § 3.

poussée. « Celui qui veut se prévaloir de l'usucapion
« doit prouver que sa possession a une *justa causa*,
« c'est-à-dire que la cause en vertu de laquelle il a pris
« possession était de nature à lui donner la conviction
« qu'il était autorisé à avoir la chose avec *animus do-*
« *mini*. Il aura sans doute fourni cette preuve s'il jus-
« tifie d'un acte juridique valable qui implique une *justa*
« *causa transferendi* ou *acquirendi dominii*. Mais il aura
« également satisfait à ce devoir de preuve, s'il établit
« de toute autre manière que la prise de possession
« s'est faite dans des circonstances telles que la convic-
« tion dont il s'agit a dû naître dans son esprit. Dans
« l'un et l'autre cas, cependant, la présomption résul-
« tant des faits prouvés sera anéantie, si l'adversaire,
« de son côté, prouve que le possesseur n'avait pas
« réellement cette conviction ; car dès lors il ne pour-
« rait plus être question de *justa causa* [1]. » D'après
cette opinion la *justa causa* serait la seule condition de
l'usucapion : « la bonne foi, c'est-à-dire la croyance
« d'être propriétaire, n'est point une condition parti-
« culière qui soit distincte de la *justa causa* : elle en
« est au contraire un élément habituel. » Au contraire
MM. Blondeau et Ducaurroy considéraient la *justa causa*
comme un des éléments de la bonne foi, donnant du
reste de celle-ci la même définition que M. Maynz : la
croyance d'être propriétaire.

Ces deux points de vue nous paraissent également
inexacts. Les jurisconsultes romains en effet ont soi-

[2] MM. Maynz § 199, observ. Cf. Blondeau, Chrestomathie, p. 317. —
Ducaurroy, 5me édition I, 475, 477.

gneusement distingué la bonne foi du juste titre : Le
juste titre est l'acte en vertu duquel tradition a été faite :
c'est l'acte qui révèle et suppose chez le *tradens* la volonté de transférer la propriété et qui ne manque ce but
que parce que le *tradens* n'est pas propriétaire. La *justa
causa* en un mot est ici ce qu'elle est toujours en matière
de tradition : « Si tibi vestem, vel aurum, vel argentum
« tradidero, sive ex venditionis causa, sive ex donatio-
« nis, sive quavis alia ex causa, tua fit ea res... (Gaius II,
« 20). Si quis a non domino, quem dominum esse cre-
« diderit.... vel ex donatione, aliave qualibet justa
« causa... acceperit (Inst. II. 1, § 35).

La bonne foi au contraire est ainsi définie par Mo-
destin : « Bonæ fidei emptor videtur, qui ignoravit rem
« alienam esse, aut putavit eum qui vendidit jus ven—
« dendi habuisse, puta tutorem aut procuratorem esse »
(109 D. 50, 16) : Gaius dit de même : « Si modo eas
« bona fide acceperimus, quum crederemus eum qui
« tradidit dominum esse (II. 43).

Enfin dans certains textes ces deux conditions sont
mentionnées l'une auprès de l'autre : « Si quis a non
« domino, *quem dominum esse crediderit, bona fide* fun-
« dum emerit, vel ex donatione, aliave qualibet *justa*
« *causa* æque *bona fide* acceperit. » (Inst. II, § 35. —
Junge : Inst. II, 6 pr.). Le jurisconsulte Paul indiquait
également cette distinction dans le texte suivant : « Se-
« parata est causa possessionis et usucapionis : nam
« vere dicitur quis emisse, sed mala fide : quemad—
« modum qui sciens alienam rem emit, pro emptore
« possidet, licet usu non capiat. » (2, § 1 D. 41, 4).

Ainsi : l'erreur qui constitue la bonne foi porte sur le

pouvoir d'aliéner chez le *tradens* ; l'erreur qui porte sur le juste titre a pour objet son intention d'aliéner [1].

A la vérité, on aurait pu comprendre un système qui eût permis au possesseur d'usucaper sous la seule condition d'une bonne foi appuyée de la *justa causa* ; il est même à remarquer que dès l'époque de la jurisprudence classique on était arrivé à un résultat analogue en autorisant l'usucapion au profit du possesseur qui n'alléguait qu'un titre putatif ; mais les difficultés que rencontra cette doctrine montrent que la distinction que nous avons essayé d'établir avait de profondes racines, et d'autre part, même dans le dernier état du droit romain, il fut intéressant au point de vue la preuve, de ne pas confondre la juste cause et la bonne foi [2].

I. — De la bonne foi.

La bonne foi, nous l'avons dit, est l'erreur où est le possesseur que celui dont il tient le bien était propriétaire ou avait pouvoir d'aliéner.

La bonne foi se présume toujours : C'est donc au propriétaire qui revendique à prouver que le possesseur était de mauvaise foi.

Ce possesseur peut-il invoquer l'erreur de droit comme il pourrait incontestablement alléguer une erreur de fait ? Il ne le pourrait pas. « Si a pupillo emero « sine tutoris auctoritate, quem puberem esse putem, « dicimus usucapionem sequi… Quod si scias pupillum « esse, putes tamen pupillis licere suas res sine tutoris

---

[1] M. Pellat, de la propriété, n° 16, note 2.
[2] M. Demangeat I, p. 358.

« auctoritate administrare, non capies usu, quia juris
« error nulli prodest » (2, § 15, D. 41, 4) [1]. Nous ne
nous appuyerons pas, pour expliquer cette décision,
sur le prétendu principe que l'erreur de droit ne doit
jamais procurer un bénéfice. C'est là un principe trop
vague pour qu'on puisse l'invoquer avec certitude. Qui
ne voit, d'ailleurs, que souvent c'est suivant le point de
vue sous lequel on envisagera une affaire que l'on y
verra une perte à éviter ou un gain à réaliser? pour l'u-
sucapion, par exemple, constitue-t-elle un *lucrum*? évidemment la réponse dépendra des circonstances de chaque espèce, et il serait dangereux de vouloir trancher
cette question par une formule applicable à toutes les
hypothèses.

Mais en refusant de nous appuyer sur cette maxime
inexacte, nous trouvons dans les principes généraux une suffisante raison de décider. On objecte, il
est vrai, que ces principes sont étrangers à la controverse
actuelle, que la bonne foi est un pur fait absolument indépendant de sa cause, et qui répugne par conséquent à
toute distinction entre l'erreur de droit et l'erreur de
fait, car, comme on l'a vu, toute erreur constitue en état
de bonne foi *lato sensu*, celui qui la commet. — La règle
véritable nous paraît être bien plutôt celle-ci : Dans tous
les cas où la bonne foi constitue juridiquement un pur
fait, elle est absolument indépendante de sa cause ; mais
la bonne foi ne présente ce caractère que lorsqu'elle est
corrélative à l'idée de dol : dans de semblables hypo-

[1] Nous aurons occasion de revenir sur ce texte en parlant du titre
putatif,

thèses, il n'y a pas lieu, nous le reconnaissons, de rejeter l'excuse fondée sur l'erreur de droit : « non puto
« hunc esse prædonem qui dolo caret, quamvis in jure
« erret. » Mais il n'en est plus de même quand la bonne
foi suppose, outre l'absence de dol, quelque circonstance spécialement déterminée par les règles du droit qui
soumettent l'appréciation de la volonté à l'empire des
principes généraux. Or c'est précisément ce qui se présente en matière d'usucapion, où la bonne foi est quelque
chose de très positif : la croyance réfléchie que l'on a
reçu d'une personne ayant capacité et pouvoir d'aliéner
(109, D. 50, 16) : c'est donc uniquement ici une question de droit que nous avons à résoudre .

— Au reste, au texte que nous avons déjà cité, on
peut en ajouter d'autres, où les jurisconsultes décident,
sans aucune distinction, que l'erreur de droit ne peut être
invoquée par le possesseur qui veut se prévaloir de l'u-
sucapion : « Juris ignorantiam in usucapione negatur
« prodesse, facti vero ignorantiam prodesse constat (4,
« D. 22, 6). Nunquam in usucapionibus juris error pos-
« sessori prodest. » (31, D. 41, 3).

Il n'est pas besoin d'ajouter qu'il faut faire ici l'application complète des principes généraux, et admettre
le moyen tiré de l'erreur de droit dans les hypothèses
spéciales où, de droit commun, elle est admise. En pareil
cas, ce serait le possesseur qui devrait fournir la preuve
de son erreur : la règle que la bonne foi se présume ne
concerne jamais que l'*error facti*.

---

[1] Cf. **Maynz.** § 199, note 13. C'est pour cette raison que celui qui
doute de son droit ne peut *usucaper* (9 § 2, D. 22-6. — 43 Fr. D. 41-
2).

La bonne foi n'est exigée que relativement à ce que l'on veut *usucaper*. Ainsi un fonds de terre est-il *alienus pro parte* au su du possesseur, celui-ci pourra usucaper le surplus. « Si quis fundum emerit, cujus par-« ticulam sciebat esse alienam, Julianus ait... capere « posse » (43, f. D. 41, 3); mais il faut toujours que l'objet sur lequel porte la bonne foi soit certain, déterminé, au moins juridiquement : « incertam partem nemo pos-« sidere potest (32, § 2, D. 41, 3). Si ex decem servis « quos emerim, aliquos putem alienos, et qui sint, « sciam, reliquos usucapiam : quod si ignorem qui sint « alieni, neminem usucapere possum (6, § 1, D. 41, « 4). »

— Lorsque la bonne foi est exigée en matière d'usucapion, il suffit qu'elle ait existé au commencement de la possession : la scientia qui se produirait plus tard ne ferait pas obstacle à l'acquisition de la part du possesseur: c'est ce qu'exprime Paul, en comparant avec les règles de l'usucapion, celles qui concernent l'acquisition des fruits. « In contrarium quæritur si eo tempore « quo mihi res traditur putem vendentis esse, deinde « cognovero alienam esse, quia perseverat per longum « tempus capio, an fructus meos faciam. Pomponius, « verendum ne non sit bonæ fidei possessor, quamvis « capiat : hoc enim ad jus, id est ad capionem, illud « ad factum pertinere, ut quis bona aut mala fide pos-« sideat (48, § 1, D. 41, 1). »

Il existe cependant des cas où la bonne foi doit exister tantôt pendant toute la durée de la possession (*pro donato*) tantôt au moment du contrat et à l'*initium possessionis (pro emptore)*. Par contre, l'usucapion s'accom-

plira quelquefois indépendamment de toute *bona fides*
de la part du possesseur ; mais ces détails ne se rat—
tachent qu'indirectement à notre sujet.

II. — De la *justa causa.*

La *justa causa* est, nous l'avons dit, l'acte juridique
qui révèle chez les deux parties, le *tradens* et l'*accipiens*,
la volonté d'opérer la mutation de propriété.

Or cette juste cause de la possession peut ne pas
exister réellement : l'erreur où serait le possesseur à
cet égard pourra—t—elle autoriser l'usucapion ? En d'au—
tres termes, le titre putatif peut-il tenir lieu d'un titre
véritable ?

Le droit romain, considérant la *justa causa* comme
une condition essentielle, indispensable de l'usucapion,
décidait en principe que l'apparence de juste titre ne
suffit pas : « Error falsæ causæ usucapionem non parit :
« veluti si quis, cum non emerit, emisse se existimans,
« possideat...» (Inst. II, 6, § 11). Cette décision ri—
goureuse est appliquée par divers textes à la vente (2,
§ 6, D, 41, 1), à la possession *pro donato* (1, p. D. 41,
6), *pro derelicto* (6, D. 41, 7), *pro dote* et *pro legato*
(27, D. 41. 3), *pro suo* (5, § 1, D. 41, 10), et repro—
duite enfin par trois constitutions des empereurs Dioclé—
tien et Maximin (4, 5, 8, C. 7, 33).

Et tout fois des décisions nombreuses vinrent faire
échec à l'application exacte des principes : après beau—
coup d'hésitations, *post magnas varietates*, les jurircon—
sultes, modifiant le point de vue primitif, attachèrent à
l'existence effective d'une *justa causa* une importance
moins absolue, et admirent que l'apparence d'un juste
titre, quand l'erreur du possesseur remplirait les con—

ditions exigées par le droit commun, pourrait lui permettre de se prévaloir de l'usucapion.

Ainsi l'erreur de droit ne pourrait pas être invoquée :
« Si per errorem initio venditionis tutor pupillo auctor
« factus sit... usucapi non posse, quia juris error est
« (31, pr. D. 41, 3). Juris ignorantiam in usucapione
« negatur prodesse (4, D. 22, 6. Adde 2, § 15, D. 41,
« 4, déjà citée : juris error nulli prodest). »

Au contraire, l'erreur de fait est relevante, pourvu
qu'elle soit *tolerabilis* : c'est précisément dans un texte
relatif à l'usucapion que cette règle est formulée : « In
« alieni facti ignorantia tolerabilis error est. » « Quod
« vulgo traditum est, eum qui existimat se quid emisse,
« nec emerit, non emerit, non posse pro emptore usu-
« capere, hactenus verum esse ait si nullam justam cau-
« sam ejus erroris emptor habeat. Nam si forte servus
« vel procurator, cui emendam rem mandasset persua-
« serit se emisse, atque ita tradiderit, magis est ut usu-
« capio sequatur (11, D. 41. 4). »

Si l'*error* portait sur un fait personnel au possesseur,
l'usucapion ne serait pas possible.

Les auteurs modernes ne sont pas d'accord sur la partie de la modification que nous venons de signaler, aux
anciens principes. Quelques uns la nient absolument et
essayent d'expliquer pour ces raisons spéciales les textes
que nous avons cités : ces explications résistent pour la
plupart à un examen attentif des termes même dont se
servent les jurisconsultes ou à une application exacte
des principes généraux. C'est ainsi que l'on a tenté de
voir dans la loi 11, D. 41, 4, un cas de possession
pro suo. C'est se méprendre sur la portée de ce titre.

Comme l'indique Pothier il n'a pas pour but de suppléer à l'absence de toute *justa causa* : « il comprend dans sa « généralité tous les différents *titres par lesquels nous « acquérons la propriété* d'une chose lorsque la per— « sonne de qui nous la tenons est propriétaire... Ces « différents titres qui n'ont point de nom et qui nous « font acquérir la propriété des choses par la tradition « qui nous en est faite en conséquence... sont de jus— « tes titres, qui, lorsque celui qui nous a fait la tradi— « tion n'est pas propriétaire, nous donnent le droit d'ac— « quérir ces choses par usucapion : et c'est cette usu— « capion que l'on appelle usucapion *pro suo.* [1] »

Pour repousser l'argument tiré de la loi **2**, § 15, D. 41, 4, on suppose que ce texte prévoyait le cas où le pupille m'aurait vendu sine tutoris auctoritate non pas ses propres biens, mais *res alienas*. Or si le pupille ne pouvait contracter valablement une vente, c'était uniquement à raison de la protection que la loi accordait à ses intérêts. Du moment que ses intérêts n'étaient plus en jeu, il pouvait très-valablement contracter, et c'était l'hypo— thèse du texte. Donc il y aurait eu une *juste cause* [2]. Mais si tel est le cas prévu par le jurisconsulte, s'il vou— lait donner simplement l'exemple d'une *justa causa pro emptore*, on se demande vraiment pourquoi il a choisi cette hypothèse d'un vendeur incapable. — Ajoutons que cette interprétation du fragment de Paul ne peut s'accorder avec les expressions même de ce texte : elle suppose en effet que dans la première partie le juris— consulte prévoit un cas différent que celui sur lequel

---

[1] De la prescription I, ch. III, § 7.
[2] M. Caratheodory, Op. cit., p. 199-200.

porte sa seconde décision : quod si scias pupillum esse putes tamen pupillis *res suas* administrare.... or, la simple lecture suffit pour se convaincre combien cette supposition est arbitraire.

Une autre opinion consiste à penser que l'efficacité du titre putatif n'avait été admise que par quelques jurisconsultes ; mais qu'en général la doctrine contraire était appliquée [1]. Nous ne doutons pas qu'à une certaine époque il n'en ait été ainsi : quand quelques tentatives furent faites pour dispenser le possesseur de produire un titre véritable, considéré jusqu'alors comme un élément essentiel de l'usucapion, des résistances durent se produire pour maintenir l'ancien principe ; mais à mesure que l'on avance dans l'histoire de la législation romaine tout porte à penser que l'exception devint la règle générale; aussi les textes qui portent les traces de cette lutte indiquent-ils nettement quelle en fut l'issue : « post magnas varietates.... obtinuit. » (9, **D.** 41, 8) [2].

SECTION II.

Droits personnels.

Il serait superflu de suivre dans toutes leurs applications à la théorie des droits personnels les règles générales concernant l'erreur. C'est en effet, on l'aura remarqué, à la matière des obligations que nous avons emprunté la plupart des textes dont nous avons tiré ces règles. Nous avons vu alors quels étaient les élémen's

---

[1] M. Pellat, de la propriété, p. 16, note 2.
[2] Cf Mulhenbruch, § 265, note 18. — Maynz, § 199, notes 22 et 55

essentiels des actes qui ont pour but de créer, prouver ou éteindre des obligations, éléments qui, lorsqu'ils font défaut, empêchent de se produire, par une conséquence nécessaire, l'effet de droit que l'on avait en vue. Nous avons établi ensuite d'après quelles distinctions la loi romaine restituait contre les suites de son erreur celui qui l'avait commise.

L'application de ces règles a subi toutefois de graves modifications, au point de vue de la transaction : elle a soulevé de vives controverses en ce qui concerne la *condictio indebiti* : enfin elle n'est pas non plus sans difficulté quant à la prescription des actions. Nous entrerons dans quelques détails sur chacun de ces trois points.

§ I. — De la Transaction.

La transaction est un contrat qui a pour but de faire cesser, par des concessions réciproques, l'incertitude des droits qui en sont l'objet.

Ce dernier trait marque au point de vue qui nous occupe le caractère essentiel de la transaction : elle est avant tout un acte qui a pour objet des droits incertains soit quant à leur existence, soit quant à leur quotité : « Qui transigit, quasi de re dubia et lite incerta neque « finita transigit (1, D. 2, 15). Pertinet transactio ad « res dubias... Est conventio de rebus juribusque du- « biis componendis inita [1]. »

La transaction est donc un contrat, mais un contrat d'une nature toute particulière. Voyons les conséquences de ces deux idées

---

[1] Mulbenbruch, § 477, note 2.

En tant que contrat, la transaction exigera le consentement de chacune des parties, et ce consentement sera soumis aux règles générales, seulement toute erreur portant sur le point incertain sur lequel les parties ont transigé laissera subsister la convention [1].

Et d'abord la transaction ne peut avoir d'effet que relativement aux objets que les parties ont eu en vue [2]. De plus, s'il n'y avait pas eu accord de volonté sur l'objet même du contrat, celui-ci serait radicalement nul. « Transactio quæcumque sit, de his tantum de quibus « inter convenientes placuit interposita creditur. » (9, § 1 D. 2, 15).

On a vu que l'erreur sur la personne n'était pas, en principe, un élément essentiel des actes juridiques ; mais qu'il y avait exception, par la force même des choses, dans certains cas, parmi lesquels nous avons rangé la transaction : généralement, en effet, la personne des contractants a une importance capitale. De même la transaction ne serait pas valable si les parties étaient dans l'erreur non pas sur l'individualité de l'une d'entre elles, mais sur la qualité juridique de cette personne, qualité qu'elles tenaient pour certaine, et en vue de laquelle elles ont consenti à transiger : « Plane, si sine judice « diviserunt res : etiam condicionem earum rerum, quæ « non cesserunt, quem coheredem esse putarit qui ei fuit « hæres, competere dici potest, non enim transactum « inter eas intelligitur, cum ille cohæredem esse puta- « vit. » (36 *in f.* D. 10, 2).

Si l'une des parties a été déterminée à transiger par

[1] Molitor, des Oblig. en Droit romain II, 513 suiv. — Maynz, § 377.
[2] Cujas, comment. *ad* tit. 15, lib. 2 Dig.

une cause qu'elle croyait vraie et qui ne l'était pas, elle pourra se faire restituer contre les suites de son erreur. « Cum transactio propter fideicommissum facta « esset, et postea codicilli reperti sunt, quæro an quanto « minus ex transactione consecuta mater defuncti fue— « rit, quam pro parte sua est, id ex fideicommissi causa « consequi debeat? Respondit debere » (3, § 1 D. 2, 5). La loi 12, qui, dans une espèce analogue adopte la même opinion, en indique ainsi le motif : « Non improbe dic- « tura videtur, ex eo duntaxat se cogitasse qùod illa— « rum tabularum, quas tunc noverit, scriptura conti- « neretur. »

Jusqu'ici nous avons rencontré l'application pure et simple du droit commun : il n'en sera plus de même si nous envisageons l'élément que les parties ont considéré comme incertain, douteux.

En effet, l'erreur qui tomberait sur cet élément ne saurait jamais vicier la transaction.

Supposons par exemple que la transaction a porté sur un genre, *genus* : on considérera que les parties ont eu en vue toutes les espèces de ce genre, quelles qu'elles pussent être, et la circonstance que plus tard on en découvrirait que n'auraient pas connues l'un des contractants, ne pourrait faire annuler la convention : « Sub prætextu « specierum post repertarum, generaliter transactione « finita, rescindi prohibent jura » (49, D. 2, 4). Ce texte indique d'ailleurs, ainsi que nous l'avons fait remarquer plus haut, que si le contrat avait eu pour objet telles et telles espèces déterminées, toutes celles que l'on découvrirait par la suite lui demeureraient étrangères et la transaction pourrait par conséquent être déclarée nulle pour cause d'*error in corpore*.

Le cas où la transaction a porté sur titres faux met en relief la distinction entre les éléments du contrat que les parties ont tenus pour certains et ceux au contraire qu'elles regardaient comme douteux. « Si ex falsis ins-« trumentis transactiones vel pactiones initæ fuerint, « quamvis jusjurandum de his interpositum sit : etiam « civiliter falso revelato eas retractari præcipimus.. [1] Nisi « forte etiam de eo quod falsum dicitur controversia orta « decisa sopiatur. » (42, C. 2, 4). Si la transaction est intervenue sur des titres faux que les parties croyaient sincères, là découverte de la vérité entraînera la nullité du contrat : celui-ci, au contraire, subsisterait s'il avait porté sur la sincérité ou la fausseté même des titres en question.

C'est en s'inspirant des mêmes idées que l'on expliquera la loi unique *C. De errore calculi*. Ce texte constate que l'erreur de calcul « veritati non afferre judicium « sæpe constitutum est. Unde rationes etiam sæpe com-« putatas denuo tractari possunt si.... transactio non « intervenit, explorati juris est », décision qui n'est exacte que si la transaction a eu pour objet de faire cesser l'incertitude des parties sur l'exactitude des chiffres ; mais qu'il faudrait rejeter si les parties avaient regardé comme exacts les chiffres qui ont servi de base à la transaction, et dont la fausseté est ultérieurement découverte.

---

[1] L'empereur décide que la transaction ne sera annulée que quant aux chefs que concernent les titres reconnus faux : *aliis firmis manentibus*. Le droit français applique au contraire ici le principe de l'indivisibilité des transactions (art. 2055, C. N.).

§ II. — Solutio indebiti.

Lorsqu'une personne a livré un objet à une autre personne qu'elle croit son créancier, la tradition ainsi faite *solutionis gratia* sera, nous l'avons vu, translative de propriété, pourvu que *l'accipiens* ait eu *l'animus acquirendi dominii*. Ce résultat, qu'on le remarque, se produit, bien que l'erreur où se trouvait le *tradens* ait été le motif déterminant de la tradition. Ce propriétaire est-il définitivement dépouillé? et la loi ne lui a-t-elle concédé aucun moyen de réparer cette perte? Il n'en pouvait être ainsi: valable suivant la rigueur des principes, cette transmission de propriété eût blessé bien souvent l'équité: aussi donne-t-on à celui qui avait ainsi payé *per errorem* une action personnelle, en répétition de l'objet livré, contre le prétendu créancier qui avait reçu *indebitum*. « Is qui « non debitum accepit ab eo, qui per errorem solvit, « re obligatur, daturque agenti contra eum prop- « ter repetitionem condictitia actio » (Inst. II, 15, § 1).

Toute erreur peut-elle servir de base à cette action, ou bien au contraire faut-il admettre qu'en principe le *solvens* ne pourra invoquer que l'erreur de fait, tandis que l'erreur de droit sera irrélévante?

Cette question divise encore profondément les commentateurs. Nous pensons qu'il suffit pour y répondre de faire ici l'application des principes généraux, en vertu desquels l'erreur excusable peut seule être prise en considération, et l'erreur de droit n'est réputée telle que lorsqu'il est prouvé que celui qui l'a commise n'a pu l'éviter.

Cujas et Doneau [1] ont adopté la même doctrine ; mais
on comprend que d'accord avec eux sur le résultat pratique
et sur le motif général qu'ils paraissent en donner, à savoir qu'il convient d'appliquer purement et simplement
les règles du droit commun, nous ne nous appuierons
pas sur les raisonnements qu'ils ont imaginés pour soutenir leur système : nous serons ainsi autorisés à repousser le reproche d'extrême subtilité (*inanis subtilitas*)
que leur adressait d'Aguesseau. Invoquant uniquement
les principes qui nous ont paru consacrés par les textes,
justifiés par l'histoire et la nature des choses, nous pensons que rien ne nous autorise à croire que les jurisconsultes romains aient adopté touchant cette question spéciale, des maximes contraires.

Un certain nombre d'auteurs, d'une autorité considérable, ont pensé, au contraire, que l'erreur de droit pouvait être invoquée comme l'erreur de fait par celui qui
répète ce qu'il a indûment payé [2]. Cette opinion peut se
présenter comme une conséquence du système qui distingue quant à l'admissibilité de l'erreur de droit, suivant qu'il s'agit de *damnum emergens* (ce qui se présente
certainement au cas de *condictio indebiti*), ou de *lucrum*.
C'est en effet le point de vue auquel se sont placés Mulhembruch et M. Maynz. Ce système nous a paru devoir être

[1] Cujas, Opp. vii, 895 col. 503 D. — Donell. comment. J. civ. I,
c. 21 ; xiv, c. 4. — Voet VI-7. Cocceiu xii, 6, 7, 14. — Struvius,
Synallagma jurisp. xviii, 40. Pothier, contrats de bienfais.—Savigny.
Append. viii, n° 35.

[2] Vinnius I, 47. — Mulhenbruch, § 380. — Pothier, Pand. xxii, 6,
n° 5.; d'Aguesseau, dissert. édit. Pardessus IX, p. 629 suiv. — Molitor,
des oblig. — Maynz, § 359.

rejeté: on nous permettra de renvoyer à ce que nous avons dit plus haut à ce sujet.

Mais l'opinion que nous voulons combattre s'appuie aussi sur des considérations qui ont paru à ses partisans assez graves pour motiver une dérogation aux principes généraux et sur un certain nombre de textes qui semblent consacrer cette dérogation.

On peut résumer ainsi les considérations invoquées en faveur de celui qui *errore juris*, a payé *indebitum*.

Tout le monde, a-t-on dit, reconnaît que la *condictio indebiti*, a pour fondement un motif d'équité : elle repose sur cette maxime reconnue par le droit, que personne ne doit s'enrichir aux dépens d'autrui : « Jure « naturæ æquum est, neminem cum alterius detrimento « et injuria fieri locupletiorem (206, D. 50, 17-14, D. 12 6). Or si telle est la justification de la *condictio indebiti* il importe fort peu que celui qui veut y recourir allègue une erreur de droit ou une erreur de fait. La cause de l'obligation de *l'accipiens* est précisément qu'il détient ce qui ne lui était pas dû, ce qui par conséquent lui a été livré *sine causa*, c'est le fait d'une semblable détention, fait évidemment indépendant des circonstances dans lesquelles il s'est produit. — De plus, la raison qui a fait exiger que le paiement indû ait été fait par erreur, est que la *scientia* du *solvens* fait présumer de sa part l'intention de faire une libéralité. « Cujus per « errorem dati repetitio est, ejus consulto dati donatio « est. » (53, 82, D. 50 17-29 pr., D. 29, 5) présomption que doit écarter l'erreur de droit tout aussi bien que l'erreur de fait.

L'adage : *jure naturæ æquum est...* ne saurait ser—

vir de base à une décision juridique : l'admettre d'une
manière absolue serait rendre précaires tous les actes
juridiques, autoriser, disons plus, rendre inévitable
leur annulation toutes les fois qu'ils ne procureraient
pas à chacune des parties le profit qu'avait consenti
à lui faire obtenir l'autre partie. La nature de la *condictio indebiti* est-elle du moins une raison suffisante, pour
que l'application de cet adage soit ici exceptionnellement
admise ? Nous ne le pensons pas, car en admettant que
notre action repose exclusivement sur l'équité, il en est
de même de tous les cas de *restitutio propter errorem* :
elles sont toujours un tempérament d'équité apporté à la
rigueur du droit : s'il y a erreur, dit Mulhembruch
(§ 338 et note 2) « ita res temperabitur ut, quantum id
fieri possit, damnum avertatur ab errantibus, » et
cependant tout le monde accorde que l'on doit mettre
une grande différence entre l'erreur de fait et l'erreur de
droit : Differentia est, eademque gravissima, inter facti
et juris ignorantiam, » ajoute le même auteur (§ 95
inf.).

Si les considérations d'équité sont insuffisantes,
c'est à la loi qu'il faut demander dans quelle mesure
elles doivent être admises, dans quels cas au contraire elles doivent céder devant des considérations
plus puissantes. « Celui qui prononce cette règle :
« *(jure naturæ...)* pour repousser tel ou tel moyen
« de s'enrichir qu'on invoque contre lui (et ici c'est
« lui qui s'en prévaut) n'a rien fait encore qu'une
« pétition de principe. Sa démonstration n'est pas
« même commencée. Il lui reste tout à prouver : savoir
« que la loi défend le moyen de s'enrichir sur lequel

« s'élève, le litige. [1] » On objecte, il est vrai, que la
condictio indebiti n'est qu'une espèce de la *condictio sine
causa*, laquelle est donnée par la loi, toutes les fois
qu'un enrichissement, une acquisition a été réalisée sans
cause. A ceci nous devons répondre qu'un pareil raisonnement ne saurait être admis, et qu'il est rejeté par ceux-
là mêmes qui le proposent, car il conduirait à donner la
condictio alors même que celui qui veut l'intenter serait
coupable d'une ignorance inexcusable, conclusion universellement repoussée.

Quant à l'argument tiré de la règle : *cujus per errorem
dati...* il ne nous semble nullement probant : dans les
cas, dit le jurisconsulte, où il y aurait lieu à répétition si
le paiement avait été fait par erreur, le *solvens* qui fait
sciemment tradition sera présumé avoir voulu faire une
libéralité. — Mais le cas de tradition faite sciemment
est-il le seul où la répétition ne doive pas être
admise [2] ? C'est ce qu'il s'agirait de démontrer, et le
texte que l'on allègue ne le prouve en aucune façon. —
Nous venons de rappeler d'ailleurs que toutes les opinions
s'accordent à refuser la *condictio* au *solvens* victime d'une
error crassus : nous sommes donc autorisés à conclure
que les raisons que l'on invoque pour introduire une
dérogation aux principes généraux ne sont pas, quelle
que puisse être leur valeur, suffisantes pour la justifier.

Si maintenant nous abordons les textes, nous verrons

---

[1] M. Oudot, Conscience et science du devoir II, 235.
[2] Un ancien commentateur disait d'une manière un peu subtile
mais non sans raison au point de vue du droit romain : « Ignorantia
« juris æqui paratur scientiæ. Qui errat in jure, pro sciente habetur,
« et scienti non fit injuria. » (Coccejus ad tit. XII, 6, quæst. 14).

que plusieurs confirment de la manière la plus positive l'opinion à laquelle nous nous sommes arrêté.

Trois constitutions, prévoyant expressément des cas *d'error facti*, décident que la répétition peut avoir lieu.

« Si indebitum *errore facti* olei materiam vos Archontico stipulanti rector provinciæ animadverterit : reddito quod debebis, residui liberationem condicentes audiet. » (6 C. 1. 18).

« Si per *ignorantiam facti* non debitam quantitatem pro alio solvisti, et hoc audito rectore provinciæ fuerit probatum : hanc ei cujus nomine soluta est restitutio eo agente providebit. » (6 C. 4. 5.)

« Fideicommissum vel legatum indebitum per *errorem facti* solutum, repeti posse explorati juris est. » (7 C. 4. 5.)

Ces textes sont, il est vrai, des rescrits et pour cette raison on a voulu récuser leur autorité ; mais si cette circonstance peut leur faire préférer une décision plus générale, il n'est cependant pas possible de ne pas leur reconnaître quelque valeur. N'est-ce pas en effet chose remarquable, que l'insistance que mettent les empereurs à faire ressortir cette circonstance que, dans l'espèce qui leur est soumise, il s'agit d'une erreur de fait, à s'exprimer de telle sorte qu'il est permis de croire que c'est bien là le motif de leur décision. La loi 7 d'ailleurs parait bien, à propos d'un cas particulier, exprimer une règle établie : « il est de droit certain que le legs ou le fidéicommis qui, par erreur de fait, a été payé sans être dû, peut être répété. »

Si le doute est possible à l'égard de ces trois constitutions, ne doit-il pas disparaître devant la loi 10 C. 1. 18. C'est un rescrit encore, mais les empereurs prennent encore occasion de cette hypothèse pour formuler le principe général : « Cum quis *jus ignorans* indebitam pecuniam solvit, cessat repetitio. Per ignorantiam enim facti *tantum* repetitionem indebiti soluti competere tibi *notum est.* » — Assurément si un jurisconsulte de l'époque classique se fût exprimé de la sorte, même dans ses *responsa*, la controverse actuelle aurait paru en grande partie tranchée : « Vous savez parfaitement que la répétition de l'indû est accordée exclusivement à celui qui a payé sous l'empire d'une erreur de fait. S'il s'agit au contraire d'une erreur de droit, la répétition n'est pas possible. »

Pour affaiblir l'autorité d'une disposition aussi générale et aussi formelle, on oppose qu'elle se rapporte à la Falcidie, et que c'est là sa raison d'être. — Nous répondrons en premier lieu que rien dans le texte n'indique qu'il faille en restreindre ainsi la portée : de plus, eut-on admis cette interprétation, il resterait à prouver que la décision des empereurs ne s'explique que par les règles spéciales de la Falcidie : or nous croyons qu'il n'en est rien. Avant d'essayer cette démonstration nous devons rappeler un fragment important extrait d'un ouvrage de Paul, *de juris et facti ignorantia*, fragment dont on a voulu donner la même explication restrictive.

« Siquis jus ignorans, lege Falcidia usus non sit,
« nocere ei dicit epistola divi Pii. Sed et imperatores
« Severus et Antoninus in hæc verba rescripserunt. Quod
« ex causa fideicommissi indebitum datum est, si non per
« errorem solutum est, repeti non potest : quamobrem
« Cargiliani heredes, quia cum ex testamento ejus
« pecuniam ad opus aquæductus reipublicæ Cirtensium

« relictam solverint, non solum cautiones non exegerunt,
« quæ interponi solent, ut quod amplius cepissent muni-
« cipes, quam per legem Falcidiam licuisset redderent. :
« verum etiam stipulati sunt, ne ea summa in alios usus
« converteretur, et scientes prudentesque passi sunt eam
« pecuniam in opus aquæductus impendi : frustra
« postulant reddi sibi a republica Cirtensium, quasi plus
« debito dederint, cum sit utrumque iniquum, pecuniam
« quæ ad opus aquæductus data est, repeti, et rempublicam
« ex corpore patrimonii sui impendere, et in id opus, quod
« totum alienæ liberalitatis gloriam repræsentet.—Quod
« si ideo repetitionem ejus pecuniæ habere credunt, quod
« imperitia lapsi, legis Falcidiæ beneficio usi non sunt,
« sciant ignorantiam facti, non juris prodesse : nec stulti,
« solere succurri, sed errantibus (9 § 5 D. 22. 6.).[1] »

Arrêtons-nous un moment à ce texte important : le
jurisconsulte commence par poser , par affirmer ce
principe que l'erreur de droit nuit à tout le monde,
tandis que l'erreur de fait ne nuit pas. « *Regula est* : juris
quidem ignorantiam cuique nocere : facti vero ignorantiam non nocere; » puis il annonce qu'il va appliquer
cette règle : « videamus ergo in quibus speciebus locum
habere possit; » enfin, après avoir constaté l'exception
qui existe en faveur des mineurs, il passe au développement pratique du principe qu'il a posé. Il est donc certain
qu'il se propose de donner ici ces règles générales et il
serait contradictoire de penser que les exemples qu'il
donne ne se justifient que par des raisons particulières ;
tout au moins devrait-il indiquer quelles sont ces

[1] Une décision analogue est rapportée dans la loi 9, C. 6-50.

raisons : or il n'en fait rien : rattachant le § 5 aux premiers mots du texte, il rappelle avec les empereurs que l'erreur de fait peut être invoquée, non celle de droit, et que la loi protége ceux qui se trompent et non pas ceux dont l'erreur va jusqu'à la sottise : « nec stultis solere succurri, sed errantibus. »

Deux explications ont été proposées à l'appui de l'opinion que les règles spéciales de la loi Falcidie sont la seule raison d'être du rescrit rapporté par Paul : D'après Mulhenbruch, l'acquittement intégral du legs, même au-delà de la portion pour laquelle l'héritier peut être poursuivi, sans être une *naturalis obligatio* constitue cependant un devoir de conscience qui suffit pour faire obstacle à l'admission de la *condictio*. Si l'existence d'un devoir de cette nature fait obstacle à l'exercice de l'action, ce doit être parce que les Romains y auraient vu une *causa* suffisante du paiement : or le jurisconsulte ne s'arrête pas à cette idée : il ne la mentionne même pas : il s'appuie uniquement sur le motif que l'erreur de droit doit nuire au *solvens*, et cependant la manière la plus simple de repousser la réclamation des héritiers eût été de leur répondre : Ce que vous avez payé, vous le deviez : vous ne pouvez donc le répéter.

La seconde explication que l'on a donnée de la loi 9, § 5, repose sur cette idée que le caractère de la Falcidie est celui d'une rétention, d'où l'on conclut que l'héritier ne pourrait jamais se prévaloir du bénéfice de la loi Falcidie par voie d'action [1]. Cette idée n'est certainement pas exacte : que la rétention soit le moyen le plus natu—

[1] M. Caratheodory, Op. cit., p. 121, note.

rel et partant le plus ordinaire d'arriver à l'exécution
de la loi Falcidie, nous en convenons volontiers ; mais
il est incontestable que l'héritier avait d'autres res--
sources. « Tuetur hæres retentionibus, actionibus,
« cautionibus..... Aut quod legatorum interdicto
« utetur aut in personam actionibus experietur talibus,
« quæ illam in causam conveniunt, ut de dolo, ut in fac-
« tum actione, ut indebiti condictione, et hac quidem,
« si facti ignorantia, non juris indebita solvit legata vel
« fideicommissa [1]. » Au reste, la dissertation à laquelle
nous empruntons cette seconde objection reconnaît que :
« *En principe*, la loi Falcidie est dominée par l'idée de
« rétention, *seulement*, il suffit à l'héritier d'avoir voulu
« exercer la rétention de la quarte, pour que la réduc-
« tion ait lieu, et qu'il puisse dès lors exercer contre
« les détenteurs même l'action en revendication.... »
(loc. cit.).

Il n'existe donc aucune raison de penser que la loi 9,
§ 5, s'applique par des motifs spéciaux à la Falcidie :
nous devons donc y voir une décision générale qui con--
firme pleinement l'exclusion de la *condictio indebiti* au
cas d'erreur de droit : et ce que nous disons de ce texte,
on doit le reconnaître aussi de la Constitution 10. C. 1,
18, en admettant même, supposition absolument arbi--
traire, que cette Constitution a été rendue dans une hy--
pothèse où il s'agissait d'appliquer la loi Falcidie.

Nous nous bornerons à signaler pour terminer, le
fr. 2, C. 2, 23, qui fournit un argument *a contrario* en
faveur de notre opinion : « In debito legato, licet per

---

[1] Mulhenbruch, § 751.

« errorem juris a minore soluto repetitionem ei decerni,
« si necdum tempus, quo restitutionis auxilium
« excesserit, rationis est. Adde 29, § 1 D. 17, 1.

Passons rapidement en revue maintenant les textes
invoqués par l'opinion contraire. C'est d'abord la loi 1 pr.
D. 36, 4. « Si quis cum vetitus esset satis accipere,
« acceperit, an repeti satisdatio ita possit, ut hæres
« condicat liberationem... Si hoc non potuisse remitti
« crediderit (hæres) numquid condicere possit qui jus
« ignoravit ? Adhuc tamen benigne quis dixerit satis-
« dationem condici posse. »

Ceci est conforme au droit commun : Lors en effet
qu'il s'agit d'un point de droit controversé, l'*error juris*,
on l'a vu, peut être invoquée, car elle est excusable : or
telle est l'hypothèse actuelle : on avait longtemps dis-
cuté la question de savoir si l'héritier pouvait être dispensé de donner la *cautio legatorum* : aucune disposition
ayant force de loi n'étant encore intervenue, on conçoit
que le jurisconsulte ait décidé que par faveur *benignè*
la *condictio obligationis* pourrait être exercée [1].

La loi **79 D.** *de leg.* 2° supposant que des affranchis
qui avaient seuls droit à certains biens laissés par leur
patron en ont joui concurremment avec les affranchis
de la femme du patron, décide que ces *liberti patroni*
n'ont pas perdu le droit de revendiquer pour eux seuls
les biens dont il s'agit. La raison en est qu'une simple
déclaration de volonté purement unilatérale n'a pu

---

[1] M. de Savigny, n° 38. — M. Pochonnet, rev. crit., 1856, I, p. 173.
— La question avait il est vrai été tranchée par Marc Aurèle, mais la
décision de cet empereur était un simple rescrit qui, bien qu'inséré
dans les *Semestria,* n'avait par force de loi.

9

créer un droit au profit des autres affranchis, et que les *liberti patroni* invoquent non pas l'erreur où ils sont tombés, mais la disposition faite à leur profit par le patron. *Adde* 20 pr., D. 10, 2.

Voici une espèce que rapportait Pomponius. Un défunt a imposé à son héritier l'obligation de donner à la fille de son frère plusieurs choses, sous cette condition que, si elle mourait sans enfants, elle restituerait ces objets à l'héritier. Celui-ci meurt, et la nièce s'engage à la restitution envers l'héritier de cet héritier défunt. Ariston pensait que cette femme pourrait obtenir l'*in integrum restitutio*. Pomponius ajoute qu'elle pourra *condicere incertum*, fût-elle majeure ; car elle est protégée non pas *ipso jure*, mais au moyen de l'action personnelle, (16, § 2, D 4, 4).

Il suffit de comparer ces textes avec les fragments de la même loi qui le précèdent immédiatement pour se convaincre qu'il a eu en vue une erreur de fait. Le § 1 en effet suppose un mineur qui, sous l'empire de manœuvres frauduleuses, est entré en société, et il décide qu'il n'y a pas lieu de faire intervenir le préteur, l'acte étant nul *ipso jure* : or rien n'indique que le § 2 soit conçu dans un autre ordre d'idées : la femme dont il s'occupe s'est trompée sur la portée du testament, sur l'obligation qu'il lui imposait : assurément ce n'est pas là une erreur de droit.

Le débiteur d'une dette alternative paie *utrumque per ignorantiam* : le choix lui appartenait : Justinien se demande « utrum stipulator an promissor habeat hujus « rei (restituendæ) facultatem : » qui, du *solvens* ou de *l'accipiens*, aurait la faculté de choisir celui des deux objets qui devait être rendu..., et il cite sur cette question l'opinion des jurisconsultes qui s'étaient prononcés en sens divers ; mais tous avaient admis qu'il y avait lieu à répétition (10, C. 4, 5). Tout nous porte à croire qu'ici encore il est question d'une erreur de fait : pour qu'il y ait erreur de droit il faudrait supposer que le débiteur a cru qu'une dette alternative l'obligeait à livrer *utrumque,* erreur bien peu vraisemblable ; il paraît bien préférable de penser que le *solvens* a cru qu'en fait la dette alternative était cumulative, erreur très-probable si on suppose que c'était l'héritier du débiteur primitif qui avait effectué le paiement. Quant à la circonstance que le choix avait été réservé au débiteur elle n'est mentionnée ici que pour bien faire ressortir quelle difficulté s'élève, car aucun doute ne serait possible si le choix avait appartenu au créancier *accipiens.*

Les lois 37, D. 34, 2, et 17, § 10, D. 50, 1, prévoient des erreurs de fait. On peut expliquer de la loi 16, § 14 D. 39 4 : « Si quid autem indebitum per er— « rorem solventis publicanus accepit, retro eum resti— « tuere oportere, divi Severus et Antoninus rescripse— « runt. » Bien que nous ne pensions pas avec D. Godefroid (ad h. l.) que Marcien ait soigneusement distingué dans ce long texte l'*ignorantia* de l'*error,* appliquant la première de ces expressions au droit et la seconde au fait (Comp. §§ 5 et 10), opinion qui pourrait cependant être soutenue avec quelque raison, nous pensons qu'au moins le mot *error* n'a pas un sens assez précis pour qu'on doive l'appliquer à l'erreur de droit, et voir ainsi dans le passage de Marcien une exception aux principes que nous avons rappelés.

Ce qu'il fallait prouver en effet, qu'on veuille bien le remarquer, c'est qu'en matière de *condictio indebiti*, le droit romain avait admis une dérogation radicale aux règles générales, en assimilant l'erreur de droit à l'erreur de fait : aucun des textes que nous venons de parcourir ne justifie suffisamment ce système.

Ce n'est pas à dire toutefois que nous le repoussions d'une façon absolue. Il est possible que certains jurisconsultes, dans des hypothèses particulières, aient cru devoir admettre cette exception que nous rejetons en principe. Il est incontestable, en effet, que la *condictio indebiti* se présente dans des conditions toutes spéciales, et que si les considérations invoquées pour faire admettre dans tous les cas, l'erreur de droit, ne nous ont pas paru suffisantes, tout au moins est-il possible qu'elles aient déterminé les jurisconsultes, appelés à trancher une difficulté où la situation du *solvens* leur semblait digne de toute faveur. C'est ainsi que l'on pourrait reconnaître dans la loi 16, § 14, D. 39, 4, une erreur de droit, sans être condamné à admettre la *condictio indebiti* toutes les fois qu'il y aura eu *error in jure* de la part du *solvens*. De deux choses l'une, en effet : ou bien l'agent du fisc a partagé la même erreur, et alors le *solvens* est bien excusable de n'avoir pas su ce que cet agent lui-même ignorait, ou bien, et cette hypothèse semblerait plutôt être celle du texte : per errorem *solventis*, le *publicanus* a connu cette erreur : il y a eu dès lors fraude de sa part de ne l'avoir pas dissipée : au lieu de donner contre lui l'action *de dolo* que les jurisconsultes hésitaient toujours à accorder, Marcien permet au *solvens* de répéter ce qu'il a payé indûment.

Enfin le § 266 des *Vaticana fragmenta* a soulevé des controverses qui se rattachent à notre sujet : « Indebi- « tum solutum accipimus non solum si omnino non de- « bebatur, sed et si per aliquam exceptionem peti non « poterat, id est perpetuam exceptionem : quare hoc « quoque repeti poterit, si quis perpetua exceptione « tutus solverit. Unde si quis contra legem Cinciam « obligatus non excepto solverit, debuit dici repetere « eum posse... »

« Sans doute, dit M. Machelard, il n'était pas im- possible que le donateur eût payé par suite d'une er- reur de fait : parce qu'il se sera trompé sur la valeur de ce qu'il a promis, parce qu'il aura faussement attribué la qualité d'*exceptus* à celui qui ne l'avait pas. On ne peut nier cependant qu'une pareille erreur ne soit as- sez rare et l'application de la *condictio indebiti* se trouvera assez restreinte si l'on ne doit pas tenir compte de l'er- reur de droit [1]. »

M. de Savigny pense que « la circonstance particu- lière et décisive pour autoriser dans l'espèce la *condictio*, est non pas l'erreur, mais une règle absolue de droit positif [2]. » On comprendrait qu'une telle disposition ait existé, vu le caractère de la loi Cincia, qui était considérée jusqu'à un certain point comme une loi d'ordre public, mais on conviendra d'autre part qu'il serait surprenant qu'Ulpien, voulant donner un exemple de la règle qu'il vient de poser, ait précisément choisi un cas où l'erreur n'a aucune influence et relativement auquel aucun doute

[1] Des Oblig. nat., p. 79, 136.
[2] Système, § 165. note *d*.

n'est possible, puisque le législateur s'est prononcé.

Quant à nous, nous inclinons à penser que le § 266 prévoit une erreur de droit : il existerait donc une divergence sur ce point entre les jurisconsultes romains'. Cette divergence s'explique tout ensemble par la nature des faits qui donnent lieu à la *condictio indebiti*, et le caractère particulier que nous venons de signaler dans la loi Cincia.

§ III. De la prescription des actions.

Pour quiconque sait dans quel but a été admise la prescription des actions, il est difficile de comprendre comment on a pu vouloir appliquer à cette matière la théorie de l'erreur. La prescription, en effet, a été imaginée pour couper court aux contestations qui troubleraient, en même temps que le repos des familles, la tranquillité publique: elle est vraiment *patrona generis humani*, et c'est bien une pensée d'intérêt général qui l'a fait introduire. Elle repose d'ailleurs sur deux idées qui peuvent être sa justification, même au point de vue de l'équité: la présomption d'un paiement dont la preuve aurait été détruite, la peine que mérite un créancier assez négligent pour laisser ainsi son droit inactif ².

Ces considérations s'appliquent en tout point à la prescription de 30 ans. Aussi doit-on admettre que le débiteur sera libéré bien que le créancier n'ait même pas connu l'existence de l'action qui lui appartenait : et il n'y a pas lieu de considérer suivant que l'erreur alléguée serait *er-*

---

¹ C'est en faveur de cette opinion que se prononce M. Machelard (loc. cit.).

² Cf. Ut sit aliqua inter desides et vigilantes differentia, sancimus... 2 c. 7, 40. Ad le ¹, ç. th. 4, 14. — 3 C. J. 7, 40.

ror facti ou *error juris:* — « Nulla scientia vel ignorantia
« expectanda, ne altera dubitationis inextricabilis oria-
« tur occasio (12, C. 7, 33). Post hanc vero temporis
« definitionem nulli movendi ulterius facultatem patere
« censemus, etiam si se legis ignorantia excusare ten-
« taverit (3, C. 7, 39).»

— L'introduction de la prescription comme mode
général d'extinction, applicable à toutes les actions, est
de date récente. Mais avant elle existaient des prescriptions plus courtes, presque toutes limitées à la durée
d'une année. Théodose, dans la constitution qui introduisit la *prescriptio* xxx *annorum*, déclara expressément
qu'elle ne s'appliquerait point aux actions pour lesquelles des lois antérieures avaient indiqué des délais plus
courts. L'ignorance du créancier le mettra-t-elle à l'abri
de la prescription? Il serait difficile de ne pas se prononcer pour l'affirmative si les motifs que nous avons
indiqués en commençant étaient les seuls que l'on pût
donner comme justification de cette institution ; mais il
en est d'autres qui nous semblent devoir faire décider la
question contre le créancier.

Lors en effet qu'une loi statue qu'une action sera
perdue si elle n'est pas intentée dans un délai assez court,
comme le délai d'un an, ce sera souvent dans la crainte
que les moyens de preuve que l'on aurait à alléguer plus
tard en exerçant les actions, et surtout les moyens par
lesquels le défendeur aurait pu répondre à la prétention
de l'adversaire, ne vinssent à périr : celui qui prendra
l'offensive est, la plupart du temps, absolument maître
de l'action, car il sera interdit à celui qu'il peut attaquer
de prendre les devants. — Ces motifs nous paraissent

suffisants non—seulement pour justifier en elles—mêmes
les courtes prescriptions, mais encore pour permettre de
les faire courir même contre le créancier qui n'a pas
connaissance de son droit : il importe cependant d'ex--
cepter les hypothèses où ce créancier a cédé à une erreur résultant des circonstances même d'où est née l'action.

Nous reconnaissons donc dans cette matière une dérogation au droit commun : l'erreur de fait elle—même
ne pourra être invoquée si l'on ne se trouve dans l'un
des cas auxquels nous venons de faire allusion.

—La règle et l'exception que nous regardons comme
devant s'appliquer à notre matière sont expressément
indiquées dans un texte relatif à l'interdit *quod vi aut
clam*.

« Annus autem cedere incipit, ex quo id opus fac—
« tum perfectum est, aut fieri desiit » : le délai imposé
pour intenter l'interdit commencera à courir du jour de
la violation du droit que cet interdit a pour but de protéger, quand bien même cette violation n'aurait pas été
connue du demandeur : l'exception indiquée par le texte
ne laisse aucun doute : « Sed si is sit locus in quo opus
« factum est, qui facile non adiretur, vel in abdito alio
« loco, sed et si sub terra fuerit opus..., etiam post
« annum causa cognita competit interdictum de eo quod
« factum est, nam causa cognita annuam exceptionem
« remittendam, hoc est magna et justa causa ignoran -
« tiæ interveniente (15, §§ 4, 5, D. 43, 24).

La même doctrine était admise touchant les actions é-
diliciennes : L'action rédhibitoire se prescrit par six mois
utiles *ex die venditionis* : cependant si le vice sur lequel

est fondée l'action avait été caché et que l'acheteur n'ait pas été victime d'une ignorance trop coupable, « non vidébitur potestatem experiundi habuisse », et on le restituera contre la perte de son action. (Cf. 19, § 6, 55 D. 21, 1).

Comme application de la règle [1], nous nous contenterons de citer :

L'action Paulienne, qui se prescrit *anno utili :* « Tem-« pus actionis annum computamus utilem quo expe-« riundi potestas fuit ex die factæ venditionis » (6, § 14 D. 42, 8) ; les *restitutiones in integrum :* les délais couraient du jour où se produisait le fait qui donnait lieu à ces *præscriptiones :* (7, C. 2, 53).

Enfin l'action de dol : « Optimum duximus, non ex « eo die quo se quisque dolum admissum didicisse com-« memoravit, neque intra anni utilis tempus, sed potius « ex eo die, quo adseritur commissus dolus.... » (8, C. 2, 21). M. de Savigny pense que l'on ne devrait pas admettre d'exception même au cas où le dol eût été habilement dissimulé. Cette opinion rigoureuse peut se justifier par cette idée qu'après tout c'est le demandeur à l'action de dol qui a été personnellement victime du dol : il est donc bien difficile qu'avec un peu de diligence il ne le découvre pas pendant l'année utile ou le délai de deux ans *continus* qui lui ont été substitués ; mais il est probable qu'en pratique le préteur aurait néanmoins accordé la *restitutio* dans des hypothèses exceptionnellement favorables.

---

[1] Cette règle s'appliquerait aux délais *continu* fix's par les empereurs comme aux délais utiles de l'ancien droit, qu'ils ont remplacés (7 C. 2-53, 8 C. 2-2!).

L'action *de calumnia* nous fournit un premier exemple
d'un cas où la prescription ne commence à courir que du
jour « ex quo cognovit » : cela était équitable, autrement
les coupables auraient eu un facile moyen d'échapper à
l'action: il leur aurait suffi de dissimuler leur convention
pendant les délais dans lesquels elle peut être intentée
(6, **D.** 3, 6). Ce motif nous porte à décider, avec
M. de Savigny, et contrairement à l'opinion de Mulhembruch, que cette exception n'est pas applicable aux
actions *ex delicto* en général : car presque toutes ces actions naissent de faits dont la partie lésée aura connaissance par la force même des choses.

Nous avons rencontré un autre exemple de l'exception que nous étudions en parlant des actions édiliciennes, et un troisième relatif à l'interdit *quod vi aut clam ;*
mais on l'a vu, l'action *de calumnia* est la seule à laquelle cette exception s'applique d'une manière générale.

On s'est demandé si le créancier auquel on oppose la
prescription pourrait solliciter du préteur l'*in integrum
restitutio propter errorem.*

L'affirmative a été soutenue ; nous pensons toutefois
qu'elle doit être rejetée : admettre dans de semblables
hypothèses l'*in integrum restitutio*, ce serait rendre illusoire la prescription et manquer totalement le but que
s'est proposé la loi en la consacrant.

Nous aurions encore à étudier ce qui concerne les déchéances résultant de l'expiration des délais imposés à
l'héritier pour prendre parti relativement à la succession
qui lui est offerte : les explications que nous devrons
donner à ce sujet trouveront leur place dans la section
suivante.

SECTION III

Des testaments, et de l'acquisition des hérédités ab intestat.

Les Romains ont regardé le testament comme l'expression d'une volonté impérative, toute puissante, à laquelle ils se plaisaient à reconnaître la force d'une loi, faisant passer après elle l'ordre de successions fixé par le législateur. Dès lors, ils durent mettre le plus grand soin à découvrir et à faire respecter les volontés dernières du citoyen, ne consentant à les méconnaître que dans les cas où elles constituaient une violation de quelque règle du droit.

Ces considérations nous expliqueront la plupart des décisions spéciales que nous allons rencontrer : au reste les jurisconsultes, nous le verrons, ont conservé en principe, dans cette matière, les règles du droit commun : c'est surtout dans l'application de ces règles que nous aurons à constater quelques modifications.

I. L'erreur du testateur a pu porter : sur sa propre condition, sur la personne de celui qu'il gratifie, sur l'objet de sa disposition ou enfin sur divers points d'une moindre importance.

Le testament est l'expression d'une volonté souveraine : au moins faut-il que celui de qui elle émane sache en quelle qualité il exerce ce droit : ainsi, l'homme qui n'aurait pas une certitude absolue de son propre état ou qui serait dans l'erreur à ce sujet, serait incapable de tester : « De statu suo dubitantes vel errantes testamen—« tum facere non possunt. »' (15, D. 28, 1) ' : par exemple, un esclave affranchi par testament, mais igno—rant que son maître est mort, dispose de ses biens « tes—« tamentum facere non potest » (14, D. 28, 1). L'empereur Léon a modifié cette décision rigoureuse : Qu'il soit libre, dit—il de cet esclave : qu'il soit vraiment libre et qu'il puisse disposer comme il l'entend des biens que lui a laissés son maître : « non decet enim, ut qui liber-« tatis dignitatem manifeste accepit, ob incertam sus-« picionem ignominia afficiatur atque a testando arcea-« tur. » (Nov. Leon. 37).

II. L'erreur qui porterait sur la personne du bénéficiaire, héritier ou légataire, entraînerait la nullité de la disposition, car la considération de la personne est ici essentielle : « quoties volens alium heredem scribere, « alium scripserit, in corpore hominis errans, placet « neque eum heredem esse qui scriptus est; quoniam « voluntate deficitur, neque eum quem voluit, quoniam « scriptus non est (9. pr. D. 28, 5.) »

Si l'erreur tombait sur une simple qualité que le testateur attribuait à tort au légataire ou à l'héritier, la disposition n'en serait pas moins valable.

' En général, on l'a vu, l'erreur où serait une personne relativement à l'existence des conditions nécessaires à la validité d'un acte, ne suffit pas pour vicier cet acte, lorsque ces conditions existent réellement; (9 § 4, D. 22-6, 32 § 1, D. 41, 3 Cf. 4 § 1, D. 40-2.)

On avait toutefois admis que si un testateur exhérédait par erreur son fils en ces termes : « Ille quem « scio ex me natum non esse, exheres esto » cette exhérédation serait de nul effet, « si probetur ex eo natus. » (14, § 2, D. 28. 2.) C'est qu'ici la *demonstratio* indique le motif véritable de l'exhérédation : motif qui doit être considéré comme une condition, et par conséquent entraîner, s'il est erroné, la nullité de l'acte: nous revien drons sur ceci en étudiant ce qui conserne la *falsa causa*.

Enfin, si au lieu de porter sur la personne ou les qualités de l'institué, l'erreur porte sur son existence même, l'institution serait valable. Nous ne supposons pas que l'institué n'était même pas conçu ou est déjà mort, auxquels cas la disposition serait radicalement nulle, même abstraction faite de toute erreur: pour que la question qui nous occupe puisse s'élever, il faut supposer que le testateur institue un enfant déjà né et qu'il croyait encore *in utero :* Ulpien déclare : « institu- « tionem jure factam videri recte responderi. » (25, § 1 D. 28, 2, cf. 22 fr. D. 26, 1.) Il faut supposer avec le texte que l'enfant aurait pu être institué comme posthume par le testateur : autrement, en droit civil, l'institution devrait être considérée comme nulle. Même dans l'hypothèse qu'il a choisie, on voit que la décision d'Ulpien avait souffert quelque difficulté : elle se justifie cependant par cette idée fort raisonnable que la volonté du défunt étant certaine et susceptible d'exécution, on n'aurait pu la méconnaître sans se mettre en contra- diction avec la faveur dont les romains entouraient les testaments.

III. De l'erreur sur l'objet.

L'*error in ipso corpore* vicie la disposition : « et si in
« re quis erraverit, ut puta dum vult lancem derelin-
« quere, vestem leget, neutrum debebit (9, § 1, D. 28,
« 5.) Si in corpore erraverit, non debebitur (4, D. *de*
« *leg.* 1.) »

On peut supposer que le testateur a légué la chose
d'autrui, la croyant sienne, ou bien il a légué sa propre
chose, la croyant *res aliena ;* ou bien enfin il a légué
comme libre un fonds grevé d'hypothèque ou d'un droit
de gage.

Reprenons ces diverses hypothèses.

A Rome, on pouvait, en principes léguer la chose
d'autrui ; mais pour que ce legs fût valable, il fallait que
le testateur ait su que l'objet dont il disposait ne lui
appartenait pas, car, ainsi que le font remarquer les
Institutes, peut-être ne l'eût-il pas légué, s'il avait
connu la vérité : « quod autem diximus alienam rem
« posse legari, ita intelligendum est, si defunctus
« sciebat alienam rem esse, non si ignorabat. Forsitan
« enim, si scivisset alienam, non legasset. » (*Adde* 10
C. 6, 37, cf. 67 § 8 D. *de leg.* 2.)

Le légataire devra prouver que le testateur savait
léguer une *res aliena*. C'est une conséquence du principe
fondamental en matière de preuve (21, D. 22, 2.) Il y
avait eu toutefois doute sur ce point : « verius est. »
(*Instit. loc. cit.*) probablement parce que, ainsi qu'on
l'a fait remarquer, il y a quelque chose d'étrange à
supposer une semblable erreur de la part du disposant[1].

---

[1] M. Demang at 1, p. 729

Dans l'hypothèse inverse, celle où le testateur a légué
rem suam qu'il croyait appartenir à autrui, la disposition vaudra, car il est probable qu'il l'eût faite à plus
forte raison s'il eût connu la vérité. Il en sera de même
si le legs avait pour objet une *res heredis*, que le
testateur croyait appartenir à un tiers. Si la chose léguée
eût été *aliena*, l'héritier aurait dû l'acquérir pour la
remettre au légataire : le disposant qui consentait à
imposer cette charge à l'héritier aurait entendu évidemment que celui-ci fût tenu de l'obligation bien moins
lourde qui, dans l'espèce, va peser sur lui (67, § 8 D.
de leg. 2. [1])

Du legs de la chose d'autrui on rapproche le legs
d'un chose grevée d'hypothèque ou d'un droit de gage :
ici encore la *scientia* ou l'*ignorantia* du testateur ont leur
importance : « Sed et si rem obligatam creditori aliquis
« legaverit, necesse habet heres luere ; et hoc quoque
« casu idem placet quod in re aliena, ut ita demum
« luere necesse habeat heres, si sciebat defunctus rem
« esse obligatam.... Si tamen defunctus voluit lega-
« tarium luere, et hoc expressit, non debet heres eam
« luere. » *(Inst.* ii, 20 § 5.) Ce qui domine encore ici,
c'est, on le voit, le respect de la volonté probable du
défunt (cf. 57, D. *de leg.* 1. 66, § 4, D, *de leg.* 2.)

Ce qui concerne les affranchissements par testament
se rattache étroitement aux règles qui précédent.

Si le testateur a légué par testament la liberté à un
esclave qu'il croit à lui, cet affranchissement sera nul.
Que si, au contraire, le défunt savait que l'esclave ne lui

[1] M. Demangeat 1, 729, note 2.

appartenait pas, la disposition vaudra ; mais, dans quelle
mesure? Les jurisconsultes se sont occupés de cette
question à propos de l'affranchissement indirect résultant
de ce qu'un esclave avait été nommé tuteur dans un
testament. — Il n'y aurait aucune difficulté si le testateur
avait ajouté à la disposition cette clause : « cum liber
« erit, » ou s'il avait exprimé qu'il voulait léguer à
l'esclave la « liberté fideicommissaire ; » si le testateur
avait fait la nomination purement et simplement, Ulpien
décidait qu'il faudrait voir dans cette disposition un
fideicommis de liberté : « servus alienus ita dari potest
« (tutor) : si liber erit, tutor esto. Quinimo, etsi jure
« datus sit, videtur inesse hæc conditio : cum liber
« erit. Potest autem quis et fideicommissariam liber-
« tatem extraneo servo ex hac causa defendere,... si
« voluntas apertissime non refragetur. » (10, § 4, D.
26, 2.) Une constitution des empereurs Valerien et
Gallien confirma cette décision : « Et si non suum
« proprium, sed alienum servum, conditionem ejus
« sciens, tutorem adscripserit, æque fideicommissariam
« libertatem datam, nisi aliud evidenter defunctum
« sensisse appareat, prudentibus placuit. » (10, C. 7,
4). C'est là en effet une conséquence raisonnable de la
volonté probable du défunt, ainsi que des principes universellement admis au cas de legs d'une *res aliena* : aussi
doit-on s'étonner que Justinien ait préféré l'opinion qui
refuse toute efficacité à une semblable disposition :
« servus alienus pure inutiliter testamento datur tutor. »
(1, 14, § 1).

L'erreur sur le motif n'invalide pas une disposition
testamentaire : « falsa causa non obest legato. » *(Instit.)*

Cependant si la cause devait être regardée comme ayant joué, aux yeux du testateur, le rôle d'une condition, elle ferait tomber le legs, au cas où elle serait reconnue fausse : « longe magis legato falsa causa non nocet.... « Sed si conditionaliter enuntiata fuerit causa, aliud « juris est, veluti hoc modo : Titio si negotia mea « curavit, fundum do lego. » *(Inst* II, 20, § 31, cf. 25, fr. D. 28, 2–92, D. 38, 5.) Nous avons déjà rencontré quelque chose de semblable au cas de *falsa demonstratio.*

Même en dehors du cas d'une *falsa causa conditionaliter enuntiata*, le légataire ne sera pas toujours tenu de délivrer le legs fait sur une fausse cause : car s'il y est obligé dans la rigueur des principes, on lui permet d'opposer au légataire *l'exceptio doli*, si celui-ci, en réclamant le legs, méconnaît la véritable pensée du défunt, ce qui se présente le plus souvent, comme l'observe avec raison Papinien, (72 § 6, D. 35, 1. — 1 C. 6, 44. [1])

La *falsa demonstratio* relative à l'objet de la disposition testamentaire, la laisse cependant subsister : « Neque « ex falsa demonstratione, neque ex falsa causa legata « infirmantur. » (Ulp. reg. 24 § 19, — Instit., II, 20, § 30, 17 Pr. § 1, 72 § 8 et 35). Nous maintiendrons cependant ici les réserves que nous avons faites en parlant de la personne du légataire.

Enfin, « si quis in nomine, cognomine, prænomine « legatarii erraverit, si a persona constat, nihilominus « valet legatum, idemque et in hæredibus servatur, et

---

[1] Mulhembruch, § 648, notes 7, 8.

« recte. » (Instit. II, 20, § 29; 16 § 1 *De leg.* 1° 4, C. 6–23). Il en serait de même si une semblable erreur concernait l'objet légué. (4 Pr. *De leg.* 1°. — 18 D., 34, 5).

— Nous devons nous demander maintenant quelles conditions doit réunir la volonté du légataire pour consolider sur sa tête le droit né pour lui de la disposition testamentaire. Nous nous occuperons en même temps de l'héritier *ab intestat.* Il est même juste de remarquer que c'est à lui que s'applique le plus grand nombre des règles spéciales à ce sujet.

En matière d'acquisition par succession, la législation romaine s'est montrée plus sévère que partout ailleurs en ce qui concerne la volonté de l'*appelé :* elle lui demandait un consentement plus précis : elle exigeait surtout qu'il eût une connaissance personnelle du fait juridique sur lequel il était appelé à prendre parti. Ce dernier point est le plus important, car c'est lui qui constitue la dérogation la plus considérable au droit commun.

La volonté *personnelle* de l'héritier doit exister non-seulement si l'acte à intervenir relativement à l'hérédité ouverte est un *actus legitimus,* tel que l'*aditio hœreditatis,* mais encore lorsqu'il ne présente pas ce caractère. Qu'il s'agisse donc d'accepter par un mode du droit civil, ou seulement *jure prætorio,* que cette acceptation soit expresse ou tacite, toujours il faudra cette connaissance personnelle de la part de l'héritier, de l'ouverture du droit qui lui est offert : Ainsi, un *negotiorum gestor* pourra bien demander la *bonorum possessio,* mais elle ne sera définitivement acquise à l'héritier qu'au moment où celui-ci aura connu la concession qui en aura été faite par le magistrat à son profit : « Acquirere « quis bonorum possessionem potest, vel per semet- « ipsum, vel per alium. Quod si, nec non mandante, « bonorum possessio mihi petita sit, tunc competit cum « ratum habuero, id quod actum est. Denique si ante « decessero quam ratum habeam, nulla dubitatio est, « quin non competat mihi bonorum possessio : quia ne- « que ego ratum habui, neque hæres meus ratum « habere potest, cum ad eum non transeat jus bonorum « possessionis. » (3, § 7, D. 37).

Nous laissons, du reste, de côté, les règles exception- nelles admises en faveur de l'enfant en tutelle.

L'héritier doit nécessairement connaître non-seule- ment la mort du *de cujus*, mais encore sa condition pen- dant qu'il vivait ; autrement il a dû croire dans le premier cas, que la succession n'était pas ouverte, et que par conséquent son droit n'existait pas ; dans le second, il n'a pu savoir d'une manière certaine si cette succes- sion lui est régulièrement dévolue. « Hæres institutus, « si putet testatorem vivere, quamvis jam defunctus sit, « adire hæreditatem non potest ; sed et si de conditione « testatoris incertus sit, paterfamilias, an filius fami- « lias sit, non poterit adire hæreditatem, etsi ejus « conditionis sit in veritate, ut testari potuerit. » (32 Pr., § 2, D. 29, 2). Mais on devrait modifier cette dernière solution si la condition que l'héritier supposait au défunt et celle que le défunt possédait réellement lui donnaient toutes deux la possibilité de laisser son hérédité à celui qui y prétend droit : « Quod si dubitet, « apud hostes decessit, an civis romanus, quoniam

« utroque casu est jus adeundi, et in re est ut possit
« adire, dicendum est posse adire. » (**33, D. 29, 2**).

Si l'héritier est capable d'acquérir l'hérédité, l'erreur
qu'il commettrait sur son propre état n'empêcherait pas
l'acquisition : Ulpien explique en ces termes pourquoi
il n'en est pas ici comme au cas où l'héritier « testatoris
« conditionem ignoret. » — « Illa ratio est, quod qui
« conditionem testatoris ignoret, an valeat testa—
« mentum dubitat ; qui de sua, de testamento certus est
(**34, D. 29, 2**) [1].

— Nous avons dit que l'erreur de l'héritier sur la
délation d'une succession légale ou testamentaire empêche qu'il n'en consomme l'acquisition, et nous en
avons vu l'application en ce qui concerne l'ignorance
où serait l'appelé de la mort du *de cujus*. C'est en ce sens
que l'on peut entendre le texte suivant de Pomponius :
« In repudianda hereditate vel legato, certus esse debet
« de suo jure qui repudiat (**23, D. 29, 2**). » Il faut
même que l'héritier sache en vertu de quelle cause juridique l'hérédité lui est dévolue : autrement il ne peut
l'accepter ni la répudier : « Si is ad quem legitima here-
« ditas pertinet, putaverit defunctum servum suum esse
« et quasi peculium ejus nactus sit, placet non obligari
« eum hereditati. Et idem juris est, si non justo testa-

[1] Si formel que soit ce texte nous sommes porté à croire qu'il n'exprime pas une opinion universellement admise. Cette décision, en effet,
bien qu'elle puisse être rapprochée de plusieurs autres que nous
avons déjà signalées, ne nous paraît pas conforme aux principes
de notre matière, a les raisons qu'en donne Ulpien ne sont évidemment pas suffisantes, si ces principes sont exacts ; aussi pensons
nous qu'il faudrait donner au texte de Pomponius transcrit plus bas,
une portée absolue, et reconnaître que sur ce point particulier, les
deux jurisconsultes étaient divisés.

« mento scriptus heres, prolatis tabulis, cum putaret
« justum esse, quamvis omnia pro domino administra-
« verit, hereditatem tamen non acquiret. (22, D. 29, 2.)»
C'est au même ordre d'idées que nous rattacherons le
texte suivant : « Is qui putat se necessarium, cum sit
« voluntarius, non poterit repudiare, nam plus hic est
« in opinione quam in veritate, et e contrario, qui se
« putat necessarium, voluntarius existere non potest. »
(1, § 16, D. 29, 2).

L'erreur commise par l'héritier sur la valeur de la
succession ne vicierait son acceptation ni sa répudiation.
On sait comment, dans un cas particulier, Adrien accorda cependant la restitution : comment aussi Gordien
étendit cette mesure à tous les *milites*. Justinien par
l'introduction du bénéfice d'inventaire permit à toute
personne de se mettre à l'abri des conséquences d'une
acceptation onéreuse : et dès lors la restitution pour erreur relative au contenu de l'hérédité devient inutile pour
toute personne prudente : celles qui n'auraient pas fait
d'inventaire subiront la peine de leur négligence.

L'héritier appelé à une succession peut l'accepter ou
la répudier. Presque toujours un délai sera fixé, dans lequel il devra faire son choix. Qu'adviendra-t-il s'il a
laissé passer ce délai sans prendre parti ?

Laissant d'abord de côté le cas d'erreur ou d'ignorance,
constatons que la législation a varié. A l'époque de
Gaius, l'héritier qui avait laissé s'écouler les délais sans
prendre parti était écarté de la succession : « liceat cre-
« ditoribus bona defuncti vendere (II, 167). Expecta-
« mus diem præstitum intra quem nisi aut adeat, aut pro

« herede gerat, denegamus ei actiones. » Justinien dans
une constitution de l'an 531 décida au contraire que
dans cette hypothèse l'héritier serait traité comme s'il
avait accepté : « Si adierint, vel pro herede gesserint vel
« recusaverint hereditatem, omnibus in solidum here—
« ditariis oneribus teneantur. » (22, § 14, C. 6, 30).

Supposons maintenant que c'est sous l'empire d'une
erreur que l'héritier ne s'est pas prononcé *ante tempus*.
On ne peut se poser ici que la première des deux questions que nous avons rencontrées en parlant des prescriptions. Ainsi que l'a fait observer M. de Savigny,
aucune difficulté n'est possible quant au *spatium deliberandi*, puisqu'il suppose une demande adressée par l'héritier au magistrat afin d'obtenir un délai. Quant à l'ancienne *cretio*, à la *bonorum possessio* et à l'inventaire,
on ne peut douter que les délais n'aient commencé à
courir que du jour où l'héritier a connu le droit ouvert
à son profit : Ceci résulte des termes même de la formule
imposant la *cretio* : « Heres esto, cernitoque in diebus
« centum proximis *quibus scies poterisque* » (Gaius II,
165, 171-173) formule qui devait être aussi celle de l'é-
dit sur la *bonorum possessio* : « bonorum possessio da-
« tur parentibus et liberis intra annum *ex quo petere*
« *possunt*. » (Ulp. reg. 28, § 10, — 2, pr. D. 38,
15).

Au reste la distinction entre l'erreur de fait et l'erreur
de droit trouve ici sa place : la première seule peut être
invoquée avec succès : « In bonorum possessionibus ju-
« ris ignorantia non prodest quo minus dies cedat » (10
D. 37, 1), texte où nous avons déjà vu indiquées les conditions dans lesquelles il est vrai de dire qu'exceptiou-

nellement l'erreur de droit est relevante. « Scientiam
« (juris) non hanc accepi, quæ juris prudentibus sit,
« sed eam, quam quis aut per se habeat, aut consulendo
« prudentiores se adsequi potest. » Nous n'hésiterons
pas à appliquer ici ce tempérament.

On doit aussi admettre en notre matière les exceptions
de faveur existant de droit commun au profit des mineurs, des femmes, des *milites* et des *rustici* (8, C. 6, 9,
2, C. 2, 22,—24, § 26, 6, 30).

CONCLUSION

La théorie que nous avons présentée comme ayant été celle des jurisconsultes romains a été attaquée, on l'a vu, de diverses manières : notre intention n'est pas de revenir sur l'exposé que nous avons fait de ces différents systèmes et des réponses que nous avons cru pouvoir leur opposer; mais il est une dernière doctrine, dont nous n'avons encore parlé qu'incidemment, et qu'il est indispensable d'examiner en peu de mots.

Nous avons montré : 1° qu'il existait en droit romain une théorie générale de l'erreur; 2° que cette théorie reposait sur la distinction entre l'erreur de droit et l'erreur de fait, et sur cette idée que l'erreur ne peut être invoquée que lorsqu'elle est excusable.

A ceci on a répondu :

« N'ayant trouvé nulle part, dans les applications, « d'effets particuliers à l'erreur, nous nous croyons « autorisés à conclure que, dans le droit romain, il « n'existe pas d'effets propres à assigner à l'erreur, « d'effets qui ne soient en même temps la conséquence « d'autres principes...

« La théorie de l'erreur de droit et de fait, nous « l'avons constamment trouvée en défaut, là où elle ne « revenait pas à une pure pétition de principes, ou à

« une pure inutilité. »..... « Nous rejetons la règle
« *error juris* comme inutile, la théorie de l'excusabilité
« comme dangereuse et arbitraire [1]. »

Parcourons rapidement quels arguments on propose
à l'appui de cette thèse.

Des textes spéciaux accordaient, on l'a vu, aux femmes,
aux *rustici*, aux militaires, des restitutions, lorsqu'ils
avaient ignoré la loi.

Voici comment on essaie de montrer que ces dispositions ne se fondaient pas sur l'erreur : « Du moment
« que le droit divisait les citoyens en deux classes, les
« *rustici* et les *urbani*, il devenait évident que des lois
« spéciales à chacune de ces deux classes n'étaient que
« des *différences*, nullement des exceptions à la règle :
« des caractères différents de deux espèces (*urbani, rus-*
« *tici*), qui, subordonnées toutes deux à un *genre* (*cives*)
« ne rentraient pas l'une dans l'autre. » (p. 35, 36). —
Pour que l'on pût admettre cette réponse, il faudrait
que deux choses fussent prouvées : d'abord que le droit
romain, lorsqu'il édictait les règles relatives à l'erreur,
entendait formuler une législation propre à une classe
seulement de citoyens, les *urbani* : or il n'en est rien, et
tous les textes qui parlent des *rustici* en même temps
que des autres citoyens, présentent leur condition comme
formant exception, dérogation, à des principes qui at-
teignaient tous les citoyens. — En second lieu, quand
bien même le système de la loi romaine eût été tel qu'on
le suppose, il resterait encore à prouver que les formules qui l'expriment sont trompeuses, que tandis

---

[1] M. Caratheosdory, Op. cit. p. 211 et 219.

qu'elles rapportent à l'erreur la distinction entre les *rustici* et les *urbani*, cette distinction est au contraire générale et s'applique à toutes les matières du droit : autrement il sera certain que c'est bien l'erreur qui est la seule raison d'être de cette distinction. Or, nous le demandons, où rencontre–t–on cette différence radicale entre ces deux *espèces* de citoyens ? Nulle part assurément : nous sommes donc autorisés à dire que les textes qui rattachent à l'erreur les modifications introduites en faveur des *rustici* expriment une idée parfaitement exacte et sont en complète harmonie avec le développement historique de la législation romaine.

Dans toutes les hypothèses, ajoute–t–on, où l'on prétend voir des effets de l'erreur, on est en réalité en présence d'une disposition législative, et c'est elle, et non pas l'erreur, qui produit les effets que l'on attribue à celle-ci : « Rien ne donne mieux l'idée de ce que nous
« voulons dire, que l'institution du testament militaire.
« Lorsque la restitution de ce chef eut été élevée à
« la hauteur d'une institution régulière, on n'en parla
« plus comme d'une conséquence de l'erreur, mais
« comme d'un privilége des militaires. » (p. 37)....
« Lorsqu'on dit que l'on pourra, moyennant restitution,
« revenir sur l'action intentée contre un *falsus tutor*,
« affirme–t–on autre chose, si ce n'est qu'en réalité les
« conséquences de la *litis contestatio* sont mises de côté
« lorsqu'il s'agit d'un *falsus tutor ?* (p. 43).... Gaius
« et Justinien nous parlent de restitution contre la *plus*
« *petitio ;* mais Gaïus nous dit d'abord que cela n'avait
« lieu que *quibusdam casibus* (ce qui prouve que ce
« n'était encore là qu'une modification partielle du

« principe de la plus petition, modification introduite à
« l'occasion d'autres actes législatifs) ; ensuite Justi-
« nien lui-même ne procède que par énumération. »
(p. 45, note).

Il suffit, pour répondre à ces objections, de rappeler
exactement dans quelles circonstances s'élève la question de savoir si telle ou telle erreur doit ou non être
déclarée irrelevante.

Quand un acte réunit les conditions essentielles à son
existence, il y a là un fait juridique que la loi reconnaît
et consacre. Cependant, il est des circonstances où
l'exécution de cet acte a paru devoir être empêchée :
c'est alors, qu'on le remarque, une dérogation au droit
strict, au droit primitif : c'est au législateur qu'il appartient de fixer dans quelles hypothèses cette dérogation
devra être admise : s'il est muet, on applique les principes : l'acte subsiste ; s'il a parlé, il importe de se
demander quel est le fondement de sa disposition ; lorsque vous avez découvert que ce fondement est l'erreur,
il faut rechercher quelle portée on doit attribuer à la
disposition nouvelle : et c'est en cette recherche et aux
résultats auxquels elle conduit que consiste véritablement la théorie de l'erreur. Quand donc la loi décide
que dans tels cas déterminés l'erreur produira certains
effets, elle remplit une condition sans laquelle ces effets
ne seraient pas possibles ; mais ce n'est pas à dire assurément qu'ils ne soient pas le résultat de cette erreur.
Le raisonnement que l'on fait valoir à propos du *falsus
tutor* et de la *plus petitio* ne sont donc en aucune façon
concluants ; pour montrer que l'erreur n'exerce aucune
influence, il faudrait prouver que ce n'est pas sur

elle que reposent les dispositions que l'on invoque.

Il est possible, sans doute, qu'une loi, qui avait pour fondement unique l'erreur, ait changé de caractère et soit devenue étrangère à la théorie de l'erreur, mais nous ne voyons pas comment on pourrait en conclure que cette théorie même n'existe pas.

C'est en rappelant les mêmes principes que nous répondrions à l'objection tirée de tous les textes d'où il résulte d'une manière certaine que dans les cas par eux prévus, il n'y a aucune distinction entre l'erreur de droit et l'erreur de fait. Ainsi en est-il dans tous les cas où la loi n'a pas prononcé que l'erreur produirait certains effets. On cite les cas où aucun consentement juridique n'est intervenu, par exemple, il y a « dissensus in causa « obligationis, in ipso corpore...» « Appliquez la règle « *error facti*, et vous n'avez plus aucun sens. » Assurément : aussi disons-nous qu'il n'y a pas lieu de l'appliquer : la loi elle-même ne l'aurait pas pu, car il ne dépend pas d'elle de donner la vie au néant. « quod nihil « est, confirmari nequit...» même *ob justissimum errorem*.

Passons à une hypothèse différente : « On décidait que « l'erreur relative au montant de la succession était « complétement indifférente... S'il fut erreur de fait, « c'est bien celle dans laquelle on tombe quant aux for- « ces d'une hérédité. Et pourtant elle est sans remède. « Pourquoi cela? *Quia ita leges voluerunt.* » Les principes nous conduisent à cette réponse toute différente : *quia aliter leges noluerunt.* L'acceptation d'une hérédité résulte de certaines circonstances que la loi a précisées: lorsque ces circonstances sont réunies, l'acceptation est consommée, et l'on ne pourra en conjurer les suites que si la loi elle-même l'a permis : or ici il n'est rien de semblable.

Enfin on reproche à la théorie de l'excusabilité d'être dangereuse et arbitraire. Nous avons dit notre pensée sur la valeur de cette théorie : bien qu'arbitraire en soi, elle était inévitable si l'on considère le développement historique de la législation romaine. Quant aux dangers qu'elle peut présenter, nous demanderons quelle doctrine on propose pour les éviter. « D'après « ce que nous disons, c'est le juge seul qui est appelé « à se prononcer sur les cas d'erreur » (p. 67, note 1). Nous nous refusons à penser que telle ait été la manière de voir des jurisconsultes romains. Abandonner des questions aussi graves, aussi multiples, au juge chargé de décider chaque espèce est aussi contraire au génie éminemment pratique des Romains qu'aux principes de toute législation prévoyante. Nous le reconnaissons volontiers : les jurisconsultes romains « n'ont « pas chargé les hommes venus au monde treize, qua- « torze, quinze ou seize siècles après eux, de leur prêter « une philosophie explicative de leur droit; c'est là « une prétention par trop singulière. Le droit romain, « il faut l'expliquer avec la philosophie des juriscon- « sultes romains. Tout effort pour lui en appliquer une « autre est un pur mensonge, et n'est pas plus ration- « nel que la prétention d'ouvrir une porte avec une clef « autre que celle qui lui convient [1]. »

---

[1] M. Rossi, *Mélanges d'économie politique* I, p. 209, cité par M. Carathéodory.

C'est précisément en nous autorisant de ces pensées que nous rejetons le système que l'on propose : nous ne saurions admettre en effet que toute la philosophie des jurisconsultes romains, sur cet important sujet, ait consisté à n'avoir aucune philosophie, à ne reconnaître aucun principe rationnel qui pût dicter aux juges des décisions certaines et mettre les parties à l'abri de l'arbitraire.

L'ancien droit français adopta, nous l'avons dit, le principe fondamental du droit romain en matière d'erreur, nous voulons dire l'idée d'excusabilité. Il nous suffira, pour le montrer, de citer les passages dans lesquels Domat et Pothier exposent suivant quelles règles l'erreur « peut être un moyen de restitution. »

« Dans tous les cas, dit Domat, où l'un des contrac-
« tants se plaint d'une erreur de fait, il faut en juger,
« selon les circonstances, comme de la qualité et de la
« conséquence de l'erreur,.... de la facilité ou difficulté
« qu'il pouvait y avoir de connaître la vérité... si ce
« qu'on prétend avoir ignoré était du fait même de celui
« qui allègue l'erreur, ou si c'était un fait qu'il put
« ignorer. Si l'erreur est telle qu'il soit naturel qu'on y
« soit tombé, ou qu'elle soit si grossière qu'on ne doive
« pas la présumer. L'erreur de droit ne suffit pas, de
« même que l'erreur de fait, pour annuler les conven-
« tions; car les plus habiles peuvent ignorer les faits,

---

¹ Lois civiles liv. 1 Lechay § 11 et 13.

« mais personne n'est dispensé de savoir les lois, et l'on
« y est assujetti quoiqu'on les ignore. »

« L'erreur, dit à son tour Pothier, peut aussi être un
« moyen de restitution, même pour les majeurs, contre
« les actes qu'ils ont passés. » Puis, après avoir parlé
de l'erreur sur l'objet, la personne, le motif immédiat,
il continue :

« Observons qu'une personne n'est pas recevable à
« alléguer l'ignorance de son propre fait, ou de quelque
« autre chose dont il lui a été facile de s'informer, et
« qu'elle ne peut, par conséquent, se faire restituer, sous
« prétexte d'une telle ignorance. »

« C'est par cette raison que l'erreur de droit n'est pas
« une cause de restitution pour les majeurs, parce qu'ils
« ont pu se consulter, et se faire informer de leur droit.
« C'est ce qui a été jugé par arrêt solennel du 10 dé-
« cembre 1708, cité par Denizart, v° *Erreur*, n° 8, et
« M. le Nain, avocat général, qui porta la parole, dit
« qu'entre majeurs, l'ignorance de droit ne donnait point
« ouverture à la restitution [1]. »

La même théorie est nettement indiquée dans les divers traités de Pothier.

Parlant du mariage putatif, par exemple, ce jurisconsulte exige que les parties aient été de bonne foi et aient
eu une juste cause d'ignorance d'un empêchement dirimant qui rendrait ce mariage nul. « La bonne foi et la
« juste ignorance des époux sont nécessaires pour don-
« ner aux enfants les droits d'enfant légitime [2]. »

---

[1] Procédure civile, partie v. ch, 4 § 4.
[2] Contrat de mariage n.° 437 et 439.

En matière d'usucapion [1], après avoir défini la bonne foi, *justa opinio quæsiti dominii*, Pothier remarque que « cette opinion, quoique fondée sur une erreur de fait, « ne laisse pas d'être une juste opinion. L'erreur de fait « est excusable.... Il en est autrement de l'erreur de « droit. L'opinion que j'ai qu'on m'a transféré la pro-« priété d'un héritage, opinion fondée sur une erreur « de droit, n'est pas une juste opinion. » En ce qui concerne le juste titre : « L'opinion qu'a le possesseur « que sa possession procède de quelque juste titre, « quoiqu'elle soit fausse, lorsqu'elle est appuyée sur « un juste fondement, est elle-même un juste titre. » Enfin, s'occupant de la *condictio indebiti* : « Il nous « reste, dit-il, à observer que l'erreur qui a fait accor-« der la répétition de ce qu'on a payé indument, doit « être une erreur excusable, de fait ; car on n'est pas « écouté à alléguer une ignorance de droit qui ne se « présume pas, et qui n'est pas excusable, puisque, dans « les affaires qu'on a, on doit se consulter et se faire « instruire [2]. »

D'Aguesseau, toutefois, entrevit les vrais principes ; mais si puissante était l'influence des traditions romaines que le chancelier, malgré l'indépendance de son esprit, ne put s'y soustraire, et l'application trop étroite qu'il fit de ces principes le ramena à la théorie dont nous avons aperçu les premières traces dans un texte de Pa-pinien (7, D. 22, 6).

« L'erreur de droit ne doit être à personne un moyen

[1] Prescription n°° 28, 29, 97.
[2] Traité de l'action condictio indebiti n° 162.

« d'acquérir autrement un titre d'acquisition.....
« Cette maxime semble n'avoir été envisagée que sous
« une de ses faces, dans la personne de celui qui tombe
« dans une erreur de droit ; mais cette règle n'est pas
« moins certaine par rapport à ceux avec lesquels nous
« pouvons nous engager par une pure erreur de droit :
« je veux dire qu'il n'est guère moins évident que l'er—
« reur de droit ne peut pas être pour eux un titre et
« une voie d'acquérir. Autrement il serait faux de dire
« que l'équité ne permet pas qu'un homme devienne
« riche aux dépens d'un autre homme, et que ce qui
« nous appartient puisse être acquis par un autre, *sine*
« *nostro consensu aut delicto*, si ce n'est que l'on veuille
« dire ou que celui qui est dans l'erreur donne un con-
« sentement véritable, *ou que la loi regarde l'erreur de*
« *droit comme un délit qu'elle punit par la perte du bien*
« *qui en a été la matière et l'occasion*. Mais le premier
« n'est pas soutenable, et comment prouvera—t—on le
« second. Quand même celui qui erre dans le droit mé-
« riterait de perdre son bien, comment pourra—t—on
« montrer que l'autre mérite de l'acquérir ? et cela pour
« cette seule raison, que celui qui erre ne connait pas
« son droit ? »

« On ne peut éviter tous ces inconvénients qu'en
« donnant à l'erreur de droit toute l'étendue qu'elle
« peut avoir. L'erreur de droit ne peut être d'aucune
« utilité à celui qui contracte, *parce qu'il n'est pas juste*
« *que sa faute lui serve, et qu'il profite d'une faute*
« *dont il est coupable* [1]. »

---

[1] Dissertation sur l'erreur de droit, œuvres, édit. Pardessus t. ix
p. 629 suiv.

On le voit, c'est toujours, bien qu'avec une portée et sous une forme différente, l'idée d'excusabilité que nous rencontrons jusque dans les derniers temps de notre ancienne jurisprudence: il serait du reste inutile de remonter à une époque plus reculée. Domat et Pothier ont résumé et complété les travaux de leurs devanciers: avant eux, d'ailleurs, la matière de l'erreur n'avait guère été étudiée: les coutumes ne s'étaient pas occupées d'une théorie des obligations, siége véritable de cette matière, et leurs commentateurs s'en étaient remis, comme elles, aux règles fixées par le droit romain, règles dont l'autorité s'était maintenue, grâce à l'influence et sous le couvert du droit canonique, et que la renaissance du xiie siècle remit en honneur.

Il serait cependant inexact de penser que pendant ces quinze siècles la législation soit demeurée stationnaire, et qu'aucun progrès n'ait été réalisé. Si le principe en lui-même n'a pas varié, la jurisprudence et la doctrine le complétèrent ou le modifièrent dans son application. C'est surtout en étudiant le mariage putatif et la prescription que nous pourrons apprécier la portée de ces changements et leur influence sur la législation actuelle.

DROIT FRANÇAIS

PREMIÈRE PARTIE

GÉNÉRALITÉS

I. Bien que, à un point de vue purement rationnel, le consentement fondé sur une erreur puisse paraître radicalement nul, l'erreur n'est, en droit positif, qu'un vice du consentement, et ce vice ne doit, en principe, exercer d'influence sur l'acte juridique, que si l'erreur a été la raison déterminante du consentement.

II. On ne doit, dans l'ordre des rapports juridiques d'intérêt privé, distinguer entre l'erreur de droit et l'erreur de fait, qu'autant que la loi a été rédigée et publiée de telle manière que tout le monde puisse, en fait, la connaître, et en apprécier exactement le sens et la portée.

Telles sont les deux règles qui nous ont semblé devoir servir de fondement à une théorie rationnelle de l'erreur.

Quant à présent, nous devons nous arrêter à la distinction générale entre l'erreur de fait et l'erreur de droit, et montrer qu'en la rejetant en principe, le Code Napoléon a complétement abandonné sur ce point le système consacré par la loi romaine.

Ce n'est qu'après avoir terminé cette étude que nous rechercherons comment la législation actuelle a compris et appliqué la première ces règles que nous venons de rappeler.

§ I. *Idée générale de la théorie de l'erreur, d'après le Code Napoléon ; distinction entre l'erreur de fait et l'erreur de droit.*

Lorsque les législateurs de 1804 eurent à régler la matière des obligations, ils comprirent que leur guide le plus sûr était « ces principes qui sont dans la « raison et dans le cœur de tous les hommes », et c'est parce que le droit romain leur parut avoir exprimé ces principes d'une manière généralement exacte et complète qu'ils le prirent pour type de leur œuvre. Il faut bien le dire, les beautés de ce modèle leur ont quelquefois caché les imperfections qui s'y rencontrent; trop facilement aussi, au lieu de faire effort pour éclaircir une difficulté de textes et découvrir la véritable pensée des jurisconsultes sur un point douteux, ils ont emprunté, sans la contrôler, la décision de Dumoulin ou de Pothier, et, si défectueuse qu'elle pût être, lui ont donné une consécration légale. Mais ce n'est pas à dire qu'ils aient toujours servilement copié leurs devanciers: loin de là: ils ont su préciser, développer, en plus d'un lieu, ce qui n'était qu'en germe dans les ouvrages qui leur servaient de guides. Ainsi la théorie des nullités, si incertaine en droit romain, si incomplétement fixée encore par Pothier, est réglée par le Code Napoléon d'une manière très-nette et très-précise. — Ils allèrent encore plus loin, quand ils abordèrent la théorie de l'erreur, et n'hésitèrent pas à se rattacher à un système nouveau.

Nous avons vu, en suivant le développement des idées romaines, relativement à l'erreur, que le point de départ en avait été celui-ci : le secours accordé à la victime de l'erreur était un tempérament d'équité apporté à la rigueur des principes primitifs : il était naturel dès lors que cette intervention bienfaisante et en quelque sorte anormale fût justifiée par le soin qu'aurait apporté la personne qui la réclame, à éviter l'erreur. De là la théorie de l'excusabilité. — Tout autre est le point de vue auquel se sont placés les rédacteurs du Code Napoléon. Pour eux, le consentement est la première des « conditions essentielles pour la validité d'une conven- « tion » (art. 1108). « L'équité ne peut reconnaître « comme obligatoire une convention, si la partie qui « s'engage n'y a pas consenti [1] ». Or, « il n'y a pas « de consentement *valable* si le consentement n'a été « donné que par erreur ». (art. 1109).

Ces idées, certainement, ne sont pas nouvelles : les Romains les avaient connues, mais sans leur donner pleine satisfaction ; Pothier les avait inscrites en tête de son traité des obligations, mais, trop fidèle au droit romain, n'avait pas osé tirer non plus les conséquences du principe, qu'à son tour il proclamait.

Ce qui n'était jusqu'alors qu'une considération puissante, sans doute, mais en quelque sorte subsidiaire, devient, grâce au législateur de 1804, un principe fondamental qui ne fait pas exception à d'autres principes, mais existe auprès d'eux et avec une force égale : aussi,

---

[1] Bigot-Préameneu, Exposé des motifs, Fenet XIII, p. 223. — *Adde* p 313.

partout où le vice d'erreur se rencontre avec les conditions posées, il exerce son influence sur l'acte juridique sans qu'aucune considération étrangère au vice même vienne la neutraliser.

En effet, dans les quelques dispositions où il est question d'erreur, la loi s'exprime d'une manière très-générale, et sauf dans deux articles qui confirment notre interprétation au lieu de l'affaiblir, ne fait aucune distinction entre l'erreur de droit et l'erreur de fait. Le principe se trouve posé dans l'art. 1109 : « Il n'y a « pas de consentement valable, si le consentement n'a « été donné que par erreur », et l'art. 1304, qui est la sanction de celui-ci, ne s'exprime pas moins absolument ; toutes les autres dispositions ne sont que l'application de cette idée, affirmée encore par les art. 1356 et 2052. Nous trouvons en effet dans ces deux textes, en ce qui regarde l'aveu et la transaction, l'opposition entre les deux espèces d'erreur. Évidemment, si le législateur a cru nécessaire de se prononcer sur ces deux points, c'est qu'il voulait consacrer relativement à ces deux cas particuliers une distinction qu'il repoussait en thèse générale, mais dont l'application était ici exigée par la nature même des choses [1].

On peut mesurer dès lors la portée de la présomption

---

[1] Le Code commence par établir cette maxime d'éternelle vérité, qu'il n'y a pas de consentement valable s'il n'a été donné que par erreur Il l'établit d'une manière générale, sans distinguer entre l'erreur de fait et l'erreur de droit. Ce principe devient encore plus évident par les exceptions mêmes que le Code y a faites, et qui sont en petit nombre, mais fondées sur la raison et sur la nature des choses. (Toullier, p 62 et 71. — *Adde*, MM. Larombière, *des ob ig.* I, art. 1110, n° 22 ; Demol. I, 129).

édictée par l'article 1 du Code Napoléon. « Les lois,. « dit ce texte, seront exécutées dans chaque partie du « royaume, du moment où la promulgation en pourra « être connue. La promulgation en sera réputée connue « dans le département de la résidence royale, un jour « après celui de la promulgation, etc. ».

Décider que cette présomption est irréfragable, qu'aucune preuve, par conséquent, n'est admise contre elle, serait introduire entre l'erreur de fait et l'erreur de droit cette distinction radicale, sur laquelle reposait la théorie romaine, et que repousse l'ensemble des dispositions que nous avons rappelées.

Aussi sommes-nous autorisé à dire avec Toullier [1] que la présomption légale de l'article 1 n'est pas nécessairement exclusive de la preuve contraire, opinion adoptée par la presque unanimité des auteurs.

On pourrait objecter cependant que la présomption de notre article est une disposition d'ordre public qui ne peut, en conséquence, être ainsi limitée. Ce serait exagérer la portée de l'art. 1 et dénaturer son caractère, que d'en faire uniquement une disposition d'ordre public. Sans doute, cet article domine toutes nos lois, et ne se rattache pas seulement au Code civil ; mais sa généralité même montre qu'il ne faut pas lui attribuer une égale portée dans tous les cas. Loi d'ordre public, quand on l'applique aux dispositions d'intérêt général, on ne saurait lui reconnaître la même nature quand l'intérêt des particuliers est seul en jeu. Au reste, alors même que la preuve est admise contre la présomption.

[1] Op. cit., n° 63.

de la loi, cette présomption, ne l'oublions pas, milite toujours contre celui qui l'attaque : elle subsiste aussi longtemps qu'il ne l'a pas détruite. Donc, ni en législation, ni au point de vue du droit positif, l'autorité de la loi n'est méconnue par la solution que nous défendons : elle est restreinte seulement dans des limites qui assurent le respect des principes en même temps qu'elles sauvegardent tous les intérêts.

Voici donc comment nous parait devoir être résumée, d'après ce qui précède, la théorie du Code Napoléon relativement à la distinction entre l'erreur de droit et l'erreur de fait.

En principe, l'erreur de droit exerce sur la validité des rapports juridiques la même influence que l'erreur de fait ; mais ces deux espèces d'erreur diffèrent entre elles au point de vue de la preuve : car l'erreur de fait est quelquefois présumée : l'erreur de droit ne le sera jamais.

Cependant, dans les premiers temps qui suivirent la promulgation du Code Napoléon, quelques auteurs voulurent y retrouver la consécration de la théorie romaine : Malleville écrivait sur l'art. 1110 : « Il ne s'agit « dans cet article que de l'erreur de fait, et non de l'er- « reur de droit, qui, en général, ne relève personne de « l'obligation dont elle aurait été le motif (9, D. 22, « 6) » ; et Delvincourt, adoptant la même opinion, reproduisait la distinction de Cujas entre le *damnum rei omittendæ* et le *damnum rei amissæ* *. Enfin un auteur contemporain tout en rejetant, en principe, dans un pas-

---

* Analyse raisonnée... III p. 19.

* Code civil II p. 677.

sage déjà cité, la distinction entre l'erreur de fait et l'erreur de droit, nous paraît cependant attacher à l'idée d'excusabilité une trop grande importance : « Si l'erreur « a été grossière, inexcusable, dit M. Larombière [1], on « n'y croira pas : sa grossièreté même fait douter de sa « réalité. Alors, tant pis pour celui qui s'est trompé : « aussi bien n'a-t-il de reproches à adresser qu'à lui-« même quand il lui a été facile de s'assurer de la vé—« rité : *Nam et solere succurri non stultis, sed erranti-* « *bus* : la loi ne vient au secours que de l'erreur, et non « de la folie, de la sottise. »

Nous avons dit les motifs qui ne nous permettent pas d'admettre cette manière de voir. Sans doute, au point de vue de la preuve, l'erreur inexcusable sera pour celui qui n'aura pas su l'éviter, une source de difficultés quelquefois insurmontables ; mais il nous paraît impossible de lui refuser le droit même d'administrer cette preuve, quand on se souvient que le fondement de l'action qu'il veut intenter n'est pas tant dans une disposition légale que dans le vice dont est affecté son consentement : à vrai dire la loi se borne à organiser cette action : il n'était pas en son pouvoir de ne pas la concéder.

§ II. — *Sur quoi doit porter l'erreur pour produire des effets juridiques.*

Le vice du consentement qui résulte de l'erreur n'a d'influence directe sur le rapport de droit que dans les cas où, sans ce vice, l'acte eût été parfaitement valable.

[1] Des oblig. art. 1106 n° 6.

Nous devons donc, pour rencontrer des effets juridiques propres à l'erreur, nous placer en présence d'un acte qui existe, mais dont l'existence est compromise par suite de cette erreur. Si, par exemple, un contrat n'a pas d'objet, il sera radicalement nul ; peu importe, dès lors, que le vice d'erreur, qui aurait pour unique résultat de rendre l'acte annulable, vienne s'ajouter au vice beaucoup plus grave, par suite duquel l'acte est absolument comme n'existant pas.

Que si au contraire l'acte est valable en soi, mais que la volonté qui y est intervenue n'ait pas été exprimée en parfaite connaissance de cause : on doit se demander dans quels cas et dans quelle mesure ce vice influera sur le rapport juridique.

Le Code Napoléon s'est expliqué sur ce point, du moins en ce qui concerne les contrats ; c'est l'objet des articles 1109, 1110, 1117 et 1304.

« L'erreur, dit l'art. 1110, n'est une cause de nullité
« de la convention que lorsqu'elle tombe sur la subs-
« tance même de la chose qui en est l'objet.

« Elle n'est point une cause de nullité lorsqu'elle ne
« tombe que sur la personne avec laquelle on a l'inten-
« tion de contracter, à moins que la considération de
« cette personne ne soit la cause principale de la con-
« vention. »

Ce texte ne parle pas de l'erreur qui peut porter sur l'objet de la convention, ou sur sa nature, ou sur la cause, ou sur le motif. Comment expliquer ce silence ?

1° *Erreur sur l'objet.* Il était inutile que la loi s'expliquât d'une manière formelle sur l'erreur *in ipso corpore rei.* L'objet est, en effet, un élément essentiel de tout acte juridique ; s'il fait défaut, l'acte n'existe pas : il n'y a rien de fait. Tel serait le cas où Pierre entend vendre sa maison de Paris, et où Paul croit qu'il s'agit de la maison de Versailles. A bien regarder, d'ailleurs, l'erreur de chacune des parties ne porte pas sur le *corpus* qu'elle-même a en vue, mais uniquement sur le *corpus* envisagé par l'autre partie : chacun des deux consentements est donc bon et valable en lui-même; ce qui les rend stériles, c'est qu'ils ne concourent pas. Au contraire il y aurait vraiment nullité pour cause d'*error in corpore* au cas où il serait prouvé par exemple qu'un testateur a désigné, dans son testament, un bien autre que celui qu'il entendait léguer : ici encore il y aurait nullité radicale, et il n'était pas nécessaire évidemment que la loi se prononçât.

2° *Erreur sur la cause.* Ce cas soulève plus de difficulté que le précédent.

Le mot *cause* n'a pas, dans le Code, le sens que lui attribuait la loi romaine quand elle parlait de la *causa civilis obligationis*.

La *cause*, d'après le Code Napoléon, « est ce qui, dans un contrat, détermine une partie à s'obliger [1] »; elle est le « motif essentiel [2] » de l'acte, sa raison immédiate, son *pourquoi* [3].

Dans les contrats synallagmatiques, la cause de l'obligation de l'une des parties est précisément l'obligation que contracte l'autre; or, comme à toute obligation il

[1] M. Demante et Colmet de Santerre, v. n° 46
[2] M. Pardessus, droit commercial II p. 15.
[3] Toullier, x, n. 116. — Larombière, des oblig. 1 p. 272 suiv. — M. Valette, à son cours.

faut un objet sans lequel l'obligation n'existe pas, on a pu dire que dans les contrats synallagmatiques la cause de l'une des obligations se confond avec l'objet de l'autre : langage auquel on pourrait reprocher de n'être pas absolument exact au point de vue théorique ; quoiqu'il en soit, la vraie formule relativement aux effets de l'erreur sur la cause dans les contrats synallagmatiques, nous paraît être celle-ci : on doit attribuer à l'erreur sur la cause de l'obligation les mêmes effets qu'à l'erreur sur l'objet de la convention [1].

Dans les contrats unilatéraux, la réciprocité dont nous avons parlé n'existe pas ; mais il n'en est pas moins vrai que, ici encore, toute obligation doit avoir une cause : ce sera, par exemple, toute prestation antérieurement faite à la partie qui s'oblige, par celle envers laquelle elle contracte l'obligation.

Pour que l'acte soit radicalement nul, il faut que l'erreur porte sur l'existence même de la cause, qu'en fait, il n'y ait pas de cause du tout ; ainsi, croyant que mon père vous a légué 100 hectolitres de blé, je m'engage à vous payer ces 100 hectolitres : la cause de ma promesse, c'est la dette dont je me crois tenu : or cette dette n'existe pas : le contrat est donc absolument nul ; et il l'est indépendamment du vice dont mon consentement est entaché : il est nul, parce qu'une fausse cause n'est pas une cause, et qu'il faut essentiellement une cause à tout contrat. Au contraire nous retrouvons l'influence directe de l'erreur lorsqu'il existe réellement une cause, mais que la partie qui s'oblige se trompe sur

[1] MM. Aubry et Rau § 343.

l'efficacité juridique de cette cause, par exemple, lorsqu'elle s'engage à acquitter une dette naturelle dont elle
se croyait civilememt tenue : l'obligation n'est pas alors
contractée sur une fausse cause : elle n'est donc pas
absolument nulle ; mais elle pourra être attaquée comme
entachée d'erreur, aux termes de l'art. 1109. [1].

3° *De l'erreur sur les motifs.*

L'erreur sur les motifs ne sera jamais une cause de
nullité de l'obligation. Les motifs, en effet, cause
éloignée du consentement, ne sont de même qu'un
accident dans la formation du contrat. L'erreur sur cette
cause éloignée du consentement, laissant subsister tout
entière sa cause prochaine, le consentement n'est pas
vicié assez profondément pour qu'il y ait lieu d'annuler
le contrat dont cette erreur n'a pas été la raison déterminante. « Error circa motivum excitans non irritat
« contractum. Illud satis patet per se, cum non fuerit
« vera causa contractus. » L'erreur sur le motif ne
vicie pas l'acte, « quia semper remanet ratio suffi-
« ciens [2]. »

« Pour que l'erreur soit une cause de nullité de la
« convention, disait M. Bigot Préameneu, il faut que le
« juge puisse être convaincu que la partie ne se serait
« pas obligée, si elle n'avait pas été dans cette
« erreur [3]. »

Il est moins difficile qu'on ne le croit trop souvent de
distinguer, dans un contrat, sa cause et ses motifs. —
La cause, raison déterminante de l'obligation, puisée

---

[1] MM. Aubry et Rau § 343, note 16. Demol. *oblig.* 1, 126.
[2] Carrière, prat. théol. maf., de contract, 1, n° 59.
[3] Penet XIII, p. 223, exposé des motifs.

dans la nature de l'opération, est ordinairement unique, et la même pour tous les coobligés ; au contraire les motifs extrinsèques, accidentels, peuvent être multiples, et varieront suivant les circonstances et les individus. Le législateur n'a pas voulu faire reposer sur un pareil fondement l'existence d'un contrat et permettre de l'attaquer au cas où l'erreur aurait eu ces motifs pour objet [2].

L'erreur sur le motif ne donnant pas ouverture à l'action en nullité, il importe peu à ce point de vue que l'autre partie en ait eu connaissance ; mais suivant les circonstances, cette connaissance peut ouvrir à la partie qui a été dans l'erreur une action en dommages intérêts : que si les deux parties, par un accord spécial, avaient fait de l'existence du motif une condition de la validité du contrat, il est évident que les règles ci—dessus ne s'appliqueraient pas.

— Il nous reste à parler avec l'article 1110 de l'erreur sur la substance et de l'erreur sur la personne.

4° *De l'erreur de la substance.*

Ce mot de *substance* ne désigne pas, dans le langage juridique, une pure abstraction ; la substance n'est pas non plus l'ensemble des molécules d'un corps : la considérer ainsi, ce serait, comme on l'a dit, faire œuvre de chimiste, non de jurisconsulte.

La substance juridique d'une chose doit être appréciée, comme semble l'indiquer l'article 1110 lui même, d'après la volonté des parties. La substance est distincte de l'*ipsum corpus* ; c'est l'objet, tel qu'il a été envisagé par les parties, tel, si on peut le dire, que l'a fait leur volonté, revêtu, en un mot, de certaines qualités, dont l'absence en changerait la nature juridique.

Ce n'est pas à dire qu'il y ait lieu de rechercher spécialement, à propos de chaque contrat, en quoi consiste la substance, et de s'enquérir expressément de ce qu'ont entendu à cet égard les parties contractantes. La substance étant l'ensemble des qualités que l'opinion commune estime essentielles [1] et qu'on envisage ordinairement dans une chose, quand on fait l'objet d'un contrat, la loi présume que les parties l'ont envisagée ainsi, et elle n'admet l'action en nullité que si l'erreur a porté sur ces qualités même, parce qu'elle suppose que si la partie qui s'est obligée avait connu la non–existence de ces qualités, elle ne se serait pas obligée.

L'erreur sur la substance de l'objet ne doit pas être confondue avec l'erreur sur la matière de cet objet. La matière est, le plus souvent, l'une des qualités substantielles ; mais elle n'est pas la substance ; elle peut même être complétement étrangère à cette substance, si la considération de la matière n'a tenu que très–peu de place dans les raisons qui ont déterminé le consentement.

---

[1] « Error circa qualitates objecti irritat contractum quando earum « defectus objectum reddit, in communi hominum existimatione, « moraliter diversum ab eo quod intendebant contrahentes. » (Carrière *loct. cit.* no 58.)

Pour que l'erreur soit une cause de nullité de la convention, il faut qu'elle tombe non sur les qualités accidentelles, mais sur la substance même de la chose, (Fenet XIII, p. 223, exposé des motifs. Cf. Pothier, n. 88.)

Nous ne nous arrêterons pas davantage à ces notions
que nous avons déjà eu l'occasion de développer en
traitant de ce sujet en droit romain ; d'après le Code
Napoléon, comme pour les jurisconsultes romains, en
ce qui touche les contrats de bonne foi, la substance
d'une chose sera donc « ce que l'on reconnaît de premier dans cette chose », l'ensemble de ces qualités qui
donnent à l'objet auquel elles appartiennent un nom qui
lui est propre [1], et le constituent réellement, à tel point
que nom, genre, espèce, tout est faussé si l'une ou plusieurs d'entre elles font défaut.

On s'est demandé s'il était nécessaire pour que
l'action en nullité fût permise à la partie victime de
l'erreur sur la substance, que l'autre partie ait connu
cette erreur.

L'affirmative a été soutenue par de graves auteurs.
C'est seulement, a-t-on même dit, quand l'une des
parties a affirmé telle ou telle qualité de l'objet, qu'elle
peut être soumise à l'action en nullité, car en ce cas elle
est soumise à l'obligation de garantie ; si elle n'a rien
dit, l'acheteur est censé avoir contracté à ses risques et
périls [2].

Cette opinion méconnaît à la fois le sens attaché par
la loi au mot *substance de la chose*, et le véritable caractère de l'action en nullité qu'elle concède à l'obligé
par erreur. Les qualités substantielles, en effet, existent
ou font défaut en dehors et indépendamment des dé--

---

[1] MM. Demol. des oblig. I. 89. MM. Valette et Duv. à leurs cours.

[2] Bélime, philos. du droit II. 254. — *Adde*: Larombière 1110. 3. Pardessus, Code de Commerce II. 16.

clarations expresses des parties; quant au caractère de
l'action, sans doute, si telles ou telles qualités ont été
garanties, une action pourra naître de ce chef; mais
cette action ne serait nullement exclusive de celle qui
se fonde sur l'erreur relative à des qualités substantielles; celle-ci existe par le seul fait que le consentement a été vicié : pour savoir s'il y a lieu de l'admettre,
il faut, en droit, se préoccuper uniquement de ce point:
Y a-t-il eu erreur sur la substance?[1] — Il est d'ailleurs
bien entendu que, en fait, l'action en dommages-intérêts
est toujours réservée à l'une ou à l'autre des parties, et
celle contre laquelle la nullité est demandée pour vice
d'erreur ne peut pas, sans doute, la repousser en ex-
cipant de sa bonne foi, mais elle peut se faire indemniser
du préjudice que l'annulation lui cause, en justifiant de
la négligence qu'aurait mise la partie trompée à se préserver de l'erreur.

5° *De l'erreur sur la personne.*

L'erreur sur la personne n'est pas, en général, suffi
sante pour servir de base à une action en nullité, « à
« moins, dit l'article 1110, que la considération de
« cette personne ne soit la cause principale de la con-
« vention. »

Cette exception devra certainement être appliquée
aux cas de mariage, d'adoption, de prêt de consommation,
de louage d'ouvrage, surtout s'il s'agit d'un ouvrage
d'art, de colonat partiaire, de société, sauf celles où
« c'est la bourse plutôt que la personne qui a été prise

---

[1] Pothier n° 112; Marcadé 1110. III. Dem. et M. C. de S. art. 1110 n° 19
bis IV. MM. Valette, Duverger, Cf. M. Demolombe 1. 100.

en considération; » de même pour les contrats de bien-
faisance, et enfin la transaction, contrat auquel la loi a
consacré sur ce point une disposition particulière (art.
2053).

Au surplus, on appliquera ici ce qui a été dit plus
haut à propos de l'erreur sur la substance : qu'il n'y a
pas lieu de rechercher si la partie en faveur de laquelle
l'obligation a été contractée a connu ou non le fait de
l'erreur.

— Les explications dans lesquelles nous avons dû
entrer peuvent se résumer dans cette formule : l'erreur
ne vicie le consentement que lorsqu'elle en a été vraiment la raison déterminante.

Ce principe, exprimé par les rédacteurs du Code Napoléon à l'occasion des obligations conventionnelles,
ne doit certainement pas être restreint à cette matière;
ils sont trop conformes, d'après l'expression même du
législateur, aux « éternelles vérités sur lesquelles re-
« pose la morale de tous les peuples » et répondent trop
bien, en même temps, aux exigences sociales, pour qu'on
ne doive pas les appliquer à tous les actes qui supposent la volonté de l'agent, et lui empruntent leur validité; il n'y aura pas d'ailleurs à distinguer suivant que
cette volonté est expresse ou tacite ; dans l'un et dans
l'autre cas, en effet, l'erreur la vicie, et ce vice rend
l'acte annulable.

Parmi les actes qui supposent l'existence d'une seule
volonté, nous rappellerons l'acceptation et la répudiation d'une succession, la confirmation d'un acte annulable,.... Dans ces hypothèses et autres semblables,
l'erreur n'agit comme vice du consentement donnant

ouverture à l'action en nullité de l'acte juridique, que quand elle a été la cause déterminante de l'acte, quand il est certain que, si elle ne fût pas intervenue, l'acte juridique n'eût pas été fait; en dehors de ces circonstances, l'erreur n'influera pas sur le rapport de droit.

— Il est enfin des cas où la loi attache à des actes juridiques des effets que ces actes ne comportent pas par eux-mêmes à raison de leurs vices, mais auxquels la partie qui invoque l'acte vicié semble avoir droit, à cause de sa *bonne foi*. Il faut décider encore que, dans ces hypothèses, toute erreur, de fait ou de droit, excusable ou non, devra, *en droit*, être admise, pourvu qu'elle soit prouvée, et qu'elle porte d'ailleurs sur les points expressément déterminés par la loi.

§ III. — *Des effets juridiques de l'erreur.*

Peu de mots nous suffiront pour résumer et compléter ce que nous avons déjà eu l'occasion d'indiquer à ce sujet.

Trois hypothèses peuvent se présenter :

1° Le consentement fait complétement défaut ;

2° Il y a eu consentement, et ce consentement a été donné en pleine connaissance de cause ;

3° Il y a eu consentement, mais ce consentement a été donné par erreur.

Laissons de côté la deuxième hypothèse, sur laquelle aucun doute n'est possible.

Le Code Napoléon distingue profondément le consentement inexistant du consentement vicié : il ne s'occupe expressément, il est vrai, que du second ; mais en même temps et implicitement, il règle les conséquences du contrat dans le cas contraire, celui où il n'y a pas de consentement du tout.

Le consentement n'est—il que vicié par l'erreur, l'article 1109 croit nécessaire de dire qu'il n'est pas valable, et l'art. 1117 que le contrat est, en conséquence, sujet à rescision. C'est bien dire, implicitement, que si le consentement n'existe pas, le contrat manque de l'une de ses conditions essentielles, et n'existe pas non plus.

De cette différence dans les principes résultent des conséquences pratiques très—importantes.

Quand un contrat n'existe pas, il n'est pas évidemment besoin de le faire annuler : le contrat simplement vicié, au contraire, produira ses effets, jusqu'à ce que la partie trompée l'ait fait tomber, Sans doute, en fait, celui dont le consentement a fait complétement défaut pourra se trouver obligé de recourir à la justice pour se soustraire aux poursuites de son prétendu créancier ; mais le devoir du juge sera, non pas de prononcer la nullité de cet acte, mais de déclarer qu'il n'existe pas ; et si, après trente ans, la loi ne permet plus ce recours à la justice, ce n'est pas qu'elle voie dans ce silence prolongé une confirmation tacite, car le néant ne peut être confirmé : c'est une pure forclusion qu'elle édicte, forclusion fondée sur l'intérèt social qui est la base de la prescription des actions.

Il en est tout autrement quand le consentement est simplement vicié : le contrat existe et doit produire ses effets légaux jusqu'à ce que la partie qui n'a agi que sous l'empire de l'erreur en ait obtenu de la justice l'annulation. Il est donc possible que cette partie, par une confirmation ultérieure du contrat, efface le vice qui l'affecte, et l'on comprend qu'à défaut de confirmation expresse la loi ait vu, dans un silence prolongé pendant un certain laps de temps, une confirmation tacite.

Enfin lorsque l'on est en présence d'un acte inexistant, il doit appartenir aux deux parties de faire constater ce fait par les tribunaux, afin de se soustraire aux suites auxquelles pourrait la soumettre cette apparence de rapports juridiques ; au contraire, quand l'acte a été vicié par suite de l'erreur de l'une des parties, c'est celle-là seule qui pourra l'attaquer : du chef de l'autre partie, en effet, l'acte est valable, et la loi le maintient à son égard, faisant naître d'un vice relatif une action en nullité également relative.

§ IV. — De la règle
Error communis facit jus

C'est une règle déjà consacrée par le droit romain, adoptée par le droit canonique et par l'ancien droit français [1], reconnue universellement aujourd'hui, sous l'empire du droit actuel, que : *error communis facit jus*.

Antérieurement au Code Napoléon, une pareille erreur pouvait être invoquée parce qu'elle était excusable : elle le sera maintenant, d'après nous, précisément parce qu'elle est une erreur commune : aussi n'apporterons-nous pas à l'application de cette règle les restrictions admises par l'ancien droit et que conservent quelques auteurs modernes.

---

[1] Furgole, *testaments* III † n° 7. — Cf. Merlin V° ignorance. — Cochin, 52ᵐᵉ consultation.

La question de savoir si l'erreur commune peut être invoquée se présente quand la partie qui en a été victime a attribué à une personne une qualité qui l'aurait rendue apte soit à passer valablement un acte, soit à imprimer à l'écrit probatoire un caractère légal d'authenticité, soit enfin à concourir à certains actes pour lesquels la loi exige des solennités particulières : dans tous ces cas, le défaut chez ces personnes de l'aptitude juridique dont il s'agit, entraînerait une nullité radicale; un tempérament d'équité a été admis, qui permet à celui qui est tombé dans une erreur partagée par tout le monde, de paralyser l'action en nullité : la croyance universelle qui attribuait à tort à une personne la qualité nécessaire à la validité de l'acte juridique, tiendra donc lieu de cette qualité même : *error communis facit jus.*

L'erreur commune ne s'établira pas sans doute par cela seul que l'opinion sur laquelle elle se fonde est plus ou moins répandue, et nous admettrons volontiers que cette opinion doit être corroborée par une « série d'actes « multipliés qui forme une possession véritable de l'é— « tat qu'elle suppose » [1].

Nous nous trouvons ici dans une matière exceptionnelle, et qu'il ne faut pas étendre au delà de ses justes limites; mais il ne faut pas non plus la restreindre de manière à manquer le but qu'elle se propose, et à se mettre en contradiction avec les principes généraux de la loi en matière d'erreur.

D'après le droit romain il fallait, pour que l'erreur fût une *error communis*, qu'elle fût généralement partagée,

---

[1] Cass. 1 juillet 1839. — Montpellier, 17 avril 1847.

et qu'elle reposât sur une manière d'agir habituelle, constante, de la part de celui à qui on attribuait une qualité qu'il ne possédait pas [1].

L'ancien droit, de son côté, voulant déterminer l'une des conditions auxquelles l'*error communis* pourrait être alléguée, exigeait qu'elle s'appuyât sur un *titulus coloratus* : « Concluons, dit Henrys, que communément *error* « *communis non facit jus*, qu'il ne peut pas couvrir le « défaut de titre et de caractère, mais bien le défaut qui « se trouve au titre » [2].

Cette doctrine, remarquons-le d'abord, ne pouvait s'appliquer que lorsqu'il s'agissait d'une erreur relative à la qualité d'officier public chez telle ou telle personne ; même réduite à ces termes, elle exagérait le droit canon auquel elle avait été empruntée. En effet, d'éminents esprits admettaient que l'erreur commune pouvait suppléer à l'absence même de titre [3] ; quant à ceux qui, au contraire, faisaient de l'existence d'un titre une condition indispensable, ils s'appuyaient sur cette idée qu'autrement l'erreur ne serait pas excusable. On pourrait répondre en premier lieu qu'il est difficile de soutenir que celui-là est coupable qui a partagé une erreur admise par tous ; mais il vaut mieux dire que la question, ainsi posée, est mal engagée ; et cela est bien prouvé par les incertitudes mêmes des auteurs qui aujourd'hui veulent préciser des catégories d'erreurs *non relevantes*, bien

[1] Cf. l. 3 D. 14, 6.
[2] Henrys, lib III, ch. 4, quest. 28. — Cf. Merlin, Rep. V° *ignor.* II, 9.
[3] S. Liguori. lib. 6, tract. 4, n° 572 ; Gury, *Compend. theol. mor.* : *de pœnitentia* II, cap. 1, art. 2 ; *de matrim.* VI, art. 2, punct 11. sect. 2. — Gousset II, p. 331 et suiv.

qu'elles soient *communes* : les uns s'attachent à l'âge, au sexe ; d'autres, remontant à l'ancien droit, exigent un titre ; nous croyons plus sûr et plus juridique de nous en tenir aux principes généraux en matière d'erreur, lesquels commandent de rechercher uniquement si l'erreur existe en elle—même, dans les circonstances qui en font une erreur commune ; toute autre considération qui serait tirée de la personne même de l'agent devrait être réservée pour devenir le fondement d'une action en dommages-intérêts, s'il y avait lieu.

La jurisprudence, pour ne parler que des points controversés, a appliqué la règle *error communis*, dans des hypothèses où l'erreur portait sur l'âge de l'un des témoins instrumentaires [1] ; de même dans un cas où l'un des témoins appelés à un contrat de mariage était un condamné par coutumace [2] ; et enfin dans un cas où les parties ignoraient le lien de parenté existant entre le légataire et l'un des témoins [3]. On devrait de même reconnaître comme valables les actes passés par un *falsus tutor* [4].

Le point le plus délicat de ce sujet nous paraît être celui—ci : l'erreur commune pourra-t-elle être invoquée si elle constitue une erreur de droit ?

On pourrait croire que l'affirmative était admise par nos anciens auteurs : « Quand les lois sont demeurées

---

[1] Aix, 30 juillet 1838. — *Contra*, Toullier v, n° 407 ; M. Bonnier, des preuves n° 407. — Pothier reconnaît la validité d'un acte passé par un officier public qui sur un faux extrait baptistaire avait été reçu notaire (Donat. testam. ch. 1, art. 3 § 2.)

[2] Cassat. 4 août 1834.

[3] Cassat. 31 juillet 1834.

[4] MM. Aubry et Rau, § 115, note 11.

« sans exécution et que l'usage contraire a prévalu, dit
« Cochin (52ᵉ consultation), on ne peut plus invoquer
« leur sagesse ni leur puissance ; on peut bien les re-
« nouveler pour l'avenir, et arrêter le cours des contra-
« ventions par une attention exacte à les faire exécu-
« ter ; mais tout ce qui a été fait auparavant
« subsiste et demeure inébranlable, comme s'il était
« muni du sceau même de la loi. » Il est difficile cependant de croire que l'ancienne jurisprudence ait décidé
d'une manière générale que l'erreur commune était
relevante, même lorsqu'elle constituait une erreur de
droit. Le passage de Cochin s'explique d'ailleurs par le
principe de l'ancien droit, unanimement rejeté aujourd'hui, que les lois pouvaient être abrogées par un
usage contraire ou par la désuétude[1].

Le moyen le plus sûr et le plus juridique tout
ensemble, de trancher la difficulté qui nous occupe,
nous paraît être de soumettre aux principes généraux
l'application de notre règle. Conformément à ces principes, nous déciderons que si l'erreur commune est une
erreur de fait, la preuve, comme nous l'avons dit, en sera
admise sans difficulté ; en ce qui concerne, au contraire,
l'erreur de droit, une distinction est nécessaire : si la
disposition légale sur laquelle a porté l'erreur repose
sur des considérations d'intérêt privé, la règle *error
communis* recevra son application ; mais s'il est question
d'une loi générale, la présomption de l'article 1ᵉʳ re-
prendra son autorité absolue.

Il a été jugé, dans ce sens, que l'erreur qui, anté-

---

[1] Cf. MM Aubry et Rau, § 29, notes 1 et 2.

rieurement à l'avis du Conseil d'État du 2 juillet 1807, attribuait aux secrétaires de mairie le pouvoir de donner, par leur signature, l'authenticité aux extraits des registres de l'État civil, ne pouvait être invoquée comme suffisante pour donner à ces extraits le caractère d'actes authentiques.

Il a été jugé également que le contrat d'emprunt à la grosse, passé devant un vice-consul, ne devait pas être tenu pour valable, malgré la croyance générale qui attribuait à ces fonctionnaires le droit de recevoir ces sortes d'actes[1].

SECONDE PARTIE

—

DE LA THÉORIE DE L'ERREUR CONSIDÉRÉE DANS SES RAPPORTS AVEC LES DIVERS ACTES JURIDIQUES

—

CHAPITRE PREMIER

DE L'ERREUR DANS LE MARIAGE

SECTION I

De l'erreur dans la personne.

Peu de sujets ont soulevé d'aussi graves controverses que celui dont nous abordons en ce moment l'étude.

---

[1] Rouen, 4 janv. 1844. — Cf. M. P. Pont, petits contrats II, p. 356. — *Contra* : Alger, 22 février 1858.

Des causes diverses nous paraissent avoir contribué à créer des dissidences qui ne semblent pas devoir de sitôt s'effacer. C'est d'abord le laconisme des deux textes qui sont le siége de la matière : c'est ensuite la confusion que présente la discussion de la loi en 1804 ; c'est enfin, et surtout peut-être, la grandeur des intérêts engagés, aussi bien que les aspects si multiples et si divers sous lesquels se présente l'erreur dans le mariage. Chercher ce qu'est en réalité la loi, et non pas ce qu'il serait désirable qu'elle fût, faire prédominer sur les considérations particulières, si respectables soient-elles, les principes de droit et de raison qui font la base de notre législation... voilà quel nous paraît être le plus sûr moyen d'arriver à des solutions certaines et de sauvegarder l'intérêt social, si vivement intéressé à ce que les mariages ne soient pas trop facilement attaqués.

Le mariage est, par essence, un contrat, c'est-à-dire un acte consensuel ; aussi : « il n'y a pas de mariage « lorsqu'il n'y a point de consentement » (art. 146). L'absence de consentement est donc exclusive de toute idée de mariage.

Si donc l'un des deux futurs conjoints est en état de folie, ou d'ivresse lui ôtant l'usage complet de sa raison, ou si, devant l'officier public il refuse de déclarer qu'il prend pour conjoint l'autre partie, il n'y a pas de mariage. Nous pensons qu'il en serait de même si on avait substitué, à l'insu du mari par exemple, une personne à celle qu'il voulait épouser [1]. — On a dit en sens contraire : l'article 180 suppose que le mariage qui nous

---

[1] MM. Marcadé, art. 180, I-III. Demolombe III, n° 246 ; Glasson, du consentement des époux au mariage, p. 193.

occupe est simplement annulable, et non pas radicalement nul, car il donne aux époux seulement le droit
de l'attaquer, et ne leur donne à cet effet qu'un délai
très-court. Pour que le système de la nullité complète
soit admissible, il faudrait montrer que notre cas n'est
pas compris dans l'article 180 : or c'est précisément le
seul, dont ait parlé, sur cet article, l'exposé des motifs.
— On sait de plus, que le tribunal de cassation, dans
ses observations sur le projet, avait demandé qu'on se
servît des mots : « erreur sur l'individu », au lieu de
ceux-ci : « erreur dans la personne » et que le Conseil
d'État rejeta cette proposition. — Enfin le droit commun
en matière d'erreur (1110 2°) exige que l'on ne reconnaisse dans notre cas qu'une nullité simplement relative [1].

Il importe, tout d'abord, de montrer que l'article 180
ne prévoit pas le cas qui nous occupe. Voici le texte de
cet article : « Lorsqu'il y a eu erreur dans la personne,
« le mariage ne peut être attaqué que par celui des deux
« époux qui a été induit en erreur. » L'article 181
ajoute que « la demande en nullité n'est plus recevable
« toutes les fois qu'il y a eu cohabitation continuée
« pendant six mois depuis que l'erreur a été recon-
« nue. » Cette dernière disposition n'indique-t-elle pas
que le cas prévu est celui d'une erreur qui ne peut être
découverte qu'après un certain examen demandant quelque délai ?

Quant au rejet de l'observation du tribunal de Cassation, l'argument qu'il peut fournir nous paraît militer

---

[1] MM. Aubry et Rau, § 451 bis, note 5.

plûtot en faveur de l'opinion que nous défendons. Sans
doute le Conseil d'État n'a pas voulu remplacer les mots
« erreur dans la personne, » par ceux-ci « erreur sur
« l'individu », qui eussent visé directement et uniquement notre hypothèse ; mais, en refusant cette correction, il a transporté de l'article 146 à l'article 180 la
disposition critiquée, laquelle déclarait qu'il n'y avait
pas mariage, au cas d'erreur ; apparemment, si le rejet
a une signification, c'est que les mots : erreur dans la
personne, n'expriment pas la même idée que ceux qu'on
voulait y substituer ; ils ont donc dû passer, avec leur
sens restreint, dans l'article 180, lequel par conséquent
ne prévoit pas le cas d'erreur sur l'individu. On est bien
obligé, dès lors, de régler ce cas par la règle passée
dans l'article 146, à l'application duquel il n'a pas été
soustrait. Portalis, il est vrai, explique comme il suit
l'art. 180 : « Mon intention déclarée était d'épouser
« une telle personne : on me trompe, ou je suis trompé
« par un concours singulier de circonstances, et j'en
« épouse une autre qui lui est substituée à mon insu et
« contre mon gré : le mariage est nul [1] ». Mais il faut
se souvenir que Portalis traduisait inexactement la pensée des rédacteurs : il ne voyait, en effet, comme cause
de nullité, que l'erreur sur la personne physique, tandis
que tous les auteurs sont d'accord aujourd'hui pour
donner à l'article 180 une autre interprétation.

Cette pensée des législateurs de 1804 est exposée au
contraire avec une grande autorité par le premier
consul, qui résumait ainsi, quant au fond des idées, et

---

[1] Fenet ıx, p. 167.

sans qu'aucune réclamation s'élevàt, les discussions précédentes : « On a distingué entre l'erreur sur l'individu
« physique et l'erreur sur les qualités civiles, et il a été
« reconnu qu'il n'y a pas de mariage lorsqu'un autre
« individu est substitué à un individu que l'on a consenti
« d'épouser ; qu'au contraire il y a mariage, mais ma-
« riage susceptible d'être cassé, lorsque l'individu, étant
« d'ailleurs physiquement celui sur lequel le consente-
« ment a porté, n'appartient cependant pas à la famille
« dont il a pris le nom [1]. »

Cette doctrine était celle de l'ancien droit, qui avait,
en ce point, suivi le droit canonique : « Error circa per-
« sonam, quicumque sit, jure naturali, irritat matrimo-
« nium. Nam matrimonium non potest esse sine con-
« sensu : atqui error personæ tollit consensum... Dicitur
« error : quicumque sit, quia sive sit vincibilis, sive
« invincibilis, perinde est quoad effectum præsentem [2]. »
Il s'agit bien certainement ici d'un acte inexistant en
droit, car c'est relativement à lui seulement que le droit
canonique rejetait la distinction entre l'erreur vincible
et l'erreur invincible. Pothier disait de même : « Il est
« évident que l'erreur de l'une des parties, qui tombe
« sur la personne même qu'elle se propose d'épouser,
« détruit son consentement... car le concours de volon-
« tés des deux parties pour une chose, *duarum in idem*
« *placitum consensus,* ne se trouve pas dans cette es-
« pèce [3]. »

[1] Fenet ix, p. 100.
[2] Carrière, *Prælect . theol. compend.* pars iii, cap. iv § 2. — S. Liguori lib. 6, tract. 6, de matrim. n° 1010. — Gury, compend. de matrim. théol. moralis cap. 6, art. 2 ß 2.
[3] Contrat de mariage n° 308 au n° 309, il est vrai, Pothier reconnaît

Nous ne croyons même pas qu'il y ait, dans ces décisions, une dérogation au droit commun de l'art. 1110
2°. La *personne* joue en effet, dans le mariage un rôle
plus considérable que celui que suppose ce texte : elle
n'est plus seulement une *partie* à l'acte, elle en est l'objet même [1] : aussi écarterons-nous l'article 1110 pour
nous attacher à l'article 1108 : l'erreur des parties ou
de l'une d'elles sur l'identité de l'objet est un vice radical, absolu de l'acte, auquel manque ainsi l'un de ses
éléments essentiels : « quia contrahentium personæ sunt
« substantiale matrimonii objectum [2]. »

On objecte enfin « qu'il serait contraire à la morale
« publique et à l'intérêt des familles que, sous prétexte
« d'erreur sur la personne physique, l'existence du ma-
« riage pût être contestée à toute époque, malgré une
« cohabitation continuée pendant plusieurs années [3], »
et qu'on pût ainsi faire déclarer illégitimes les enfants
qui en seraient issus.

Nous ne répondrons pas, que les juges seront toujours
souverains appréciateurs, et qu'ils pourront prendre les
circonstances en considération « pour décider la ques—
« tion de savoir si le mariage a en effet originairement
« existé, » car pour que notre question se présente, il

que le consentement survenant postérieurement pourra *réhabiliter* ce
mariage *nul* ; mais il en donne cette raison que personne aujourd'hui
n'admettrait : la bénédiction nuptiale qui a précédé mon consentement suffit pour la publicité de mon mariage, *quoiqu'il n'ait été con
tracté que depuis* (n° 309).

[1] M. Demol. III. n° 246.
[2] S. Lignori, loc. cit.
[3] MM. Aubry et Rau, loc. cit.

13

faut supposer que l'erreur a été, en fait, prouvée. Mais nous dirons que les dangers que l'on redoute seront fort rares, à cause de la rareté même des faits qui peuvent en être l'occasion ; de plus, s'il est établi que les parties ont cru, conformément à la doctrine de Pothier, que le consentement postérieur réhabilite le mariage nul, les tribunaux appliqueront certainement les règles du mariage putatif, étendant au profit des enfants le bénéfice de la bonne foi de leurs parents.

Si l'article 180 n'a pas trait à l'erreur sur l'identité de la personne, il ne peut s'appliquer qu'aux qualités de cette personne ; mais ici encore, on s'est divisé. Suivant les uns, la loi a entendu laisser aux juges un plein pouvoir d'appréciation : c'est donc à eux qu'il appartiendra non-seulement de constater l'existence de l'erreur, mais de décider jusqu'à quel point elle a pu, eu égard à son objet, altérer le consentement, et légitimer l'annulation du mariage.

D'autres auteurs pensent au contraire, et nous nous rallions à leur opinion, que la loi, dans l'article 180, a indiqué dans quelles conditions l'erreur qui ne porterait pas sur l'identité même pourrait, tout en n'empêchant pas le contrat de se former, servir de fondement à une demande en nullité : il convient d'ajouter toutefois que les partisans de ce système ne sont pas absolument d'accord sur les caractères auxquels ont doit reconnaître la *personne* dont parle notre article.

Pour accorder aux tribunaux de pleins pouvoirs, on s'est appuyé principalement sur les discussions du Conseil d'État. Plusieurs fois, et avec grande insistance, le premier Consul exprima cette idée que « l'*erreur de* « *qualités*, que vous appelez *erreur de personne*, permet « de faire annuler le mariage.... S'il n'y a eu erreur « que sur la qualité, il y a mariage, mais il peut être « nul..... » et pour rejeter les souvenirs de l'ancien droit, il ajoutait dans son énergique langage : « Tout votre « système a pris naissance quand on se mariait par pro- « curation ; mais à présent on se marie corps à corps[1]. » L'opinion contraire, ajoute-t-on, est inconséquente, car elle admet l'erreur sur la personne *civile* ou *sociale*, et quelques-uns même, sur la personne *mariable* : or dans toutes ces hypothèses, n'est-ce pas d'erreurs sur les qualités qu'il s'agit ? Enfin, on fait remarquer combien il est dur d'obliger une personne à rester unie par un lien indissoluble à un conjoint que souvent elle ne pourra que mépriser. N'est-il pas plus juridique et meilleur de ne pas « trancher d'une manière absolue des « questions qui dépendent nécessairement beaucoup des « mœurs, des idées, des croyances.... de ne pas leur « faire violence, et de ne pas engager contre de telles « résistances une lutte toujours périlleuse[2] ! »

— Il ne sera pas inutile, pour motiver notre opinion, de constater brièvement quels sont les précédents en ce qui concerne l'erreur sur les qualités de la personne.

Le droit canonique décidait que l'erreur sur les qualités, sur la fortune, ne viciait pas le mariage, car ce ne sont là que des motifs du contrat : « aliter enim non

[1] Fenet IX, p 99, 100, note, p. 261.
[2] MM. Demol. III, n° 25 — Marcadé, 180, III et *Rev. de lég.* t. XXVII p. 37 : suiv. Valette sur Pr. 1. 395 note *a*.

« cadit in objectum contractus, » à moins, ajoutait-on,
que l'erreur sur la qualité de la personne ne rejaillit sur
la personne même : pour qu'il en fût ainsi, il fallait :
« ut illa qualitas sit individua, qua persona distinguatur
« a qualibet alia, ut persona non cognoscatur nisi sub ea
« qualitate, aut saltem hæc sit præcipua notitia ... » Il
était enfin unanimement admis que l'erreur « circa con-
« ditionem servilem » était une cause de nullité du
mariage [1].

L'ancien droit refusa également d'assimiler l'erreur
sur les qualités à une erreur sur la personne même :
Pothier, au contraire, opposait l'une à l'autre : « L'erreur
« qui ne tombe que sur la qualité de la personne est bien
« différente de celle qui tombe sur la personne même.
« Celle-ci est incompatible avec ce qui est l'essence
« même du mariage.... mais il n'est pas de même de
« l'essence du mariage que la femme que j'épouse ait
« les qualités que je crois qu'elle a : il suffit que ce soit
« celle que j'ai voulu épouser. » — « Lorsque l'erreur
« ne tombe que sur quelque qualité de la personne, cette
« erreur ne détruit pas le consentement nécessaire pour
« le mariage et n'empêche pas, par conséquent, le
« mariage d'être valable, » et Pothier prenait précisément pour exemples les hypothèses à l'occasion
desquelles la controverse a été la plus vive : « si j'ai
épousé Marie, la croyant noble, quoiqu'elle soit de la
plus basse roture ; ou la croyant vertueuse, quoiqu'elle
fût prostituée ; ou la croyant de bonne renommée,

[1] St Liguori, lib. 6, *Tract.* 6 *de matrim*. n°° 1009. 1010 ; Gury, *Compend. theol. mor loc., cit. : de contract* pars 1, cap 1 art. 4 § 2 ad
1 otam ; Carrière, *de matrim. loc. cit.*

quoiqu'elle ait été flétrie par la justice ; dans tous ces cas, le mariage que j'ai contracté avec elle ne laisse pas d'être valable, nonobstant l'erreur dans laquelle j'ai été à son sujet [1]. »

Pour que les paroles du premier consul pussent faire échec à ces précédents, il faudrait qu'il fût prouvé qu'elles sont l'expression des véritables sentiments du Conseil. Que cette opinion ait été partagée par quelques conseillers, il n'est pas possible de le nier : mais ce qui ne paraît pas moins certain, c'est que l'idée qui avait, en définitive, prévalu, était celle de Pothier : l'erreur sur les qualités ne peut avoir l'influence de l'erreur sur la personne : à la différence de celle-ci, elle laisse subsister le contrat. Tandis, en effet, que Tronchet et Regnier se rallient à l'opinion du premier consul et proposent de s'en remettre complétement à l'appréciation des tribunaux, les conseillers Malleville, Réal, Thibaudeau et le second consul font remarquer que cette manière de voir rencontrera de grandes difficultés dans la pratique, que le projet a entendu consacrer des principes reconnus et appliqués depuis 1500 ans ; Portalis, dans son exposé des motifs, déclare que « l'erreur en matière de mariage ne s'entend pas d'une « *simple erreur* sur les qualités, la fortune, ou la con— « dition de la personne à laquelle on s'unit, mais d'une « erreur qui aurait pour objet la personne même [2] » et Malleville, dans son analyse raisonnée du Code Civil, affirme sur notre article qu'après « bien des élucubrations

1 Pothier, contrat de mar. no 310.

2 Fenet ix. 167.

« les choses en sont restées sur le pied des lois
« anciennes . [1]»

Mais comment trouver une erreur qui, sans porter sur
la personne physique, ne soit pas une erreur sur les
qualités? On pourrait répondre à cette objection par cette
autre question : tout le monde n'est-il pas d'accord
pour reconnaître qu'entre l'erreur sur l'identité de l'objet
d'un rapport juridique et l'erreur sur les simples qualités
de cet objet, il y a une hypothèse possible, consacrée
formellement par la loi sous le nom d'erreur sur la
substance? Or la substance juridique d'une chose n'est
que l'ensemble des qualités qui la rendent propre à sa
destination, telle qu'elle résulte du point de vue sous
lequel les parties ont dû l'envisager, quand elles en ont
fait l'objet de leur contrat. Sans vouloir exagérer ce
rapprochement entre la personne du conjoint dans le
mariage et l'objet d'un contrat en général, ne peut-on
pas tout au moins s'appuyer sur cette analogie pour
repousser le reproche d'inconséquence qu'opposent à la
doctrine adverse les défenseurs de la nullité pour erreur
sur les qualités.

Non! la *personne*, dans le mariage, ne doit pas
s'entendre seulement de l'*individu* considéré au point
de vue de sa personnalité physique : jamais, on peut le
dire, on n'a restreint de cette manière la signification de
ce mot : on l'appliquait au contraire à ces qualités
essentielles, qui, dans l'ordre social , constituent
l'existence d'un individu, le personnalisent, pour ainsi
dire [2]. Et quand, pour repousser ces idées, le premier

[1] Anal. rais. s ir 181 t. 1 p. 196.
[2] Thibaudeau, Fenet IX p. 46.

consul répondait que « tout ce système a pris naissance
« quand on se mariait par procuration … » et qu'il ne
se justifie que par la distinction des castes, Malleville
lui répondait avec raison qu'il n'en était rien, « puis
« qu'on jugeait constamment au contraire que le mariage
« demeurait hors d'atteinte, quoiqu'on eût épousé une
« fille roturière la croyant noble, ou une fille pauvre la
« croyant riche [1]. »

La distinction entre la personne civile et les simples
qualités de la personne a donc son fondement non pas
dans telle ou telle forme d'état social, mais dans cette
idée que le mariage n'est pas seulement une union de
l'ordre purement physique, mais l'alliance de deux per-
sonnalités occupant dans la société une place qui leur
est propre et se distinguant de tout autre par un ensemble de qualités qui constituent véritablement ce que l'on
doit appeler la *personne*. Pour qu'il y ait erreur sur la
personne, il ne suffit pas que le conjoint ait été trompé
sur l'une des qualités constitutives de l'individualité
civile : non! il faut que l'erreur porte sur l'individualité
civile elle-même. Que l'on découvre, par exemple, que
l'un des conjoints est étranger, et non pas français, comme on l'avait pensé ; enfant naturel, au lieu d'être enfant légitime ; le mariage n'en subsistera pas moins, car
on sera toujours en présence de la même personne civile.
Que s'il s'agit au contraire d'un aventurier qui est par-
venu, à l'aide de pièces fausses, à se faire passer pour
membre de telle famille, et à se procurer ainsi un nom
et un état complétement faux, on devra reconnaître que

[1] Ferret ix 104.

l'individualité civile qu'il s'était attribuée étant de tout point différente de celle qui lui appartenait réellement, le mariage doit être annulé pour cause d'erreur dans la personne [1].

Nous ne pensons même pas qu'il faille s'arrêter ici : Le mariage, en effet, est « l'union de l'homme et de la « femme qui s'unissent pour perpétuer leur espèce [2]. »

La procréation des enfants étant le but essentiel du mariage, ne doit-on pas décider que parmi les qualités substantielles de ceux qui le contractent, parmi ces qualités qui constituent la *personne*, il faut comprendre celles qui font que les conjoints sont capables d'atteindre ce but ?

Décider le contraire serait, si nous ne nous trompons, introduire dans la définition de la personne, considérée quant au mariage, une distinction qui serait contraire tout ensemble au droit commun et à la nature même de l'union conjugale. Aussi admettons-nous que l'impuissance ou la stérilité de l'un des époux pourrait motiver de la part de son conjoint une demande en nullité du mariage.

Le droit canonique et l'ancien droit avaient fait de l'impuissance un empêchement dirimant au mariage : et le motif qu'en donne Pothier est « qu'il faut, pour être « capable de mariage, avoir au moins le pouvoir de « parvenir à cette union des corps [3]. »

Depuis longtemps on a distingué suivant que l'im-

---

[1] MM. Aubry et Rau, § 462 note 10 ; Duverger et Bufnoir; Glasson op. cit p. 205. — Bordeaux, 21 mars 1866.

[2] Portalis, Exposé des motifs.

[3] Pothier, Contrat de mariage, 96, 443.

puissance était ou non extérieure et manifeste, et
nous croyons qu'il faut encore décider de la sorte,
pour éviter des procès scandaleux et dont les conclusions seraient toujours douteuses ; mais nous appliquerons à l'impuissance naturelle les mêmes effets
qu'à l'impuissance accidentelle : il y a entre le cas
que nous étudions et celui que règle l'article 313,
cette grave différence que lorsqu'il s'agit de désaveu,
c'est le mari qui argumente de sa propre impuissance,
tandis que la nullité du mariage sera demandée non pas
par l'époux impuissant, mais par son conjoint contre
lui. Mais, dit-on, le conjoint refusera de se soumettre
à la visite des gens de l'art, et comment alors consta-
terez-vous s'il y a lieu de prononcer la nullité du mariage ? Notre réponse est que cette difficulté pratique ne
saurait tenir en échec les principes, si, comme nous
avons essayé de le démontrer, ces principes sont exacts;
ajoutons que le tribunal s'éclairera par tous les moyens
qu'il jugera convenable d'ordonner, et que bien entendu
il n'annulera le mariage que s'il a la conviction qu'il
y ait eu vraiment de la part du conjoint qui l'attaque,
erreur dans la personne [1].

Nous ne terminerons pas l'examen de ces délicates

---

[1] Merlin *Rep*. V° Mar. sect. VI § 2 1° quest. sur 181 ; MM. Bélime
Philos. du dr. II p 87-88. Valette sur Proudhon 1. 395, note *a* ; Demol.
n° 254 — *Contra* MM. Aubry et Rau § 451 note 4 ; Duverger, Bufnoir,
Marcadé. Toulouse 10 mars 1858; — M. Labbé (Note sur l'arrêt de la
Cour de Paris, du 4 fév. 1860 ; *Journal du Palais* 1868 p. 241) appliquant
ici la théorie du Code Napoléon sur la substance (1110 1°) se prononce
aussi pour la nullité du mariage, au cas d'impuissance ; mais le même
auteur considère l'erreur sur la personne civile comme une cause
d'inexistence du mariage : ce cas nous paraît devoir être régi par
l'art. 180 et non par l'art. 146.

questions sans indiquer quel est, à ce sujet, l'état de la jurisprudence.

La Cour de Colmar, le 6 décembre 1811, et la Cour d'Agen (6 juillet 1860) annulèrent pour cause d'erreur dans la personne, le mariage contracté au premier cas par un moine profès, au second par un prêtre catholique ; en 1858, le tribunal de Chaumont prononçait de même la nullité d'un mariage, sur le motif d'une grossesse antérieure à ce mariage, et que l'on avait dissimulée au mari; cinq ans auparavant, le tribunal de Boulogne avait reconnu qu'il y avait erreur dans la personne de la part de celui qui épousait une fille adultérine la croyant légitime. Enfin, en 1859, un procès devenu célèbre fut porté devant le tribunal de la Seine : il s'agissait du mariage contracté par erreur, par une jeune fille, avec un forçat libéré : le tribunal de la Seine et après lui la Cour de Paris, rejetèrent la demande en nullité, refusant d'appliquer à cette hypothèse la disposition de l'article 180. L'arrêt de la Cour de Paris, ayant été déféré à la Cour de Cassation, fut cassé, et l'affaire renvoyée devant la cour d'Orléans qui embrassa la doctrine de la Cour de Paris : la Cour suprême, appelée alors à statuer définitivement sur la question, rendit en audience solennelle, et sur les conclusions conformes de M. le procureur général Dupin, le 24 avril 1862, un arrêt par lequel, consacrant la décision des Cours de Paris et d'Orléans, elle refusa de prononcer la nullité du mariage [1].

---

[1] MM. Aubry et Rau § 462, note 11 ; Duverger, Bufnoir ; *contra* MM. Marcadé, Demol. *loc cit.* — *Adde* M. Labbé qui voit dans la capacité juridique des conjoints une de ces qualités substantielles dans l'absence

Cette décision est d'autant plus importante que l'erreur sur laquelle elle a statué est l'une des plus graves, et soulevait les considérations les plus délicates et les plus dignes d'intérêt. On invoquait aussi, dans le sens de la nullité, l'article 232 du Code Napoléon qui, au premier abord, semblait fournir une raison péremptoire de décider, car, en permettant le divorce lorsque l'un des époux avait été condamné à une peine infamante, ce texte paraissait bien indiquer que la loi n'exigeait pas d'un conjoint qu'il demeurât uni à son conjoint frappé d'une manière déshonorante. — Quand bien même cet article n'aurait pas été abrogé avec tout le titre auquel il appartient, nous penserions qu'il ne tranche pas notre question. Ou bien, en effet, il prévoit une condamnation postérieure au mariage, et alors il est étranger à notre discussion; ou bien cette condamnation remonte à une époque antérieure au mariage; en ce cas, l'article prouve d'une manière certaine que le mariage existait et était considéré comme valable, puisqu'une demande en divorce était jugée nécessaire[1]. Mais le divorce est aboli : la loi de 1816 a consacré l'indissolubilité du lien conjugal; or, le système des Cours d'Agen et de Colmar ne tient pas un compte assez grand de cette indissolubilité; remettre à l'appréciation du juge, si éclairé et si intègre soit-il, les questions si délicates qui peuvent s'élever sur ce point, c'est laisser ce principe essentiel et l'ordre social qu'il intéresse à un si haut degré, aux hsaards de senti-

de laquelle le conjoint n'est plus apte à rendre tous les services que l'on attend d'un chef de famille, et ne lui permettent pas par conséquent de contracter un mariage valable (dissert. déjà citée.)

[1] M. Glasson, op. cit. p. 208.

voulons, mais changeantes, variables, et la loi a sagement agi en n'abandonnant pas à de semblables incertitudes le plus sacré de tous les contrats.

Pour qu'il y ait lieu à action en nullité d'un mariage,
il n'est pas nécessaire que l'erreur ait été causée par les
manœuvres frauduleuses de l'autre partie. L'opinion
contraire fut plusieurs fois proposée au Conseil d'État:
le premier consul la soutint avec insistance : on répondit
avec raison que l'erreur était indépendante de la bonne
ou de la mauvaise foi de l'autre conjoint; celui-ci ne
fut-il pas « complice de l'erreur, il n'en est pas moins
« vrai que l'autre a été trompé, qu'il n'y a donc pas eu
« de consentement de sa part, ni par conséquent de ma-
« riage . »

SECTION II

Du mariage putatif

Deux personnes ont contracté une union de laquelle
sont nés des enfants : plus tard cette union est déclarée
nulle : d'après les principes rigoureux du droit, les enfants devraient être déclarés illégitimes, car l'union de
leurs parents se trouve n'avoir jamais été qu'un concu-
binat. Mais, si les prétendus époux ou l'un d'eux, ont été
de bonne foi, la loi vient à leur secours et tient pour légitimes leur commerce antérieur et les enfants qui en sont
issus. Voilà, dans une formule que nous avons choisie
à dessein très-vague, pour ne pas préjuger les ques-

1 Fenet IX, p 104-105.

tions que nous aurons à résoudre, l'économie générale du mariage putatif.

Le droit romain, on l'a vu, n'a pas fait du mariage putatif une institution régulière : tout, à peu près, était remis à l'arbitraire du magistrat. Il en fut de même dans notre très-ancien droit, suivant le témoignage de Beaumanoir [1] : « Bien pot li apostoles confermer le mariage, s'il li plest, et por pitié des enfans, et s'il ne li plest, il convient que li mariages soit desseures et li enfans tenu pour non loiel, quant à ce qu'ils ne sont pas a heriter comme droit hoir : dont c'est pités, parceque l'assanblée du mariage ne fust pas fete malicieusement.

Il en fut tout autrement d'après le droit canonique. Voici, sur ce point, quels principes avaient été adoptés. Quand un mariage avait été contracté dans l'ignorance d'un empêchement qui devait le faire annuler, ce mariage produisait les mêmes effets qu'un mariage légitime, jusqu'au jour où la nullité en était prononcée; mais il fallait que deux conditions se trouvassent réunies : 1° que le mariage n'eût pas été clandestin ; 2° que l'erreur que l'on alléguait fût excusable. « Si quis vero « hujusmodi clandestina vel interdicta conjugia inire « præsumpserit, in gradu prohibito, etiam ignoranter, « soboles de tali conjunctione suscepta prorsus illegi- « tima censeatur, de parentum ignorantia nullum habi- « tura solatium. [2] » Voici pour la première condition : ments personnels, d'impressions honnêtes, nous le

---

[1] Coutumes de Beauvoisis, ch 18 : édit. Beugnot, p. 281.
[2] Concile de Latran : Décret. greg. cap. i, *de clandestina desponsa-tione* iv, 3. *Adde* Concil. Trident, sess. xxiv, chap. 5.

la seconde était une application logique de la distinction
générale entre l'*error vincibilis* et l'*error invincibilis*;
aussi les constitutions apostoliques la supposent—elles
plutôt qu'elles ne la décrètent formellement [1].

La définition traditionnelle de Hertius montre que
notre ancienne jurisprudence avait abandonné la coutume indécise du xiiie siècle pour adopter les règles que
nous venons d'exposer : « Matrimonium putativum est
« quod bona fide, et *solemniter*, saltem *opinione* conjugis
« unius *justa*, inter personas jungi vetitas con—
« sistit [2]. »

La bonne foi, c'est—à—dire l'ignorance où étaient les
époux du vice qui entachait leur union, est donc la condition essentielle pour qu'il y ait mariage putatif ; mais:
toute erreur pourra—t—elle être alléguée ? tout mariage
pourra—t—il profiter du bénéfice de la loi ? Ces deux
questions sont aujourd'hui encore, la seconde surtout,
vivement débattues.

La réponse à la première question dépend, selon
nous, de l'opinion que l'on admet sur la théorie générale de l'erreur. On peut concevoir, cependant, que
quelques auteurs aient cru devoir écarter l'erreur de
droit: le bénéfice du mariage putatif est, comme ce mot
l'indique, une faveur accordée par la loi : tout au moins
faut-il admettre, pourrait—on dire, qu'on n'en pourra
profiter si la loi elle-même a été violée. Ce point de vue

---

[1] Cf. Constitution du pape Léon I. — *Adde* Covarruvias i, p. 204.

[2] Coquille, Cout. du Niv. ch. 23, art. 1 ; Merlin V° *Légitimité* 1 § 4
n° 7.

Argout, Instit. au dr. fr. iii ch. 2. cf. Nouveau Denizart v° *Bonne foi*
§ 1 n° 4.

ne se justifierait que par un retour à la règle : *nemo jus...* prise dans un sens absolu ; or, nous avons montré que le Code Napoléon avait rejeté sur ce point la tradition : nous sommes d'autant plus autorisé à ne faire aucune distinction, que les termes des articles 201 et 202 sont généraux [1].

On trouve cependant ici, entre les deux espèces d'erreur, une différence que nous n'avons pas rencontrée en parlant des contrats. En effet, quand une personne prétend qu'elle n'a consenti à contracter une obligation que sous l'empire d'une erreur, c'est à elle toujours qu'incombe le fardeau de la preuve ; il en sera autrement quand il s'agira de bonne foi. Il est, en effet, de principe que la bonne foi se présume ; c'est donc celui qui soutient que les époux sont de mauvaise foi, qui doit en faire la preuve ; mais ceci n'est exact que relativement à l'erreur de fait, car en ce qui concerne l'erreur de droit, jamais elle ne peut être présumée : la règle *nemo jus...* peut sans doute être combattue, mais jusqu'à ce qu'elle ait été renversée, elle milite contre quiconque invoque une erreur de droit [2].

L'existence de la bonne foi est donc dans tous les cas une question de fait : la seule distinction qu'il convienne d'établir est exclusivement relative à la preuve ; en conséquence, les articles 201 et 202 devront s'appliquer à l'erreur inexcusable comme à l'erreur qu'on ne pouvait

---

[1] MM. Aubry et Rau § 460, note 7 ; Marcadé 201 ; Demol. III. 357 ; Duverger, Bufnoir. — Metz 7 févr. 1854 — Paris 9 févr. 186). *Contra*: Favart de Langlade, v° Mariage, v § 2 II ; Toullier 1. 658 ; Proudhon II p. 2, 3 ; Poitiers 7 janv. 1845.

[2] MM. Aubry et Rau § 460 note 8 ; Demol. n° 359 ; Marcadé 202 II.

éviter : la bonne foi, c'est—à—dire une erreur prouvée, voilà la première condition exigée par la loi [1].

Cette observation répond, en partie du moins, à la deuxième question que nous avons posée plus haut. Quelle que soit la gravité de l'empêchement qui s'opposait au mariage, l'époux de bonne foi sera toujours admis à prouver qu'il l'ignorait : ainsi en serait—il de l'union contractée entre proches parents, ou malgré l'existence d'un premier lien, ou encore entre parties qui n'avaient pas atteint l'âge légal [2].

Quand le mariage n'a pas été célébré avec les solennités indiquées par la loi, quand il n'a pas été accompagné de publicité, quand il lui manque enfin une des conditions essentielles à sa validité, il est difficile de se prononcer d'une manière absolue. Pour parler d'abord de l'absence des conditions essentielles, si par exemple un des époux est frappé de mort civile, la bonne foi des époux devra leur profiter. L'article 201, il est vrai, semble bien exiger un mariage simplement annulable, mais le législateur ne s'est pas arrêté d'une manière absolue, à la distinction entre la nullité et la simple annulabilité : dès lors qu'il y a eu une apparence de mariage on rentre dans les termes de la loi, la bonne foi peut exister : elle doit, dès lors, produire ses effets [3].

L'absence de solennités requises ne serait pas non

---

[1] MM. Aubry et Rau, § 460, note 5; Demol n° 358. Cf. Marcadé 202 ii.

[2] MM. Aubry et Rau, Demol. *loc. cit*

[3] MM. Demol. n° 356 ; Márcadé 202, ii — *Contra* MM. Aubry et Rau 460, note 3. — L'ancien droit, si sévère en cette matière, ne rejetait pas cependant ici d'une manière absolue la preuve de l'erreur. « Si l'un des deux conjoints, disait Argout, est dans la bonne foi, le ma-

plus suffisante pour autoriser à refuser le bénéfice de l'article 201; mais il en serait autrement du défaut complet de célébration. Ainsi le mariage contracté devant un prêtre [1], un greffier, devrait être déclaré absolument nul et de nul effet ; au contraire, si l'on n'avait pas appelé un nombre suffisant de témoins, ou si l'officier de l'état-civil n'a pas prononcé la formule de l'article 75, on appliquera les dispositions qui nous occupent.

C'est dans cette mesure seulement que nous appliquerons les exigences de l'ancien droit en ce qui concerne le défaut de clandestinité. Nous ne saurions donc aller aussi loin que Coquille qui écrivait : « Il faut, pour « être réputé vrai mariage pour les droits civils, que « le mariage soit célébré au lieu où se dit la messe « paroissiale, et en grande, pleine et entière assemblée « des chrétiens, et après bans proclamés [2] ».

Il faut, mais il suffit qu'il y ait eu au moins une apparence de mariage, et que les parties aient cru valable l'union qui maintenant est déclarée nulle. Pour ce motif nous admettons la preuve de la bonne foi, même si le mariage n'a pas été précédé des publications, ou s'il a été célébré par un officier de l'état-civil incompétent, ou en dehors de la maison commune.

---

riage a tous ses effets civils... à moins que l'empêchement ne vienne du défaut d'âge, ou de la condamnation qui emporte mort civile, laquelle, étant publique, on n'y peut *presque jamais* présumer la bonne foi (Instit au dr. fr. iii ch. 2 n° 4).

[1] MM. Aubry et Rau, Demol., Marcadé, *loc. cit.*

Cout. du Nivernais, *loc. cit.* - Tous les auteurs n'étaient pas auss rigoureux que Coquille : on lit en effet dans le Nouveau Denizart : S: le mariage n'a pas été précédé de publications, et que cette absence ait amené erreur de droit ou de fait, les parties seront *plus difficile-ment* relevées (V° Bonne foi § 1 n° 4).

14

CHAPITRE DEUXIÈME

DES OBLIGATIONS

Notre dessein est de rechercher quelle est l'influence de l'erreur en ce qui concerne la formation, l'extinction et la preuve des obligations.

Les actes qui sont susceptibles de produire l'un de ces trois effets juridiques se divisent naturellement en deux classes, suivant que la volonté est nécessaire ou indifférente à leur existence ou à leur validité.

Parmi les premiers, qui seuls doivent nous occuper, on comprendra d'une part les contrats [1], les délits et les quasi-contrats tels que la gestion d'affaires et le paiment de l'indû; d'autre part le paiement, la novation, la remise volontaire ; enfin quelques actes ayant pour objet la preuve des obligations, par exemple la délivrance de titres recognitifs, l'aveu.

C'est tantôt la volonté des deux parties, tantôt la volonté du seul auteur de l'acte qu'il faut envisager ; c'est toujours, en d'autres termes, la volonté de l'agent qui importe à la validité de l'acte.

Quant aux effets de droit qui se produisent indépendamment de toute manifestation de volonté, ils se trou-

---

[1] Nous ne mentionnons ici le contrat que comme produisant des obligations ; nous n'oublions cependant pas que souvent aussi il est translatif de propriété. Pour plus de brièveté nous sous entendrons, quant à présent, ce deuxième point de vue : nous croyons pouvoir le faire sans danger. Ces deux effets sont intimement liés : dépendant l'un et l'autre de la validité de l'acte juridique, ils ressentiront une égale influence des vices qui pourraient l'affecter.

vent par leur nature même, étrangers à la théorie de l'erreur.

Nous étudierons successivement les éléments essen-- tiels aux diverses espèces d'actes juridiques, dans leurs rapports avec la théorie de l'erreur ; si nous ne nous trompons, de cette étude ressortira la preuve que la loi, en toute matière, a appliqué les règles exposées dans les art. 1108—1110, à l'occasion des « obligations « conventionnelles. » Nous exposerons ensuite brièvement les règles relatives à la prescription des actions.

SECTION PREMIÈRE

De l'erreur, dans ses rapports avec les divers éléments de l'acte juridique.

ARTICLE PREMIER. — DU CONSENTEMENT.

Le consentement consiste, dans les conventions, dans la volonté existante chez les deux parties de produire un effet de droit. Sans consentement pas de convention ; c'est là une règle évidente, nécessaire, et qui ne saurait souffrir d'exceptions ; on doit donc l'appliquer tant aux actes qui, *ab initio,* donnent naissance à l'obligation, qu'à ceux qui ont pour but de confirmer un acte nul dans le principe ou de ratifier un acte auquel manquait l'as - sentiment du principal intéressé. Dans toutes ces hypothèses il s'agit de créer un rapport de droit fondé sur le consentement : celui-ci est donc indispensable [1]. Il en

Cf. art. 1338 et 1340 C. N.

faut dire autant des causes extinctives des obligations, que nous avons énumérées plus haut.

Les quasi-contrats de gestion d'affaires et de paiement de l'indû consistent en des faits *volontaires* de la part de l'agent[1] : aussi « l'usage de la raison est-il requis dans la personne dont le fait forme un quasi-contrat. » Il en est de même du fait de l'héritier qui accepte une succession, au point de vue de l'obligation dont il est tenu vis-à-vis des légataires ; quant à la tutelle, ce n'est que dans des cas très-rares [2], que la simple volonté suffit pour en décharger celui qui s'y trouve appelé, aussi est-il plus logique de la regarder comme une obligation légale que comme un quasi-contrat.

Ce que nous avons dit des quasi-contrats est également vrai des délits : « On appelle délit, le fait par le-« quel une personne, par *dol* ou *malignité*, cause un « dommage ou quelque tort à une autre [3]. Il résulte de « cette définition, ajoute Pothier, qu'il n'y a que les « personnes qui ont l'usage de la raison qui en soient « capables, car celles qui ne sont pas raisonnables, telles « que sont les enfants et les insensés, ne sont capables « ni de malignité ni d'imprudence [4]. »

---

[1] Art. 1371, 1372 C. N.

[2] On peut citer comme exemple le cas où la mère est appelée à la tutelle de son enfant mineur : art. 394.

[3] Comp. le texte de l'art. 1382 C. N. : Tout fait quelconque de l'homme, qui cause à autrui un dommage, oblige celui par *la faute* duquel il est arrivé à le réparer.

[4] Des Oblig. nos 117 et 118.

§ I. — De l'erreur sur la substance.

Le législateur a cru devoir faire à la *transaction* l'application des règles qu'il avait posées au chapitre des conditions essentielles à la validité des conventions.

Après s'être occupé de la capacité requise pour transiger, le titre xv déclare que « les transactions ne peu- « vent être attaquées pour cause de lésion » (art. 2053, cf. art. 1118) ; « que néanmoins une transaction peut « être rescindée lorsqu'il y a erreur dans la personne » (cf. art. 1110, 2°) ou « sur l'objet de la contestation » (cf. art. 1110, 1°) ; qu'enfin elle peut l'être dans « to · s « les cas où il y a dol ou violence. » (Cf. art. 1111– 1117). Art. 2053.

Puis les art. 2054–2057 prévoient diverses hypo- thèses qui ont soulevé de vives controverses. Il s'agit dans ces textes de transactions passées en exécution d'un titre nul (art. 2054) ou sur des pièces depuis re- connues fausses (2055), ou sur un procès qui, à l'insu des parties, était définitivement terminé (2056) ou enfin, dans l'ignorance de pièces postérieurement découvertes (2057).

Nous étudierons d'abord d'une manière sommaire les dispositions de ces articles, puis nous examinerons les controverses auxquelles elles ont donné lieu.

« Il y a lieu à l'action en rescision contre une tran– « saction, lorsqu'elle a été faite en exécution d'un titre « nul, à moins que les parties n'aient expressément « traité sur la nullité » (art. 2054). Il est question dans ce texte, non pas de l'acte instrumentaire [1], mais du fait juridique qui a fait naître les prétentions sur lesquelles on a transigé.

« Titre nul », dit la loi ; par ces expressions il ne faut pas entendre seulement l'acte qui n'a aucune existence juridique, mais encore celui qui est simplement annulable [2].

Enfin notre article pose comme présomption que lorsque les parties n'ont pas exprimé l'intention de transiger sur la nullité du titre, cette nullité leur était inconnue. C'est donc toujours, sans doute, à celui qui ignorait cette nullité qu'incombe le fardeau de la preuve, s'il veut faire tomber la transaction ; mais il lui suffira d'établir la nullité du titre sans qu'il lui soit besoin de prouver qu'il ne la connaissait pas [3].

— L'article 2055 prononce la nullité de *toute* la transaction faite sur pièces qui depuis ont été reconnues fausses. — C'est en ce sens en effet qu'il faut entendre les mots : *entièrement nulle* de ce texte. Cette décision, conséquence naturelle du principe de l'indivisibilité de la transaction, n'était admise ni par le droit romain ni par l'ancien droit français [4].

Pour que notre disposition s'applique, il faut supposer que la fausseté des pièces était absolument ignorée des parties ; un simple soupçon ne suffirait évidemment pas,

[1] La nullité de *l'instrumentum* donnerait lieu cependant à l'application de notre article, si de la validité de cet instrumentum dépendait la validité de l'acte lui-même. (MM. Aubry et Rau § 422 note 9.)

[2] MM. P. Pont, Accarias, loc. cit.

[3] M. Accarias, loc cit.

[4] Domat. lois civiles I, 13, sect 2, n° 4.

puisque le but de la transaction est précisément de trancher les incertitudes que ce soupçon aürait fait naître[1].

Il se pourrait que la fausseté des pièces ait été ignorée des deux parties : toutes deux alors auraient l'action en nullité ; au cas contraire la partie trompée pourrait avoir l'action de notre article, ou s'il y a lieu une action pour dol contre l'autre partie qui ne lui a pas fait connaître son erreur[2].

— Aux termes de l'art. 2056, « la transaction sur un « procès terminé par un jugement passé en force de « chose jugée, dont les parties ou l'une d'elles n'avaient « pas connaissance, est nulle. Si le jugement ignoré « des parties était susceptible d'appel, la transaction « sera valable ».

La distinction qui résulte de cet article bien loin d'être étrange, comme le lui reprochait le consul Cambacérès, nous paraît au contraire pleinement justifiée par cette idée, qu'un jugement susceptible d'être réformé n'ayant encore qu'une existence précaire, la connaissance qu'en auraient eue les parties ne les aurait probablement pas empêchées de transiger[3]. Au contraire, le jugement définitif réglant d'une manière irrévocable les droits des contractants, « il n'est pas vraisemblable « que la transaction eût eu lieu si la partie qui s'oblige « à donner plus ou consent à recevoir moins, eût connu

---

[1] M. Accarias n° 158.

[2] MM. P. Pont, n° 714 ; Accarias 158. Cf. MM. Aubry et Rau, § 335 note 17.

[3] MM. P. Pont n° 721 ; Accarias n° 159.

« le titre irréfragable qui rendait sa condition meil-
« leure [1]. »

Cette explication donnée au Conseil d'État, de l'art.
2056, montre que c'est seulement la partie dont le droit
est confirmé par le jugement dont est question, qui
pourra intenter l'action en nullité ; c'est elle en effet qui
souffre de l'erreur où elle s'est trouvée ; or l'action
compète, de droit commun, à la partie trompée [2]. Il résulte de là que si la partie condamnée par ce jugement
l'avait seule ignoré, la transaction ne pourrait être
attaquée par personne [3].

Si le jugement qui consacre les prétentions de l'une
des parties n'est susceptible que d'un recours extraordinaire, la partie qui connaissait l'existence de la
chose jugée ne pourrait faire annuler la transaction ; car
de semblables jugements constituent dès à présent un
droit certain et exécutoire [4].

— Enfin quand une transaction est intervenue sur
une affaire, et que des titres alors inconnus sont depuis
découverts, l'art. 2057 distingue suivant que la transaction portait sur toutes les affaires que les parties
pouvaient avoir ensemble, ou sur un objet unique ; dans
ce dernier cas seulement, la découverte des pièces
autorise une action en nullité du contrat.

Le droit romain avait adopté sur ce point un système
uniforme : la transaction n'était jamais nulle. Domat
avait reculé devant cette décision absolue et posé la

---

[1] Fenet xv, p. 95.
[2] MM. P. Pont n° 722 ; Accarias n° 59.
[3] M. P. Pont loc cit.
[4] MM. P. Pont, Accarias loc cit.

distinction formulée par notre article : elle trouve sa
justification dans cette considération que les pièces ré—
cemment découvertes n'auraient eu probablement qu'une
influence secondaire sur la volonté des parties transigeant
sur toutes leurs affaires, tandis qu'il en est autrement
dans l'hypothèse contraire [1].

Si les pièces avaient été retenues par l'une des parties,
son co-contractant aurait évidemment une action fondée
sur ce dol, pour se faire indemniser, sans qu'il y ait
lieu de distinguer entre les transactions générales et les
transactions spéciales.

De ces quatre articles ainsi sommairement expliqués
nous paraît se dégager l'idée générale suivante.

Quand les parties ont eu connaissance soit de l'événement qui confirmait le droit de l'une d'elles, soit de
la nullité ou de la fausseté des pièces sur lesquelles elles
transigeaient, le contrat est valable ; que si au contraire
elles ignoraient ces circonstances, une « action en rescision » pourra être intentée : c'est donc uniquement sur
l'erreur qu'est fondée cette action, et les textes que nous
venons d'expliquer ne sont sur ce point que l'application
du droit commun : « Il n'y a point de consentement va -
« lable, si le consentement n'a été donné que par erreur
(art. 1109) [2]. Nous sommes en présence d'une erreur
portant sur la substance même de la chose, ainsi que
l'indique l'article 2053 en parlant de l'objet de la con-

---

[1] MM. P. Pont, Accarias loc. cit.

[2] MM. P. Pont, n° 682 ; Accarias n° 156.

[3] Si l'erreur portait sur l'identité même de l'objet, la convention
serait radicalement nulle (art. 1108 ; P. Pont, Accarias loc. cit,

vention [1], article dont ceux que nous avons étudiés ne sont que le développement.

Cette explication a trouvé des contradicteurs. Suivant une opinion la nullité prononcée par les art. 2054-2057 se fonderait sur l'absence de cause dans le contrat; d'autres auteurs, enseignant sur les art. 2055-2057 l'opinion que nous avons exposée, l'abandonnent relativement à l'art. 2054, et pensent aussi que ce texte prévoit le cas d'un contrat sans cause.

Ce dernier système nous paraissant devoir être combattu par les mêmes arguments que celui qui explique de la même manière les articles 2054—2057, nous étudierons d'abord ce dernier.

Ces quatre textes, dit-on, prévoient l'hypothèse d'une transaction contractée sans cause : cette absence de cause provient de l'erreur des deux parties ou de l'une d'elles [1]. C'était déjà l'opinion émise devant le Corps législatif par l'orateur du Tribunat: « Toute con—
« vention a une cause: celle de la transaction est la
« crainte du procès, « propter timorem litis ». Ainsi,
« lorsque le procès est terminé par un jugement passé
« en force de chose jugée, il ne peut plus y avoir de
« transaction, parce qu'il ne peut plus y avoir de doute.
« Il en faut dire autant si la transaction n'est que l'exé—
« cution d'une pièce nulle : la convention manque de
« cause. Enfin la cause manque également si, les parties
« ayant transigé sur un seul objet, avec la confiance
« qu'elles y avaient des droits respectifs, il arrive néan-
« moins que des titres ultérieurement découverts leur

1 M. Mugnier, *Revue Critique* XII, p. 83 suiv.

« fassent connaître que l'une d'elles n'y avait aucun
« droit[1]. »

Le texte même de la loi prouve que ces paroles ne
sont pas l'expression de la pensée des rédacteurs du
Code Napoléon. Les articles 2054–2057 se rattachent
intimement à l'article 2053 ; or celui-ci parle non pas
d'une nullité radicale, telle que celle qui résulterait d'une
absence de cause ou d'une cause erronée, mais d'action
en rescision, laquelle, nous l'avons vu, suppose un
contrat existant, mais vicié. Nous avons indiqué, de
plus, comment il semble que le législateur, en édictant
nos dispositions, avait sous les yeux les articles 1110 et
suivants : il s'occupe d'abord de l'erreur portant sur la
personne, puis il parle de celle qui porte sur l'objet de
la transaction : enfin l'art. 2053 s'exprime ainsi : la
transaction ne peut être rescindée dans tous tous les cas
où il y a dol ou violence : n'est-il pas dès lors bien
probable que ces mots : erreur sur l'objet de la transaction se réfèrent à l'erreur sur la substance, et ne
serait-il pas, en tous cas, surprenant, que suivant pour
ainsi dire pas à pas le chapitre relatif au consentement,
dans le titre des obligations, les rédacteurs aient abandonné en notre matière la disposition si raisonnable de
l'article 1131[2], et la distinction si soigneusement
organisée , entre les contrats nuls , et les contrats
annulables ?

On trouve d'ailleurs dans les discussions du Conseil
d'État et dans le texte même de la loi, la preuve que

[1] Fenet xv, p. 127.

[2] L'obligation sans cause, ou sur une fausse cause, ou sur une
cause illicite, « ne peut avoir aucun effet. »

notre titre n'a pas été regardé en 1804 comme dérogeant
aux règles générales des contrats. — L'article 13 du
projet (art. 2056) déclarait valable la transaction sur
un procès jugé, sans distinguer si les parties avaient ou
n'avaient pas connaissance du jugement : sur la propo-.
sition de M. Berlier, on admit la distinction déjà consacrée dans l'ancien droit [1], mais que le projet n'avait
pas faite, et l'article ainsi modifié devint l'art. 2056 du
Code Napoléon ; il en fut de même pour l'article 2055.
N'est-ce pas laisser entendre de la manière la plus nette,
que la nullité tient alors non pas a l'absence de cause,
auquel cas la connaissance qu'en auraient les parties ne
saurait valider l'acte, mais à l'erreur où se trouvaient les
contractants, touchant la fausseté des pièces ou
l'existence du jugement [3] ?

Enfin, le système que nous combattons établit entre
les dispositions de la loi des contradictions qu'il ne nous
paraît pas suffisamment justifier.

La première de ces contradictions consiste, nous
l'avons vu, en ce que, traitant dans nos articles d'obligations nulles pour défaut de cause, nos articles ne
mettraient à la disposition de la partie trompée qu'une
simple action en rescision (art. 2053).

La seconde contradiction résulte de ce que, si l'on
admet qu'il s'agisse, dans nos articles, d'une obligation
sans cause ou sur une fausse cause, l'erreur de droit

---

[1] Cf. Argout, Instit. au dr. fr. IV, 10 ; Domat, liv. 1 tit. xiii sect.
n° 27; *contra* 7 pr. D de transact.

[2] L'art. 12 du projet décidait d'une manière absolue : La transaction
faite sur « des pièces fausses est entièrement nulle. » Cf. Fenet xv,
p. 94, 95.

[3] M. Accarias, n° 163. Cf. n° 159.

devra être relevante comme l'erreur de fait : or l'article 2052 décide que les transactions « ne peuvent être « attaquées pour cause d'erreur de droit. » Examinons le motif de cette disposition, et nous verrons qu'il n'y a ici aucune raison de l'abandonner.

La transaction est un contrat dont le résultat définitif est essentiellement incertain, au point de vue des sacrifices qu'aura faits en définitive chacune des parties, car c'est une condition nécessaire de la transaction de porter sur des droits douteux. Aussi on doit supposer qu'avant de se résoudre à ces concessions réciproques, les parties ont soigneusement étudié la valeur respective de leurs prétentions, consulté les personnes qui pouvaient les éclairer, et qu'elles n'ont contracté qu'après un examen approfondi. Permettre ensuite d'attaquer la transaction sous prétexte d'une erreur de droit, c'est à-dire d'une erreur que les parties auraient dû découvrir après tant de recherches, ce serait aller contre le but même du contrat et remplacer par un procès nouveau le procès qu'elles ont voulu éteindre [1]. N'est—il pas évident que ce motif se rencontre avec toute sa force dans les hypothèses des articles 2055, 2057, et comment, dès lors, admettre que la loi ait entendu rejeter, quant à eux, la règle qu'elle venait d'édicter dans l'article 2052 [2] ?

---

[1] MM. P. Pont. 681. Accarias n° 154.

[2] La disposition de l'art. 2052, qui s'explique par les considérations que nous avons rappelées, est une disposition exceptionnelle, que l'on ne doit pas étendre au delà de ses termes ; c'est ainsi que, si le contrat portait sur des droits *certains*, on devrait rentrer sous l'empire du droit commun, qui assimile en principe l'er-

Parmi les auteurs mêmes qui admettent sur les articles 2055–2057 l'opinion que nous avons soutenue, il en est qui pensent que l'article 2054 ne peut recevoir la même interprétation, parce qu'il s'occupe d'un contrat nul faute de cause dans les obligations : « Lorsque la tran- « saction est intervenue sur un droit dont l'existence est « indépendante de telles ou telles pièces destinées seu- « lement à en fournir la preuve, la fausseté des pièces « produites par l'une des parties n'empêche pas, d'une « manière absolue, que le droit ne puisse exister, et « laisse ainsi à la transaction une cause suffisante. Il en « est de même lorsque la transaction est conclue après « un jugement passé en force de chose jugée. Tout ju- « gement n'est, en effet, que déclaratif et non constitu- « tif de droits... Dans ces deux hypothèses, la transac- « tion ne peut donc être attaquée pour défaut de cause, « et, comme l'indiquent les art. 2055–2056, elle n'est « sujette à annulation qu'autant qu'il y a eu erreur de la « part de celui qui l'attaque. La situation est toute dif- « férente dans le cas prévu par l'art. 2054. Lorsqu'on « a transigé sur un acte qui ne peut exister indépen- « damment du titre qui le constitue, l'annulation de ce « titre fait disparaître ce droit d'une manière absolue, « et ne laisse aucune cause à la transaction [1]. »

Nous ne pensons pas que cette doctrine soit conforme à l'ensemble des dispositions de la loi. Elle introduit d'abord dans le Code Napoléon cette double dérogation

---

reur de droit à l'erreur de fait, car un tel contrat n'est pas une transaction, (puisqu'il est de l'essence de la transaction qu'elle porte sur des droits douteux), mais un désistement, ou un acquies- cement, ou tout autre acte juridique. (M. Paul Pont, n° 684).

[1] MM. Aubry et Rau, § 422, note 10.

que nous avons signalée plus haut, et MM. Aubry et Rau
reconnaissent eux-mêmes que la solution qu'ils proposent est « contestable au point de vue des principes
« généraux du droit. » Ajoutons qu'avec les mêmes auteurs nous sommes autorisés à conclure des articles 2055 -
2057 que la transaction passée sur pièces fausses dont
les parties connaissaient la fausseté, ou sur une contestation qu'elles savaient tranchée par un jugement définitif,
est néanmoins valable. Pourquoi? C'est que le Code Napoléon regarde comme un motif suffisant de la transaction la conviction que peut avoir l'une des deux parties,
que, malgré la fausseté des pièces, pour ne parler que
de ce cas, son adversaire peut avoir sur le bien litigieux
un droit que la loi méconnaît, mais que sa conscience
l'oblige à respecter? Or une pareille conviction n'est-
elle pas possible, dans l'hypothèse prévue par l'art.
2054? Et cependant si on fonde sur le défaut de cause
l'action en *rescision* donnée par cet article, on ne peut
valider la transaction faite en connaissance de la nullité
du titre !

Ce résultat n'est pas seulement en contradiction avec
la théorie de la loi, telle qu'elle ressort des art. 2055-
2057 : il viole aussi l'art. 1338. D'après la disposition
de cet article, l'obligation contre laquelle la loi admet
l'action en nullité ou en rescision peut être confirmée
par l'exécution volontaire intervenant à l'époque où un
acte formel de confirmation pouvait être fait. Pour écarter ce texte, on a invoqué les termes mêmes de l'article
2054 : « A moins que les parties n'aient *expressément*
« traité sur la nullité. » Le tribun Albisson, dans son
rapport au Tribunat, nous fournit en même temps que la

véritable signification de ce mot, la conciliation des deux textes : « D'autres causes peuvent vicier la transaction : « ainsi une transaction faite en exécution d'un titre nul, « à moins que la nullité étant connue, elle n'ait été ex- « pressément l'objet du traité, peut être également res- « cindée [1] ». Il faut donc qu'on ne puisse se méprendre sur l'intention des contractants, qu'il soit bien certain qu'ils ont voulu traiter sur la nullité du titre, mais ceci une fois établi, on devra appliquer l'art. 1338 et voir dans cet acte intervenant sur un acte nul, la ratification de cet acte [2].

Merlin avait proposé une autre conciliation des articles 2052 et 2054. D'après lui l'action en rescision de l'art. 2054 est bien fondée sur l'erreur, et non pas sur le défaut de cause ; mais, d'un autre côté, la généralité des termes de cet article ne permet pas de distinguer entre l'erreur de fait et l'erreur de droit ; de plus, le contexte de l'art. 2054 ne permet pas de douter qu'il ne constitue, comme l'art. 2053, une exception à l'art. 2052 ; enfin, le projet de l'art. 2052 portait « erreur sur la nature du droit litigieux, » disposition très-compréhensive, et qui montre bien, malgré la modification qu'elle a subie, dans quel esprit avait été rédigé l'art 2054 [3].

Voici notre réponse : L'article 2054, Merlin le reconnaît lui-même, est une application du premier alinéa de l'art 2053 : or ce dernier texte est lui-même régi par

[1] Fenet xv, p. 118.

[2] MM. P. Pont, n° 706 ; Accarias, n° 157.

[3] Merlin, Répert., v° *Transaction*, § 5, n° 4. M. Pochonnet, Rev. crit. ix, 196.

cette règle que « les transactions ne peuvent être atta-
« quées pour cause d'erreur de droit » (art. 2052, 2°) à
laquelle l'article 2053 n'apporte en effet aucune dérogation : ce mot *néanmoins* dont argumente Merlin, exprime non pas une exception, mais une antithèse : l'article 2052 venait d'indiquer les cas dans lesquels la
transaction ne pourrait être annulée : l'art. 2053 au contraire commence l'énumération des hypothèses où cette
nullité sera prononcée, et l'article 2054 indique qu'il
continue le même ordre d'idées en employant le mot
« *également* » [1]. Quant à la modification qu'a reçue le projet, l'observation du Tribunat indique quelle en était la
portée : « L'expression du projet a paru trop abstraite…
« L'expression qu'on propose de substituer a été trouvée
« plus satisfaisante, en ce qu'elle est généralement usi-
« tée, et que l'ancienneté de l'usage a fixé les idées sur
« son véritable sens » [2].

Concluons donc que l'article 2054 prévoit le cas où,
par une erreur de fait, les parties ont cru valable le titre
sur lequel elles appuyaient leurs prétentions, et qui, en
réalité, était nul [3].

Il est donc simplement, comme les trois art. qui l
suivent, l'application des principes de droit commun
que nous avons rappelés plus haut, principes modifiés
par cette règle particulière à la transaction, que l'erreur
de droit ne peut servir de fondement à une action en nullité.

[1] M. Accarias, n° 157.
[2] Fenet XV, p. 100.
[3] MM. Daniels. requisit. inséré dans le rép. de Merlin, v° *transact.*,
§ 5, n° 4 ; P. Pout, n° 711, Accarias, n° 157.

§. II. — *De l'erreur sur la personne.*

« L'erreur n'est point une cause de nullité, lorsqu'elle
« ne tombe que sur la personne avec laquelle on a in—
« tention de contracter, à moins que la considération de
« la personne ne soit la cause principale de la conven—
« tion » (1110 2°).

Nous avons indiqué déjà quelques-uns des contrats
auxquels s'appliquera la seconde disposition de ce texte :
c'est d'abord le mariage ; nous mettrons sur la même
ligne, au point de vue du principe, du moins, l'adoption.
Mentionnons ensuite, la donation entre-vifs, la donation
testamentaire ; la société et les contrats analogues,
comme le bail à métairie, cf. 1795, le mandat **1** ; enfin
la transaction, sur laquelle la loi s'est expliquée en ces
termes : « La transaction peut être rescindée lorsqu'il
y a erreur dans la personne » art. 2053, 1°).

M. Bigot Préameneu disait, dans l'exposé des motifs
de cette disposition : « Il n'y a ni consentement, *ni même*
« *de contrat* lorsqu'il y a erreur dans la personne. Telle
« serait la transaction que l'on croirait faire avec celui
« qui aurait qualité pour élever des prétentions sur un
« droit douteux, tandis qu'il n'aurait aucune qualité, et
« que ce droit lui serait étranger **2**. » Cela est exact,
mais nous ne croyons pas que cette hypothèse soit celle
qu'a pour objet l'article 2053, puisque ce texte parle

---

1 Il pourrait en être de même par exemple de la convention de
remise d'une dette, surtout si cette remise est gratuite, et de la novation consentie par le créancier, *mutato debitore*.

2 Fenet XV, p. 109.

seulement d'une action en nullité ; sans doute il n'y a pas de contrat quand l'erreur sur la personne devient erreur *in ipso corpore*, mais l'erreur dans la personne n'a pas toujours ici ce caractère. Par exemple, Paul élève des prétentions relativement à un bien sur lequel je crois aussi avoir quelque droit ; dans la persuasion que Paul est mon parent, je veux éviter un procès avec lui, et je transige : assurément, il n'y a pas là erreur sur l'objet litigieux ; mais comme la qualité que je supposais exister chez Paul a été le motif déterminant de la transaction que j'ai consentie, je pourrai attaquer ce contrat pour cause d'erreur dans la personne [1].

C'est là l'application pure et simple de l'art. 1110, et il ne faudrait pas donner à notre texte une plus grande portée. S'il est établi, par conséquent, que l'une des parties eût transigé, quel que fût son adversaire, elle ne sera pas admise à demander, pour cause d'erreur dans la personne, la nullité de la transaction [2] ; nous ne pensons même pas qu'il fût permis à cette partie, en invoquant l'art. 2053, d'imposer au défendeur à l'action en nullité la preuve que la considération de sa personne n'a été pour rien dans le consentement qu'elle a donné.

L'influence de l'erreur sur la personne en ce qui concerne les quasi-contrats ne se manifeste que dans la gestion d'affaires, et encore ce point n'a-t-il maintenant qu'un intérêt purement théorique.

Dans la rigueur des principes, pour que l'action de ce

---

[1] MM. P. Pont, n° 468 ; Accarias, n° 155. Cf. MM. Aubry et Rau, § 422. note 2.

[2] MM. P. Pont et Accarias, *loc. cit.*

quasi–contrat prenne naissance, il faut que le gérant ait eu la volonté de faire l'affaire de *telle* personne déter-minée ; « mais, dit Pothier, l'équité, qui ne permet pas « qu'on s'enrichisse aux dépens d'autrui, m'accorde en « ce cas, contre la subtilité du droit, une action contre « vous, pour répéter de vous les frais de ma gestion, « jusqu'à concurrence de ce que vous en avez profité[1].» On a appliqué cette décision au cas où j'aurais fait votre affaire croyant faire la mienne propre[2]. Le quasi–con-trat de gestion d'affaires résulterait donc uniquement du fait d'une gestion utile à un tiers, sans qu'il soit besoin que le gérant ait eu l'intention d'obliger qui que ce fût envers lui[3]. Nous pensons cependant qu'il convient de n'accorder l'action de gestion d'affaires que lorsque le gérant a eu l'intention de rendre service et d'obliger quelqu'un vis–à–vis de lui ; autrement il y aurait seule-ment lieu à l'action *de in rem verso* fondée sur l'idée que rappelle Pothier, qu'on ne doit pas s'enrichir aux dépens d'autrui[4].

ARTICLE DEUXIÈME. — DE LA CAPACITÉ

La formule de l'article 1108, qui ne demande que la capacité de la partie qui s'oblige, inexacte et incomplète si on l'applique aux obligations contractuelles, est au contraire parfaitement juste en ce qui concerne les quasi-

---

[1] Pothier, quasi-contrat, neg. gest., n° 189.
[2] Pothier, *loc. cit.*, Marcadé 1375. III
[3] On sait que cette opinion avait des partisans dès l'époque classi-que de la jurisprudence romaine. (Africain ult. D. neg. gest.).
[4] M. Mourlon, rép. écrites II, n. 1670.

contrats : en effet, lorsqu'il s'agit de gestion d'affaires, de paiement de l'indû, la loi ne requiert la capacité que de la partie qui *s'oblige*, ou qui aliène, tandis qu'un incapable peut se trouver obligé par quelqu'un de ces faits.

L'incapacité, en effet, est l'inaptitude juridique à exercer les actes de la vie civile : elle vicie donc l'acte qui aurait été fait par une personne incapable, quand bien même celle-ci aurait agi en parfaite connaissance de cause ; au reste, au cas où l'incapable se serait trouvé sous l'empire d'une erreur, l'action qui appartient de ce chef à toute personne ne serait pas exclue par celle qui se fonde sur l'incapacité.

Dans les cas, au contraire, où l'incapable joue un rôle purement passif, il sera traité en principe sans que l'on doive tenir compte de son incapacité ; le lien de droit est créé sans aucune intervention de sa part : c'est le fait accompli dans certaines conditions, requises seulement chez l'agent, qui donne naissance au rapport juridique.

Ce qui précède montre que cette matière de l'incapacité est étrangère à la théorie de l'erreur : aussi ne nous y arrêterons-nous pas davantage.

ARTICLE TROISIÈME. — DE LA CAUSE [1]

Un acte juridique, quel qu'il soit, ne peut produire les effets qui lui sont propres que s'il a pour fondement

[1] La loi n'ayant consacré aucune disposition particulière à l'*objet* des obligations dans ses rapports avec la théorie de l'erreur, il nous suffira de nous référer aux quelques explications que nous avons données plus haut sur ce sujet.

une cause reconnue par la loi : Telle est la décision de
l'article 1131, en matière d'obligations contractuelles ;
cette décision doit être certainement étendue à tous les
actes ayant pour but de produire un effet de droit : le
Code Napoléon a édicté à cet égard une disposition formelle, relative au paiement : « Tout paiement suppose
« une dette : ce qui a été payé sans être dû est sujet à
« répétition » (art. 1235).

Ce quasi-contrat du paiement de l'indû a pour origine,
avons-nous dit, un paiement fait sans cause : aussi la répétition ne serait-elle pas accordée au *tradens* s'il devait,
en vertu d'une obligation naturelle, l'objet qu'il a livré
volontairement (1235) : le paiement, ayant une cause suffisante, est alors valable (1235 2°). De même, il n'est
pas nécessaire que le paiement pût être actuellement
requis par le créancier : c'est pourquoi un débiteur qui
aurait payé avant le terme fixé pour l'exigibilité de sa
dette n'aurait pas payé sans cause, car le terme ne suspend
pas l'existence de l'obligation (art. 1186) [1] ; tandis que le
débiteur conditionnel qui paie avant l'arrivée de la condition peut répéter, car il n'était pas encore débiteur. Une
dernière preuve résulte de ce qui se passe au cas où le

---

[1] Si l'objet livré était frugifère, ou s'il s'agissait d'une somme d'argent, le solveur pourrait-il exiger que le créancier lui tint compte
des fruits ou des intérêts ? Nous le pensons, car de même que celui
qui est en retard de payer *minus solvit*, de même ici le débiteur qui
s'acquitte d'avance paie plus qu'il ne doit (Marcadé 1377, III). Pothier
refuse il est vrai au *solvens* le droit « d'exiger un escompte, » mais
il en donne cet unique motif que « l'escompte n'étant pas plus licite
« que l'intérêt du prêt et ne pouvant être licitement stipulé, il ne
« peut pas, à plus forte raison, être demandé lorsqu'il n'a pas été
« promis. » (Traité de l'action *condictio indebiti*, no 152).

olvens savait qu'il n'était pas débiteur : en pareil cas la loi refuse encore l'action en répétition. C'est qu'alors elle suppose chez ce *tradens*, l'*animus donandi*, le désir de faire une libéralité :˜ce n'est pas sans doute la cause ordinaire de la prestation faite à titre de paiement, c'est-à-dire l'intention d'éteindre la dette ; mais, dans ce prétendu paiement, la loi voit une manifestation certaine de volonté, en vertu de laquelle la prestation aura une cause suffisante : on ne pourra donc la révoquer.

C'est ici que l'on aperçoit les rapports existants entre les principes relatifs à la cause des obligations, et la théorie de l'erreur, car si la cause de la *condictio indebiti* est la prestation faite, *sine causa*, à titre de paiement, il faut que cette prestation ait été faite par erreur, la loi considérant comme une cause suffisante de la prestation la volonté de gratifier qu'elle suppose chez celui qui l'a faite sachant qu'il ne devait rien [1].

Le paiement de l'indû peut avoir lieu dans deux hypothèses que la loi a soigneusement distinguées. Dans la première, l'*accipiens* n'est nullement créancier ; dans la seconde, l'*accipiens* est créancier, mais celui qui le paie est une autre personne que le débiteur.

Ce dernier cas ne présente pas de difficultés : l'article 1377 insiste sur ce point, qu'il est nécessaire pour que la répétition soit possible, que celui qui a payé fût de

---

[1] Nous devons nous demander uniquement ici dans quelle circonstances *naît* le droit de la répétition ; plus tard, en étudiant l'influence que peut exercer la volonté d'un tiers sur l'efficacité d'un acte juridique, nous verrons quelles modifications subira la *condictio indebiti* par suite de la bonne ou mauvaise foi de l'*accipiens*.

bonne foi: « Lorsqu'une personne qui, *par erreur, se* « *croyait* débitrice, a acquitté une dette, elle a le droit « de répétition contre le créancier » (art. 1377).

L'article 1376 au contraire ne parle ni de l'erreur, ni de la *scientia* de celui qui a payé : « Celui qui reçoit « par erreur ou sciemment ce qui ne lui est pas dû, s'o-« blige à le restituer à celui de qui il l'a indûment reçu ».

Une première opinion, argumentant du silence de ce texte, enseigne qu'il ne faut pas transporter au cas où le paiement a été reçu par une personne qui n'était pas créancière, la distinction de l'art. 1377 : on y est d'autant moins autorisé, ajoute-t-on, que cette distinction est contraire à l'équité, qui ne veut pas que l'on s'enrichisse aux dépens d'autrui, et au droit commun, car les libé-ralités ne se présument pas [1].

Nous pensons au contraire que, dans le cas de l'article 1376, comme dans le cas de l'article 1377, le *solvens* ne pourra pas répéter *condictione indebiti* [2], s'il a payé *consulto*, sachant qu'il ne devait pas, mais seulement s'il a payé par erreur. C'était la décision certaine du droit romain, et rien n'indique que le législateur de 1804 ait voulu l'abandonner. La con-séquence que l'on veut tirer du silence de l'article 1376 ne nous paraît en effet nullement autorisée, car la situa-tion prévue par les deux articles est absolument identique

[1] MM Marcadé 1377 I, Duverger.
[2] Nous disons : *condictione indebiti*, car si l'objet livré n'est pas un de ceux pour lesquels on admet que donation peut en être faite sans les solennités ordinaires, le *tradens* pourrait les revendiquer en faisant valoir la nullité de la donation Il le pourrait même dans tous les cas si on n'admet pas la validité des donations déguisées.

au point de vue qui nous occupe. Toute la question, en effet, se résume dans le point de savoir s'il convient d'admettre ici une présomption de libéralité : qu'importe dès lors que l'*accipiens* fut ou non vraiment créancier, dès que le *solvens* n'était pas débiteur? La différence, dit Marcadé, consiste en ce que le *solvens* devant avoir une action « negotiorum gestorum » contre le vrai débiteur, « il est tout naturel de le regarder comme ayant payé « pour le compte de ce débiteur. Le paiement sera donc « valablement reçu, et celui qui l'a ainsi fait ne pourra « rien réclamer ». Cette considération, bien qu'elle se trouve dans l'exposé des motifs, ne justifierait que bien incomplétement la loi, car elle suppose que le *solvens* savait que celui à qui il a payé était créancier d'un autre ; mais il peut l'avoir ignoré, avoir cru que l'objet qu'il livrait n'était dû par personne et par conséquent n'avoir compté sur aucun recours : en ce cas, la situation du *solvens* n'est-elle pas identique à celle que suppose l'art. 1376? Comment admettre que la loi n'applique pas à toutes deux la même solution, et rejette dans une hypothèse la présomption qu'elle croit légitime dans l'autre?

Sans doute, l'équité ne permet pas que l'on s'enrichisse aux dépens d'autrui ; mais cette règle n'est pas ici applicable, car nous sommes en présence d'un donateur ; or, le donateur n'éprouve pas un *préjudice*, par suite de la diminution volontaire que subit son patrimoine. Invoquer l'équité, c'est refuser de reconnaître chez le *solvens* cette qualité de donateur ; c'est, ce nous semble, faire la critique de la loi, et non pas de l'opinion que nous défendons : nous avons en effet essayé de montrer que l'art. 1376 devait, pour identité de raisons,

être soumis aux mêmes distinctions que l'art. 1377 : il
nous reste à montrer que telle a été vraiment la volonté
du législateur. Le tribun Tarrible s'exprime, dans son
exposé des motifs, dans des termes qui méritent d'être
rapportés, car ils tranchent la question qui nous occupe
de la manière la plus nette et la plus explicite: « La ré-
« pétition de la chose non due a lieu lorsque quelqu'un a
« payé *par erreur* à une personne ce qu'il ne lui devait
« pas... Une erreur est la cause du paiement de la chose
« due... Cette obligation prend sa source dans l'équité
« qui ne permet pas qu'une erreur opère chez l'un une
« perte funeste et chez l'autre un gain injuste. — Ce
« quasi-contrat se forme, avons-nous dit, lorsque quel-
« qu'un paie par erreur ce qu'il ne devait pas : cette
« définition est complète et embrasse tous les cas où la
« répétition peut avoir lieu. » — Voici maintenant le
commentaire spécial de l'art. 1376 : « Une personne
« peut recevoir ce qui ne lui est pas dû : elle peut
« recevoir aussi ce qui lui est réellement dû, mais d'une
« autre main que celle de son vrai débiteur : *dans l'un*
« *comme dans l'autre cas*, la répétition appartient à celui
« qui a payé par erreur... L'erreur de la part de celui
« qui paie *peut seule* autoriser la répétition de la chose.
« Sans cette fausse opinion, il serait censé, au premier
« cas (art. 1376) avoir voulu donner ce qu'il savait fort
« bien ne pas être dû ; au second cas (art. 1377) avoir
« voulu payer une dette légitime à la décharge du véri-
« table débiteur, et toute voie de répétition lui serait
« justement fermée [1]. »

---

[1] Fenet XIII p. 484 485. Cf MM. Aubry et Rau, § 442 notes ; Mourlon,
rep. écrites II, 1674, 1675, Bufnoir.

Lorsqu'un objet aura été indûment payé *per errorem*, la répétition sera donnée au *solvens*, sans qu'il y ait lieu de distinguer suivant que l'erreur est de droit ou de fait. Déjà en droit romain quelques textes paraissent adopter cette décision ; un certain nombre d'auteurs l'admirent dans l'ancien droit : Dunod allait même jusqu'à dire que « c'est l'opinion la plus régulière et la plus commune , » et d'Aguesseau, se plaçant tout à la fois au point de vue des principes généraux et de la législation romaine, lui consacra une dissertation spéciale [2].— Quant à Pothier, il embrassa la doctrine qui nous paraît avoir prévalu à Rome , dans son Traité de l'action *condictio indebiti* (n° 162) et la rejeta dans ses Pandectes.

Sous l'empire du Code Napoléon, Delvincourt refusa la répétition à celui qui invoquait une erreur de droit : cette manière de voir est maintenant unanimement repoussée : « L'erreur une fois prouvée, ne fût-elle qu'une erreur de droit, suffirait pour assurer la répétition ; personne ne doit profiter de l'erreur d'un tiers, si minime qu'elle soit, pour s'enrichir à ses dépens [3]. »

L'article 1299 nous offre un cas particulier de paiement fait sans cause ; ce texte suppose qu'un débiteur a payé une dette qui était, de droit, éteinte par la compensation. Si le paiement a été fait en connaissance de cause, ou si le *solvens* a été négligent, on retombe sous l'empire des règles que nous venons d'exposer. Mais si

---

[1] Des prescriptions I. ch. 14, p. 109. Cf Domat, I, tit. 18, sect. 1 n 7, 13, 14. 17 . — Despeisses IV, tit 9 sect; 5, n° 26.

[2] OEuvres, edit. Pardessus IX. p. 629 suiv.

[3] Belinc, Philos. du droit II, p. 421. Toullier XI, 63 ; Larombière. des Oblig 1376 n° 32 ; Aubry et Rau § 442, note 5 ; Marcadé 1377, II ; MM. Valette, Duverger,

le débiteur avait « eu une juste cause d'ignorer la créance « qui devait compenser sa dette, » la loi, faisant exception au principe que la compensation s'opère de plein droit, restitue à ce débiteur son ancienne créance, et lui permet de se prévaloir en l'exerçant, des priviléges ou hypothèques qui y étaient attachés. C'est là, du reste, une disposition toute de faveur à laquelle ce débiteur pourrait renoncer, s'il y avait intérêt, pour recourir à l'action de droit commun, la *condictio indebiti* [1].

SECTION DEUXIÈME

De la prescription des actions.

Avant d'achever cette étude des manières dont les obligations peuvent naître ou s'éteindre, nous dirons quelques mots de la prescription.

Une double question se présente ici : La prescription court-elle contre un créancier qui ignore l'existence de la créance? Court-elle au profit d'un débiteur malgré la connaissance qu'il a de sa dette [2]?

En ce qui concerne la première question, les anciens

---

[1] MM. Aubry et Rau § 329, note 7. M. Caratheodory pense que le débiteur dont il est ici question ne pourrait intenter que la *condictio indebiti*, à laquelle « la loi a transporté, en vertu de son omnipotence « les garanties hypothécaires et autres, de l'ancienne créance » (p. 293). Cette opinion, bien qu'elle soit de tout point semblable, ainsi que le remarque l'auteur, à l'explication que l'on donne, dans un certain système, de la théorie de la subrogation, nous paraît trop formellement rejetée par l'art. 1299 pour que nous puissions l'admettre.

[2] Bien que l'examen de ces deux questions ne présente plus guère d'intérêt pratique, les controverses qu'elles avaient soulevées dans l'ancien droit ne nous a pas permis de les passer sous silence.

auteurs étaient divisés ; les uns, partant de cette idée
que la prescription est suspendue en certains cas, en
faveur des absents, accordaient la même faveur au
créancier qui avait eu une juste cause d'ignorance : il
s'agit, en effet, du droit d'autrui ; on est dès lors, disait-
on, dans les termes de l'édit, d'autant plus que le créancier qui invoque son ignorance *de damno vitando certat.*

Cette opinion n'avait pas prévalu : elle était trop directement contraire au but de la prescription, c'est-à-
dire, éviter la multiplicité des procès : « nulla scientia
« vel ignorantia expectanda, ne altera dubitationis inex-
« tricabilis oriatur occasio. » Le droit romain, tel qu'il
résulte de la loi I *C. de transform. usucap.*, ne militait
pas moins fortement que les principes, contre ce système. Aussi l'ancienne jurisprudence décidait-elle que
la prescription courrait même contre le créancier qui
aurait ignoré l'existence de son droit. « Censendum
« igitur, écrivait d'Argentré, legitimo tempore præs—
« criptionum quarumvis decurso, in totum restitutiones
« excludi; quamvis est causa, quæ nulla tanta esse potest,
« ut jus bono publico repertum violetur ; » le président Favre n'était pas moins formel : « *Receptius et*
« *verius est,* adversus tam longi temporis præscriptio-
« nem, restitutioni locum esse non posse ; nec magis ex
« capite justæ ignorantiæ, quam ex alia qualibet causa,
« puta absentiæ ; nec lex sit magis imposita verbis quam
« rebus [2] » ; enfin, Dunod résume ainsi les règles relatives à la restitution contre la prescription : « Quoique

[1] In consuet. Brit. art. 266, ch. XII, n° 24.
[2] In Codicem, lib. 7, tit. 9.

« notre coutumen'ait rien décidé sur cette question, nous
« avons suivi l'usage du royaume. Nous n'admettons
« pas la restitution en vertu de l'édit du préteur, contre
« la prescription de trente ans, à laquelle celles d'un
« temps supérieur sont réduites parmi nous. Nous n'ex-
« ceptons de notre prescription que ceux qui n'ont point
« d'action en main, ou qui, en ayant une, sont hors
« d'état de s'en servir, par une incapacité naturelle, tels
« que sont les mineurs. [1] »

Sous l'empire du Code Napoléon, les raisons qui
faisaient hésiter quelques auteurs dans l'ancien droit ne
peuvent même plus être proposées ; les articles 2252-56
ont énuméré limitativement les personnes au profit
desquelles est suspendue la prescription : hors de ces
cas, il faut s'en tenir au principe de l'article 2251 : la
prescription court contre toute personne [2] : la loi a
voulu éviter de cette façon l'arbitraire que faisait naître
le système des restitutions pour absence et ignorance,
et que signalait déjà Dunod [3] ; — aussi ce point de
droit est-il aujourd'hui universellement reconnu.

---

[1] Des prescriptions, partie I, ch. xi.

[2] Il n'est ici question, bien entendu, que des prescriptions qui reposent sur une présomption de libération : on devrait décider autrement en ce qui concerne les prescriptions fondées sur une présomption de confirmation d'un acte nul. Ces prescriptions ne commence-
ront à courir que du jour où l'acte nul aurait pu être ratifié, par
exemple du jour où le débiteur aurait découvert l'erreur qui l'avait
porté à s'obliger (art. 1304. Cf. MM. Aubry et Rau, § 771. — Marcadé,
art. 1304, 1).

[3] « Ils font sur tout cela un grand nombre de questions, et un plus
« grand nombre encore d'ampliations et de limitations qui suffiraient
« seules pour faire connaître les absurdités, les inconvénients et
« même le faux qu'il y a dans cette doctrine » (loc. cit.).

— La prescription peut—elle courir au profit d'un débiteur de mauvaise foi ?

Le droit canonique s'était prononcé pour la négative : pour que la prescription extinctive ou libératoire soit possible, disaient les canonistes, « requiritur ut præs— « cribens prudenter credat non existere debitum[1] » et ils appliquaient ici cette règle du concile de Latran : « Nulla valeat absque bona fide præscriptio... unde « oportet ut in nulla temporis parte, rei habeat scien— « tiam alienæ. » Si donc le débiteur ayant connaissance de la dette, néglige de la payer sans de justes motifs, il viole le droit du créancier : si même il a de bonnes raisons de différer le paiement, il ne pourra cependant prescrire, car il en sera toujours empêché par cette « scientia rei alienæ[2]. »

Les auteurs qui commentaient et développaient le Droit Civil n'avaient pas adopté cette théorie ; sans rejeter complétement, en cette matière où la justice paraît si directement intéressée, l'autorité du droit canonique, ils essayèrent de la restreindre. Voici quel est sur ce point le langage de Dunod : « Il paraît que les canons (qui « exigent la bonne foi) ne sont pas applicables à la « prescription libératoire, et qu'ils ne parlent que de la « prescription qui s'acquiert par la possession. Car ce « n'est pas toujours un péché de ne pas payer ses

---

[1] Carrière, *De justitia præl. maj. theol.*, part I, cap. iv, art 4. Nous retrouverons cette décision du droit canonique en traitant de la pres-cription acquisitive.

[2] Le chapitre déjà cité du concile de Latran disait : Omne quod non est ex fide, peccatum est.

« dettes ».... Celui qui n'exerce pas une action dans le
« temps, la perd par sa faute, ou il est censé la
« remettre.... On oppose que les canons s'expliquent
« en termes généraux qui confirment toutes les espèces
« de prescriptions ; mais outre que c'est une question de
« savoir si celui qui ne paie pas ce qu'il doit est de
« mauvaise foi, les termes généraux du canon sont
« restreints par ceux qui les suivent, lesquels ne peuvent
« être entendus que de la détention du bien d'autrui, et
« par les autres chapitres qui ne parlent que du pos-
« sesseur et de la possession de mauvaise foi [2]. »

Longtemps avant Dunod, Dumoulins avait dit : « Est
« veritas quod sola conscientia debiti, non inducit
« malam fidem, nec impedit præscribi, sed sola positiva
« mala fides debitoris, utpote quia celat debitum, vel
« continuata gratia creditoris, expressam vel tacitam
« recognitionem implicant [3] » et Covarruvias, qui est
ordinairement fidèle aux doctrines canoniques constate
que l'opinion de Dumoulins est vraie et généralement
admise en pratique : « Asseverant, opinionem hanc,
« veriorem esse et communem, atque in praxi servari [4]. »

Quand Pothier s'occupa à son tour de la prescription
libératoire, la controverse que nous venons de rappeler
devait être complétement terminée. Sans y faire aucune
allusion, il pose des principes qui sont la négation même

---

[1] M. de Savigny (Systèm. § 244) pense que les decrétales n'exigeaient
pas la bonne foi en cas de prescription libératoire.

[2] *Des prescriptions*, partie I, ch, VIII. — *Adde* Rousseau Lacombe.

[3] Sur le cons. 98 d'Alexand. vol. 4. *Adde* d'Argentré, *in consuet
Brit.*, art. 273.

[4] Pars. II, § 2, n° 3 *in capite* : Possessor...

des règles du droit canonique. D'après lui, le fondement
de cette prescription n'est plus cette quasi possession
qui mettait le débiteur d'usucaper, en quelque sorte la
liberté de son patrimoine [1]. Tout autre est son point de
vue : « La prescription trentenaire est fondée : 1° sur
« une présomption de paiement ou de remise de la dette,
« qui résulte de ce laps de temps... 2° Cette fin de non
« recevoir est aussi établie comme une peine de la
« négligence du créancier . »

L'article 2262 C. N. accorde après 30 ans au débiteur
le droit d'alléguer la prescription sans être obligé d'en
rapporter un titre, et « sans qu'on puisse lui opposer
« l'exception déduite de la mauvaise foi. »

Les motifs de cette disposition sont ceux qu'énonçait
Pothier dans le passage cité plus haut : aussi la doctrine
unanime applique-t-elle à toutes les prescriptions la
règle finale de l'art. 2262 : toutes peuvent être invoquées
même par un débiteur de mauvaise foi : la seule
ressource du créancier sera, s'il s'agit d'une courte
prescription, de déférer le serment à son adversaire.

Appendice.

De la distinction entre l'erreur de droit et l'erreur de
fait (art. 1356, 2052).

Dans deux textes seulement, relatifs tous deux à la

---

[1] Carrière, loc. cit. On peut invoquer, pour défendre ce point de
vue les termes très-généraux d'un décret. d'Alex. III : Sine posses-
sione præscriptio non procedit (in VI° II, 25).

[2] Oblig., n° 679; Introd. cout. d'Orl., tit. XIV, n° 31. — Le deuxième
motif indiqué par Pothier est le seul qui s'applique à toutes les prescriptions. (Oblig. n° 719. Cf. art. 2271-2275, C. N).

matière des obligations, le Code Napoléon a conservé cette distinction de l'ancien droit : l'un, dont nous avons déjà parlé, concerne la transaction, l'autre l'aveu.

Nous avons vu quels sont les motifs de l'art. 2052, qui ne permet pas de faire annuler une transaction pour cause d'erreur de droit : c'est là une disposition qui s'explique par la nature même de ce contrat. Il en est de même de l'article 1356, ainsi qu'il est aisé de s'en convaincre par l'étude de ce texte.

« L'aveu judiciaire ne peut être révoqué, à moins qu'on « ne prouve qu'il a été la suite d'une erreur de fait. Il ne « peut être révoqué pour cause d'une erreur de droit. »

Cette disposition n'aurait que bien peu d'utilité si l'erreur ne pouvait porter, en matière d'aveu, que sur les conséquences mêmes de cet aveu. Nous l'avons dit, en effet, l'erreur sur les conséquences juridiques d'un acte ne peut pas suffire en règle générale pour faire annuler cet acte : l'article 1356 défendrait donc la preuve de l'erreur de droit dans un cas où il ne serait même pas permis d'alléguer une erreur de fait. Mais nous pensons, bien que l'opinion contraire ait été soutenue [1], que toute autre est la portée de notre disposition. La personne qui fait cet aveu a pu se tromper sur la nature même de la dette dont elle reconnaissait l'existence : elle croyait que cette dette était une dette simplement naturelle, et il se trouve qu'elle est tenue civilement : en ce cas, dans tout autre acte, l'action en nullité pourrait être intentée, ainsi que nous l'avons précédemment démontré : l'article 1356 fera obstacle à cette preuve.

---

[1] Toullier, n° 310. — M. Caratheodory, p. 276.

En droit romain ₁, on pouvait voir dans cette décision une conséquence des principes sur l'erreur de droit, et c'est ainsi que l'envisageait Pothier : « Celui, dit-il, qui « a fait une confession ne peut la détruire en alléguant « que c'est une ignorance de droit en laquelle il était « lorsqu'il a fait la confession, qui y a donné lieu ; car « c'est sa faute de ne pas s'être fait instruire aupara— « vant ². » Mais ces principes n'eussent-ils pas existé, la décision eût dû être la même. Qu'est-ce en effet que l'aveu ? C'est la déclaration produite en justice de la vérité ou de la fausseté d'un fait, c'est « toute recon— « naissance faite par une personne, de la vérité de l'al— « légation dirigée contre elle ³. » Ainsi que l'a reconnu la Cour de cassation ⁴, l'aveu ne peut porter sur un point de droit ; car l'opinion du plaideur à cet égard ne pour— rait « devenir une preuve, ni empêcher de débattre la « question de droit. » Quand donc une personne a dé— claré que tel fait est vrai ou qu'il est faux, il serait dé— raisonnable de lui permettre de revenir sur cette décla— ration sous *le prétexte*, comme le dit notre article, d'une erreur de droit. L'erreur d'un débiteur a consisté par exemple en ce qu'il croyait nulle une obligation valable, simplement naturelle une obligation civile, il n'en est pas moins vrai qu'il a reconnu l'existence de sa dette : il a pu se tromper, agir imprudemment, mais, de ce que la vérité lui est « préjudiciable, il ne s'ensuit pas qu'il

---

₁ Non fatetur, qui errat, nisi jus ignoravit : 2 D. *De confessis*
₂ Des oblig., n° 834.
₃ Marcadé, 1356, II.
₄ Cass., 8 août 1808.

« n'ait pas dit la vérité [1]. » Les articles 1356 et 2052 ne font donc en aucune façon échec au principe général qui est la base de la théorie de l'erreur, d'après le Code Napoléon, principe en vertu duquel nous avons assimilé, quant à ses effets sur la validité des actes juridiques, l'erreur de droit à l'erreur de fait.

CHAPITRE TROISIÈME

Des divers modes d'acquisition de la propriété.

Le contrat est, sous l'empire du Code Napoléon, le mode d'acquisition de la propriété dont l'usage est le plus fréquent; en vertu du principe nouveau de l'art. 1138, la seule volonté des parties opère translation de la propriété de l'une à l'autre, sans qu'il soit besoin d'aucun autre signe extérieur de cette volonté, d'aucun fait matériel qui en soit l'exécution. Nous n'avons donc, sur ce point, qu'à nous référer aux explications que nous avons données lorsque nous avons considéré les contrats comme moyen de produire des rapports d'obligations.

A côté du contrat, la loi mentionne les successions,

[1] M. Bonnier, *Des preuves*, n° 292.

Le caractère exceptionnel, bien que logique, de l'art. 1356 doit faire distinguer avec soin de l'aveu, les actes qui, ne présentant plus la même nature, ne devraient pas être régis par les mêmes principes: ainsi en serait-il des déclarations qui constituent des ratifications ou confirmations, et non plus des aveux. On rentrerait alors sous l'empire du droit commun, et il y aurait lieu à nullité quand bien même il ne s'agirait que d'une erreur de droit. Cf M. Larombière, des oblig. 1356, n° 27.

dont nous parlerons ultérieurement, en même temps que des « donations testamentaires. »

La donation entre-vifs étant un contrat se trouve, comme telle, soumise aux règles précédemment exposées.

Quant à l'accession et à l'incorporation, elles opèrent par elles-mêmes, et sans l'intervention d'aucune volonté ; l'occupation, au contraire, si on la considère comme un mode d'acquisition, suppose un acte volontaire ; mais ici encore nous ne rencontrons aucune difficulté qui nécessite un examen spécial.

Reste donc la prescription. Nous rapprocherons de l'étude que nous devons lui consacrer, ce qui concerne l'acquisition des fruits par le possesseur du fonds d'autrui. La possession est une condition qui leur est commune ; l'une et l'autre présentent les mêmes difficultés : nous verrons cependant qu'il faut quelquefois leur appliquer des solutions différentes.

SECTION PREMIÈRE

De la prescription à fin d'acquérir.

« La prescription est un moyen d'acquérir par un « certain laps de temps, et sous les conditions requises « par la loi » (art. 2219).

La possession est toujours indispensable à celui qui veut invoquer la prescription ; il est certains cas où la loi n'exige de lui aucune autre condition : pourvu qu'il ait possédé pendant trente ans, le possesseur pourra repousser avec succès l'action de celui qui se prétend propriétaire. Sur ce point donc nous nous bornerons à nous référer à ce que nous avons dit de la prescription libératoire, qui, elle aussi, peut être invoquée par un défendeur de mauvaise foi.

Dans certains cas, au contraire, celui qui possède de *bonne foi* et avec un *juste titre* peut seul acquérir par prescription. L'influence que peut exercer l'erreur sur ces deux conditions d'une possession *utile*, susceptible de conduire à la prescription par un délai plus court que celui de trente ans, a soulevé des questions dont quelques unes ne sont pas encore définitivement tranchées.

§ I. — *De la bonne foi.*

Le droit canonique définissait la bonne foi : « Judi-« cium prudens quo possessor credat se juste rem pos-« sidere. »

Se plaçant au point de vue du concile de Latran : « omne quod non est ex fide peccatum est, » les canonistes voulaient que le possesseur, interrogeant avec soin sa conscience, ait pensé que sa possession était conforme à la justice. Aussi n'exigeaient-ils pas que cette recherche ait été faite avec un soin auquel on n'eût rien à reprocher : « ille qui reus est tantum negligentiæ venialis, « potest nihilominus dici diligens », autrement, comme on le faisait observer, le droit lui-même d'opposer la prescription serait exposé à d'innombrables hésitations, et ainsi se trouverait manqué le but que doit atteindre cette institution. Ici donc se retrouve la règle fondamentale de la théorie de l'excusabilité. Toute erreur, même

de droit, peut être invoquée, pourvu qu'elle soit invincible [1] : « sufficit quælibet ignorantia invincibilis, sive fac-
« ti, sive etiam juris, utraque enim pariter excusat a
« peccato. » Seulement, et par une conséquence des
mêmes principes, au cas d'erreur de droit, c'est jusqu'à
preuve contraire, la présomption de mauvaise foi qui est
admise : « Qui contra jura mercatur, bonam fidem præ-
« sumitur non habere » : *De reg. juris* in VI°, reg.
83.

Cette idée de faute, de péché, qui est ici le critérium
des canonistes, leur avait dicté une solution qui mérite
d'être remarquée. Ils s'étaient demandé s'il était possible qu'un possesseur qui est dans le doute pût être regardé comme possesseur de bonne foi. Personne n'hé-
sitait à décider que la bonne foi ne pouvait être admise,
en ce cas, si le possesseur n'avait pas soigneusement
cherché à dissiper ses doutes et à découvrir la vérité [2],
« nam voluntarie se exponit periculo rem alienam usur-
« pandi aut detinendi ; ergo reus est, nec potest bene-
« ficio præscriptionis frui ». Au contraire, au cas où les
recherches du possesseur ne l'avaient pas éclairé, diverses opinions s'étaient produites, non pas tant encore
quand le doute existait au commencement de la possession : hypothèse où la possession était considérée comme
une possession de mauvaise foi, à moins qu'elle ne suc-
cédât à une possession de bonne foi, que lorsque ce

---

[1] On était cependant moins sévère et on demandait au possesseur
un soin moins scrupuleux quand il s'agissait de prescriptions qui
pouvaient s'accomplir sans titre (Cf. Covarruvias, *Variæ resol.*, lib I,
cap. III, no 8).

[2] Cov rruvias I, p. 422 3°.

doute était survenu pendant le cours de la prescription .
Cette seule circonstance, disaientquelques auteurs, suffit
pour que le possesseur ne soit plus *bonæ fidei*, car le
concile de Latran par ces mots: « rei habeat conscientiam
alienæ, » avait en vue non-seulement la certitude de l'existence du droit d'autrui, mais le simple soupçon que l'on
en pouvait avoir.

En faveur du système contraire, on faisait remarquer
que le possesseur dont il est ici question, ne péchera à
aucune époque de sa possession : à l'origine, il était certainement de bonne foi ; et quand plus tard il vient à
douter de la légitimité de son droit, la loi lui permet de
ne pas l'abandonner, en vertu de la règle : « In dubio,
melior est causa possidentis » : il pourra donc retenir la
chose qu'il possède non-seulement jusqu'au moment où
il recherchera la vérité, mais encore si, après l'avoir
cherchée, ses doutes persistent[1].

Il semble donc que l'idée de bonne foi ait été comprise différemment par le droit romain et par le droit
canonique ; à Rome en effet, « qui a quolibet rem emit,
« *quam putat ipsius esse*, bona fide emit; » suivant les canonistes, au contraire, la bonne foi est la croyance plausible et réfléchie, de la part du possesseur, *que sa possession est conforme à la justice*; nous nous bornons,
quant à présent, à signaler cette différence, nous réser-
vant d'examiner quelle en est la portée exacte quand
nous rechercherons à quel moment doit exister la bonne
foi.

---

[1] Nous avons emprunté cet exposé à l'ouvrage de M. l'abbé Carrière, *De justitia, compendium*, pars I, cap. IV, art. 4, n° 169

L'ancien droit français reproduisit la formule romaine :
« La bonne foi qui doit accompagner la possession,
« pour opérer la prescription, peut se définir la juste
« opinion qu'a le possesseur qu'il a acquis le domaine
« de propriété de la chose qu'il possède : « justa opi-
« nio quæsiti dominii [1] ». Puis reproduisant la distinction
entre l'erreur de fait et l'erreur de droit, « cette opi-
« nion, continuait Pothier, quoique fondée sur une er-
« reur de fait ne laisse pas d'être une juste opinion, et
« de donner à la possession le caractère de possession
« de bonne foi... Il en est autrement de l'erreur de
« droit ».

La différence essentielle qui existait entre le droit canonique et l'ancien droit, c'est la corrélation beaucoup
plus étroite admise par ce dernier entre le titre et la bonne
foi. Le droit canonique en effet, exigeait la bonne foi
dans toutes les prescriptions, même dans celles qui s'ac-
complissaient sans titre. Les textes que nous avons cité
sont formels à cet égard : « *Nulla valeat* absque bona
« fide præscriptio, tam canonica quam civilis [3] ». Nos
anciens auteurs reconnurent au contraire, entre le titre

---

[1] Pour acquérir la prescription, disait de même Domat, il faut avoir
possédé de bonne foi, c'est-à-dire avoir cru qu'on avait une juste
cause de possession, et avoir ignoré que ce que l'on possédait était à
un autre (Lois civiles liv. 3, tit. 7, sect. IV, n° 13).

[2] Pothier, Prescription, n°s 28 suiv. — Dunod, des Prescriptions I,
ch. VIII.

[3] Illa consilii definitio est omnino absoluta et generalis, ut patet ex
illius verbis Voluerunt quidam posse valere præscriptionem in quibusdam peculiaribus casibus, absque bona fide... Id prorsus incau-
tum, inquam .. (Carrière, *de Justitia* præl. maj), n° 462 l).

et la bonne foi, un rapport intime [1] : ils furent donc
amenés à subordonner l'exigence relative à la bonne foi
à la distinction entre les prescriptions qui peuvent s'accomplir sans titre, et celles où le titre est nécessaire :
« Les raisons de cette jurisprudence, dit Dunod, sont
« que *le titre et la bonne foi sont deux corrélatifs*, et qu'en
« conséquence, l'on ne doit pas exiger la bonne foi dans
« les prescriptions dans lesquelles le titre n'est pas né-
« cessaire, que la preuve de la mauvaise foi, qui réside
« principalement dans l'esprit et dans l'intention est très-
« difficile, que le bien public et celui des familles le de-
« mandent [2] ». Néanmoins cette « présomption de bonne
« foi [3] » résultant de la possession prolongée pendant
trente ans pouvait être combattue, pourvu que « la mau-
« vaise foi fût évidente, formelle et sans excuse, et que
« la preuve en soit littérale, claire et certaine », et ce
n'était que quand la possession était centenaire que cette
présomption pouvait en certaines circonstances, devenir
présomption *juris et de jure*.

Enfin, on considérait que le doute n'était pas exclusif
de la bonne foi. Dunod, qui soutient cette opinion, reproduit les arguments que formulaient certains cano--

---

[1] Quand on parle d'un titre en matière de prescription... l'on ne
parle que du titre venant d'un homme qui n'ayant pas le domaine ne
peut le transférer, mais *qui met l'acquéreur de bonne foi.* — Il faut
que le titre soit certain, réel et prouvé ; valable et capable *de mettre
le possesseur en bonne foi.* (Dunod, des Prescriptions I, ch. II).

[2] Des Prescriptions I, ch. VIII. Quiconque jouit d'aucun héritage...
paisiblement par 30 ans... *soit qu'il ait titre ou non.* . il acquiert...
(Cont. d'Orl. art. 261).

[3] Cette présomption de bonne foi montre qu'en rejetant en pratique
les décisions du droit canonique, on en conservait toujours, autant
qu'on le pouvait, les principes.

nistes, et remarquait avec eux que « le domaine des
« choses est si incertain, que tout homme prudent
« qui voudra faire réflexion à cette incertitude, sera
« toujours dans le doute, si ce qu'il a acquis, quoique à
« titre légitime, lui appartient à lui ou à un autre [1] ». La
généralité de ces considérations pourrait faire penser
que Dunod considérait comme possesseur de bonne foi,
même celui qui, au commencement de sa possession,
avait des doutes sur sa légitimité : cependant, on sera
amené à une autre conclusion si l'on se rappelle quelle
était sur ce point l'opinion des canonistes dont Dunod
invoque l'autorité, et la définition même de la bonne
foi admise par cet auteur : *Illæsa conscientia rei alienæ.*

D'après le Code Napoléon, la bonne foi consiste dans
la croyance où est le possesseur qu'il est propriétaire du
bien qu'il possède. Il faut « une croyance pleine et entière,
« le moindre doute de la part de l'acquéreur serait ex—
« clusif de la bonne foi [2]. » Mais cette croyance peut,
suivant les principes du droit français, s'appuyer sur une
erreur de droit aussi bien que sur une erreur de fait [3].
Il semble même que ce soit en notre matière plus qu'en
toute autre, que devrait être bannie la distinction entre
les deux sortes d'erreur : cependant, sur aucun point,
peut—être, l'opinion contraire n'a réuni autant de partisans [4] ; mais l'argument que l'on tire, en ce sens, des
lois romaines ne nous paraît nullement concluant, car

---

[1] Cf. Dunod, *loc. cit*
[2] MM. Aubry et Rau, § 218, texte et note 25.
[3] MM Aubry et Rau 218-26 ; Pochonnet, Rev. crit. IX, p 200.
[4] Cf. Delvincourt II, p 656 qui, d'ailleurs, nous l'avons vu a
transporté dans notre droit moderne la théorie de l'excusabilité; adde
MM. Troplong II, 926 ; Dur. XXI, 388, Nancy, 6 mars 1840.

ces décisions sont une conséquence logique de la théorie
générale des jurisconsultes, et l'on comprend que cette
théorie ait été appliquée au cas d'usucapion, puisqu'à
Rome le juste titre, bien que constituant, en théorie,
une condition distincte de la bonne foi, se confondait
cependant avec elle en ce point qu'une *justa opinio* du
titre pouvait suppléer à l'existence du titre lui-même.
Si l'on envisage en elle-même l'idée de bonne foi, elle
apparaît comme la conviction d'un possesseur qui n'a
rien à se reprocher et qui conserve sa possession parce
qu'il croit sincèrement la tenir du propriétaire. Qu'on ne
l'oublie pas, en droit français, le juste titre est une condition essentiellement distincte de la bonne foi : parlant
du juste titre, nous nous placerons sur le terrain purement juridique ; quant à la bonne foi, elle nous semble
bien plutôt le résultat d'un examen personnel, conscien-
cieux, amenant chez le possesseur la conviction qu'il est
propriétaire : à tel point que nous inclinerions à conserver notre solution sous l'empire d'une législation qui,
tout en distinguant comme le fait le Code Napoléon le
titre et la bonne foi, appliquerait, en principe général,
la théorie romaine relative à l'erreur. Mais sous l'empire
des lois nouvelles, cette difficulté même ne se présente
pas ; aussi n'hésitons—nous pas à décider que la bonne
foi peut se fonder sur une erreur de droit.

Le possesseur serait—il encore de bonne foi s'il avait
connaissance qu'une nullité relative entache son titre,
telle que celle provenant de l'incapacité de son auteur ?
Nous le croyons [1]. La prescription, en effet, a pour but

---

[1] MM. Aubry et Rau 218-23, Duranton XXI, 384 385. — Pochonnet Rev.
crit IX, 205. Cf. d'Argentré, *in consuet Brit* art. 66. — Dunod I, 8.

de confirmer sur la tête du possesseur un droit de propriété qu'il croyait avoir acquis, que le défaut de droit
chez celui de qui il tenait le bien l'avait empêché d'acquérir : ainsi, le seul point sur lequel doit porter l'erreur pour constituer la bonne foi, c'est le droit de
propriété chez l'aliénateur ; ce qui constitue la mauvaise
foi, c'est la connaissance que l'on avait de ce vice. Or,
nous supposons que le possesseur a connu seulement
l'incapacité de son auteur ; mais il le croyait propriétaire : n'a-t-il donc pas l'*opinio quæsiti dominii? justa*
Assurément, car en droit français les actes consentis par
les incapables transfèrent la propriété. Sans doute, c'est
là un titre résoluble, et si la résolution est prononcée,
la prescription deviendra impossible faute d'un titre qui
puisse lui servir de fondement ; mais, jusqu'à ce moment, l'aliénation subsiste[1] ; remarquons de plus que le
vice dont le possesseur a connaissance, dans notre hypothèse, est purement relatif, dont le seul effet comme
le seul but doit être de protéger ceux dans l'intérêt
desquels la loi a établi une action en nullité.

Les lois romaines que l'on oppose[2] à notre opinion,
n'ont aucune autorité ici, car elles reposent toutes sur
la règle qu'en droit romain l'aliénation consentie par un
incapable est absolument nulle : la loi VI *C. de præscriptione longi temporis*[3] parle bien d'un majeur de

---

[1] On admet généralement que le « titre soumis à une condition
« résolutoire est utile pour l'usucapion ». MM. Aubry et Rau 218-13 -
Troplong II, 910 ; Dur. XXI, 375).

[2] MM. Troplong II, 917 suiv. ; — Marcadé 2269, IV. — Cass. 30 no-
vembre 1853. — Cf. M. Demol , dist. des biens I, n° 605.

[3] « Si fraude et dolo, licet inter majores xxv annis, facta venditio
« est, hanc confirmare non potuit consequens tempus, cum præscrip-
« tio in malæ fidei contractibus locum non habeat. »

vingt–cinq ans, mais elle s'occupe des rapports entre l'acquéreur et l'aliénateur ; or, entre ces deux personnes, il ne peut être question de l'exception tirée de la prescription acquisitive [1].

A l'exemple de l'ancien droit, le Code Napoléon n'exige la bonne foi que relativement aux prescriptions pour lesquelles un titre est nécessaire, c'est-à-dire pour les prescriptions de dix à trente ans, et pour celle de l'art. 2279 : quant à la prescription de trente ans, la possession suffit, et l'on ne pourrait invoquer contre celui qui l'invoque l'exception tirée de la mauvaise foi (art. 2262).

— A quelle époque doit avoir existé la bonne foi du possesseur qui invoque la prescription : est-ce seulement à l'*initium possessionis ?* est–ce pendant toute la durée de la possession ?

Le droit romain avait consacré la première solution : « mala fides superveniens (id est scientia rei alienæ) « non impedit usucapionem [2] ». Au contraire, le droit canonique exigea que la bonne foi existât chez le possesseur pendant tout le temps nécessaire pour que la prescription s'accomplît. Ceci résulte de textes que nous avons déjà plusieurs fois rappelés : le concile de Latran définissant la bonne foi ajoutait : « Unde oportet ut, « qui præscribit, in nulla temporis parte, rei habeat « conscientiam alienæ » : antérieurement, une décrétale du Pape Alexandre III déclarait que « Nulla antiqua

---

[1] C'est probablement en se plaçant à ce point de vue que Cujas disait : • Emptor quoque est malæ fidei qui dolo induxit venditorem « ut venderet. •

[2] 1, § 3, c. 7-31.

« dierum possessio juvat aliquem malæ fidei possesso—
« rem, nisi respuerit, postquam se noverit aliena possi-
« dere : cum bonæ fidei possessor dici non possit. » Et
voici en quels termes les interprètes justifiaient ces
décisions · « Nemini enim fraus et mala fides patrocinari
« debent ; alioquin incitarentur fures ; sicque bonum
« publicum ·, nedum promoveretur , magnum contra
« damnum pateretur [1]. »

Ainsi, d'après le droit canonique, la bonne foi doit
exister chez le possesseur à chaque instant qui s'écoule
jusqu'au moment où s'accomplit la prescription : il
semble dès lors bien difficile d'expliquer comment il est
généralement admis (*opinio, longe communior*) que si
des doutes naissent chez le possesseur pendant le cours
de la prescription, celle-ci n'est pas interrompue. Nous
le comprendrions si l'on avait admis que, pour prescrire,
il suffit de n'être pas de mauvaise foi, et que le doute,
existant au commencement de la possession, n'empêche
pas, en conséquence, que le possesseur ne soit de bonne
foi ; mais il n'en est rien, nous l'avons vu. La bonne foi,
c'est « judicium prudens, seu dictamen conscientiæ » : il
faut chez le possesseur une conviction réfléchie : aussi :
« si dubium existat ante incohatam possessionem, satis
« communiter dicitur eum qui sic incœpit possidere
« habendum fore ut possessorem malæ fidei [2] ».
Comment donc le doute qui fait obstacle à la bonne foi,
dans cette hypothèse, n'est-il pas incompatible avec elle
s'il ne survient que « post incohatam possessionem? »

---

[1] Carrière, *De justitia*, n° 166.
[2] Id., n° 169.

Nous avons vu comment on a expliqué cette différence:
c'est en modifiant la notion ordinaire de la bonne foi et
en disant: « Judicium prudens quo possessor credat
« *se juste rem possidere* [1] ». Mais cette modification n'explique pas comment la bonne foi, qui doit exister à
chaque instant, peut cependant changer de caractère:
quant à la règle: « In dubio melior est causa possi-
« dentis », elle nous paraît ici détournée de son véritable sens: que, dans le doute, le possesseur puisse,
sans pécher, ne pas abdiquer sa possession, qu'il doive
conserver, quand on revendiquera contre lui, le rôle de
défendeur, nous le concédons; mais est-ce à dire qu'une
semblable possession pourra le mener à la prescription
et confirmer sur sa tête une qualité qu'il n'est plus
certain d'avoir? Voilà ce qui ne nous paraît pas démontré, et sans nous arrêter davantage à une question
un peu étrangère au cercle de nos études de droit civil,
nous comprenons parfaitement que, sur ce point, des
dissentiments se soient manifestés.

Pothier faisant allusion à la règle: *Mala fides super-*
veniens... remarque que « le droit français a aban-
« donné sur ce point le droit romain, et embrassé la
« disposition du droit canonique, qui exige la bonne
« foi pendant tout le temps qui est requis pour la pres-
« cription ». En ce qui concerne le doute, Dunod, nous
l'avons vu, décidait qu'il n'était pas exclusif de la bonne
foi, même s'il existait au commencement de la possession,
car, disait-il, « le domaine des choses est si incertain, que

---

[1] Bona fides est proba existimatio sive credulitas qua quis prudenter credit vel judicat rem quam possidet et de cujus præscriptione
quæritur, *esse suam* (Reiffenstuell ad reg. 2, de Reg. juris in VI°).

« tout homme prudent sera toujours dans le doute si ce
« qu'il a acquis lui appartient ou à un autre », et ainsi le
but de la prescription se trouverait encore manqué. — A
plus forte raison cet auteur eut-il admis que le *dubium
superveniens* n'empêche pas la prescription [1].

Le Code Napoléon est revenu à la règle romaine.
« Il suffit, dit l'art. 2269, que la bonne foi ait existé
« au moment de l'acquisition. »

« Cette règle, disait M. Bigot-Préameneu dans son
« exposé des motifs, est fondée sur ce que la prescription
« de dix à vingt ans est, comme celle de trente ans, mise
« au nombre des longues prescriptions que la paix et
« la prospérité publiques rendent également nécessaires.
« Si le temps de la prescription de dix et vingt ans est
« moins long que le temps de la prescription trentenaire,
« on n'a eu et on n'a pu avoir en vue que le juste titre
« et la bonne foi au temps de l'acquisition. Ces deux
« conditions étant remplies, la loi assimile le possesseur
« de dix et vingt ans à celui qui prescrirait par trente
« ans. C'est le laps de temps sans réclamation de la part
« du propriétaire, et la possession à titre de propriété

---

[1] Prescription n° 34. — Il est intéressant de remarquer que tous les
auteurs, ne s'expriment pas d'une manière aussi absolue que Pothier,
et que la pratique tendait à limiter l'application de la règle canonique.
« Dans notre usage, dit d'Argout, il n'en est pas de même qu'en droit
« romain : il faut que la bonne foi dure autant que la possession : il
« est vrai que dès le moment que la possession a commencé de bonne
« foi, il faudrait que la mauvaise foi fût bien positive, pour empêcher
« le cours de la prescription ;... c'est pourquoi il arrive très rarement
« que durant le cours de la possession il survienne une mauvaise foi
« assez forte pour interrompre la prescription. Il y en a néanmoins
« quelques exemples. » (Instit. au dr. fr liv 2, ch. x. —) Cf. Bacquet
dr. de justice XXI, 1:6 ; Chopin sur cout. de Paris VIII, 1.° 2.)

17

« qui sont également le fondement de ces prescriptions.
« Tels sont les seuls rapports communs à celui qui
« prescrit et à celui contre lequel on prescrit. Quant à la
« mauvaise foi qui peut survenir, c'est un fait personnel
« à celui qui prescrit [1] ».

Ces explications ne sont pas sans réplique, et nous
serions assez porté à reconnaitre avec Pothier que le
possesseur se trouve obligé, dès le moment où il cesse
d'être de bonne foi, à rendre au vrai propriétaire l'obje
qu'il détient désormais injustement. L'intérêt public est,
dit—on, le fondement de la prescription : cela n'est pas
absolument exact en ce qui concerne la prescription de
dix à vingt ans : l'abréviation des délais et leur variété
montrent qu'une considération de faveur personnelle se
joint ici à l'intérêt public : or cette faveur est méritée
par un possesseur de bonne foi : ce point de vue seul la
justifie : s'il en est ainsi, est-il logique d'en faire profiter
celui dont la bonne foi a cessé, et ne serait-il pas plus
naturel de faire succéder à la prescription privilégiée de
dix à vingt ans la prescription trentenaire réservée au
possesseur de bonne foi ? Peut-être le droit canonique
était-il trop sévère en interdisant toute prescription au
possesseur qui a perdu la bonne foi ; mais le Code
Napoléon nous semble avoir donné dans l'extrème contraire en édictant la règle de l'art. 2269.

Cette règle toutefois est certaine. La doctrine en a
fait l'application au cas où une personne succède à un
possesseur qui était en voie de prescrire.

Le principe que le successeur à titre universel con—

---

[1] Fenet, xv, p. 593.

tinue fatalement la possession de leur auteur, tandis que
les successeurs particuliers peuvent commencer, de leur
chef, une possession nouvelle, donne, en se combinant
avec l'art, 2269, les solutions suivantes.

S'agit-il d'un possesseur à titre universel, il pourra
usucaper, qu'il soit de bonne ou de mauvaise foi, si son
auteur possédait de bonne foi ; mais il ne pourrait se prévaloir de sa propre bonne foi pour prescrire, nonobstant
la mauvaise foi de ce même auteur [1]. Le droit canonique
admettait l'opinion opposée, car il considérait la bonne
foi en elle-même comme un fait moral essentiellement
personnel au possesseur.

Au contraire, le successeur particulier ne pourra, s'il
est de mauvaise foi, prescrire que par une possession de
trente ans : il pourra, du reste, joindre à sa propre
possession celle de son auteur pour compléter la période trentenaire [2] ; mais ce successeur particulier, s'il
est de bonne foi, pourra invoquer la prescription de dix
à vingt ans, sans qu'on puisse lui opposer la mauvaise
foi de son auteur [3].

§ II. *Du juste titre.*

On appelle juste titre, tout acte juridique qui est, en
soi, de nature à transférer la propriété [4]. Appliquant
cette définition à la prescription, nous dirons que le juste

---

[1] MM. Troplong II, 932 37 ; Aubry et Rau 218 32 ; Dur. XXI, 438 ;
Marc. 2235 I et II.

[2] MM. Aubry et Rau 218-34 ; Marc. 2235 I, II ; contrà Troplong I, 430
II, 938.

[3] MM. Aubry et Rau 218 33 ; Marc. Dur., *loc. cit.*

[4] Pothier, Prescription, n° 57. MM. Aubry et Rau, § 218.

titre est un acte juridique qui eût transféré à l'une
des parties la propriété, si l'autre partie eût été elle-
même propriétaire.

Nous avons déjà fait remarquer qu'il existe entre la
bonne foi et le juste titre un rapport étroit ; le juste titre
est, comme la bonne foi, une condition indispensable, un élément essentiel de l'usucapion. Le titre, c'est
l'acte qui avait pour but de transférer la propriété : la
bonne foi, c'est la croyance où était l'*accipiens* que son
prétendu auteur avait le pouvoir d'aliéner : le juste titre
peut donc exister sans bonne foi, mais la bonne foi n'est
pas possible si elle ne s'appuie sur un titre.

Nous n'avons à étudier ici le titre qu'en lui-même.

A ce point de vue nous nous demanderons s'il est nécessaire que le titre existe réellement, et s'il ne suffit
pas que le possesseur ait cru à son existence.

En droit romain, l'opinion du juste titre suffisait
pour permettre au possesseur d'invoquer la prescription:
il suffisait que l'erreur du possesseur fût plausible et
prouvée. C'était une conséquence de l'idée que la prescription a pour base « une juste possession, une posses-
« sion *animo dominii*, une possession d'une chose dont
« on se croit avec fondement *propriétaire*, et *par con-
« séquent*, qui procède d'un juste titre [1]. » C'est en ces
termes que Pothier, résumant la doctrine romaine,
explique « la nécessité d'un juste titre » Dans un autre
passage (n° 96) prévoyant le cas d'une vente contractée
avec « un homme dont je ne connaissais pas le déran-
« gement d'esprit : cette vente est nulle, dit-il ; mais

---

[1] Pothier, Prescription, n° 58.

« cette vente nulle est pour moi, q i n'ai pu deviner le
« dérangement d'esprit du vendeur, n juste fondement
« de croire que la chose m'a été v...due, et cette opi-
« nion que j'ai, ayant un juste fond...ment, équivaut à un
« titre, pour donner ouverture à la prescription [1]. »

Cependant l'opinion contraire était soutenue : elle
pouvait s'appuyer sur les termes mêmes de la coutume de
Paris : « Si aucun a joui et possédé héritage ou rente,
« à *juste titre* et de *bonne foi* tant par lui que par ses
« prédécesseurs... il acquiert prescription dudit
« héritage » (art. 113.) Comme l'écrivait Ferrière sur
cet article. « Quatre conditions sont nécessaires pour la
« prescription, qui sont : 1º que la chose soit prescrip-
« tible ; 2º que la possession soit continuée pendant le
« temps requis par la loi ; 3' la bonne foi de celui qui
« prescrit ; 4º un titre de possession [2]. » Lemaitre
faisait également remarquer que d'autres coutumes
« exigent aussi en termes formels : *un titre.* »

Sous l'empire du Code Napoléon, on doit admettre
que le titre putatif n'est pas suffisant pour permettre au
possesseur de prescrire : l'art. 2265 distingue en effet
nettement la condition de la bonne foi et celle du juste
titre : les lois romaines qui les confondaient ne peuvent
donc plus être invoquées. La rédaction de l'art. 2265
acquiert une force nouvelle si on la rapproche des termes
de l'art. 550 qui, par rapport à l'acquisition des fruits,
se contente de l'unique condition d'une possession de

---

[1] Duplessis, Cout. de Paris, des Prescriptions, I, ch. II. Domat, III, tit.
7, sect. 5, art. 13, Dunod, des Prescriptions, I, ch. II. Cf. Covarruvias, I
p. 423 6o.

[2] *Adde* : d'Argentrie, art. 266 ro 7.

« bonne foi en vertu d'un titre translatif de propriété
« dont le possesseur ignore les vices. » — Cette
exigence du Code ne se justifie-t-elle pas? La prescription, après tout, dépouille un propriétaire : est-il trop
sévère d'exiger que celui qui va en bénéficier n'ait pas à
se reprocher d'autre erreur que celle qu'il lui était le
plus difficile d'éviter, c'est-à-dire celle qui a pour objet
la qualité de propriétaire chez celui de qui il tient le
bien? La prescription décennale est une faveur, dans un
intérêt individuel, autant que dans un intérêt d'ordre
public : on ne saurait reprocher au législateur de ne
l'accorder qu'à un acte sérieux, qui mette le possesseur
à l'abri de tout reproche [1].

SECTION DEUXIÈME

— De l'acquisition des fruits par le possesseur de
bonne foi.

Le droit canonique et l'ancien droit français appliquaient généralement à l'acquisition des fruits la définition de la bonne foi qu'ils avaient admise en matière
d'usucapion : nous pensons qu'il en doit être de même
dans le droit actuel, en ce sens que la bonne foi est la
croyance existant chez un possesseur, qu'il est propriétaire.

Ici cependant nous devons signaler une double

[1] MM Aubry et Rau, 218-19 ; Marcadé, 2269, III ; Troplong II, 690
suiv — Pichonnet, R v. crit. IX, 206. — Contra M. Rauter, R v de lég. v,
p. 135 137.

différence entre la prescription et l'acquisition des fruits. Contrairement à ce qu'indique la loi dans les art. 2265 et suivants, où la bonne foi et le titre sont soigneusement distingués, l'art. 550, nous l'avons vu, soumet l'acquisition des fruits à une seule condition : l'existence de la bonne foi fondée sur un titre translatif de propriété. Tout ce qu'à voulu le législateur, c'est que le possesseur ait pu croire, et ait cru, en effet, qu'il était propriétaire, et que les fruits qu'il recueillait étaient les fruits de sa chose.

Cette première différence se fonde sur plusieurs motifs : il eût été dur pour ce possesseur, d'être obligé de rendre les fruits qu'il a crus siens, dont la restitution pourra lui être très-préjudiciable, et cela au profit d'un propriétaire souvent coupable de négligence, qui peut-être eût dépensé ces fruits, et qui va profiter tout ensemble de son incurie et de l'économie du possesseur qu'il évince ; il y avait de plus un intérêt social à couper court à ces procès multiples, compliqués, qui eussent fait naître des difficultés disproportionnées avec leur objet même. — D'un autre côté, cependant, il ne faut pas oublier que cette attribution des fruits est une exception au droit commun, en vertu duquel celui qui restitue une chose doit le faire *cum omni causa* et spécialement avec ses fruits : il s'agit donc de permettre à un possesseur de retenir une partie d'un bien dont il reconnaît n'être pas propriétaire. — C'est en raison de ces points de vue divers que, transportant, quant à l'acquisition des fruits, dans l'art. 550, l'idée fondamentale de la bonne foi, telle que nous l'avons rencontrée en matière d'usucapion, c'est-à-dire l'*opinio justa quæsiti dominii*, le

législateur veut que le juge soit investi d'un large pouvoir d'appréciation [1].

Aussi pensons—nous ici encore que le possesseur fera
les fruits siens, quand bien même sa bonne foi ne repo·
serait que sur une erreur de droit [2].

C'est par suite de la même idée que nous pouvons,
sans être inconséquents avec nous-mêmes, admettre qu'en
principe le possesseur qui aurait connaissance d'un vice
relatif dont serait entaché son titre, ne pourrait invoquer
le bénéfice de l'art. 550 : les termes mêmes de ce texte
sont généraux :... titre translatif de propriété dont il
ignore *les vices* [3]. D'ailleurs, comme cette matière ne
comporte pas de décision absolue, nous pensons que le
juge pourrait attribuer les fruits au possesseur, à raison
de sa bonne foi, si ce possesseur avait de justes raisons
de croire que le contrat avait été fait dans des conditions
avantageuses pour l'incapable, et que, par suite, la résolution n'en serait pas demandée.

Quant au cas où le possesseur aurait ignoré le vice
relatif de son titre, nul doute n'est possible, car on se
trouve dans l'hypothèse prévue de la loi.

Si au lieu d'un titre annulable nous supposons un
titre radicalement nul, ou même l'absence complète de
titre, nous admettrons encore que l'acquisition des fruits
pourra se réaliser au profit du possesseur de bonne foi :

---

1 MM. Demol. n° 595 ; Aubry et Rau, 206-12. — Le droit canonique
tout en maintenant que l'erreur de droit est, en principe, exclusive
de la bonne foi, avait permis au juge d'admettre plus facilement
qu'au cas d'usucapion la preuve de cette erreur. (Reiffenstuel,
lib. ii, decret. ad tit. 16, n°s 71 suiv.).

² MM. Aubry et Rau, 206-11 ; Demol. 609.

³ MM Aubry et Rau, 206, 6 à 9 ; Demol. 604.

l'*opinio justi tituli* suffira donc, pourvu que le juge estime, en fait, que cette *opinio* a été, dans l'espèce, accompagnée de la bonne foi, seule condition requise [1].

Enfin les mêmes motifs justifient une solution identique pour les hypothèses dans lesquelles le titre serait vicié, soit parce qu'il n'aurait pas été accompagné des solennités requises [2], soit parce qu'il aurait eu pour objet une chose placée hors du commerce ou insusceptible temporairement d'aliénation [3]. « Le possesseur a-t-« il pu, *en fait*, loyalement dépenser les fruits qu'il « croyait lui appartenir ? Voilà toute la question [4]. »

A quelle époque doit exister la bonne foi, quand il s'agit de l'acquisition des fruits ?

Le texte de la loi s'accorde avec les principes pour exiger que la bonne foi subsiste lors de chaque perception.

Le simple possesseur ne fait les fruits siens que dans le cas où il possède de bonne foi (art. 549). La cause de chaque acquisition est donc la perception faite de bonne foi. — La prescription, au contraire, a sa cause dans la possession prolongée, fait unique, continu, qui conserve, en quelque sorte, pendant toute sa durée, aux yeux du législateur, le caractère qu'elle avait lorsqu'elle a commencé (Cf. art. 2269). Le juge, souverain appréciateur de la bonne foi, devra donc ici considérer chaque fait isolé de perception, et n'en attribuer

---

[1] MM. Aubry et Rau, 206-13 ; Demol., 602 ; Marc. 550-2°. — Colmar, 18 janvier 1850.

[2] MM. Aubry et Rau, 206-7 ; 110. — Demol.. 608.

[3] MM. Aubry et Rau, 206-6 ; Demol., 607. — *Req rej.*, 3 avril 1845.

[4] M. Demol., 610.

le bénéfice au possesseur que si l'erreur persistante de celui-ci paraît l'en rendre digne.

C'est encore en conséquence de ces principes que nous admettrons le possesseur de bonne foi à garder les fruits qu'il a perçus, encore qu'il ait succédé à titre universel à un possesseur de mauvaise foi. On oppose cependant, en premier lieu, que le successeur universel continue la possession de son auteur ; nous avons déjà répondu que l'acquisition des fruits ne repose pas sur l'idée de possession, mais surtout sur l'idée de perception faite de bonne foi. — La seconde objection consiste à soutenir que, quand bien même le successeur pourrait, à raison de sa bonne foi personnelle, retenir les fruits, il serait tenu de les restituer, comme tenu des obligations de son auteur de mauvaise foi. — C'est là une exagération de la règle, vraie en soi, qu'une personne est représentée, quant à ses obligations, par ses héritiers et successeurs à titre universel. — Sans doute, si au fait de la possession de mauvaise foi était venu se joindre un autre fait dolosif, en vertu duquel le possesseur, bien que dépouillé de la possession fut cependant tenu, vis-à-vis du propriétaire, la situation de celui-ci ne changerait pas par la mort du possesseur, dont l'héritier serait tenu, *actione de dolo*, comme l'auteur même du dol ; mais quand l'obligation d'un possesseur résulte du seul fait d'une possession de mauvaise foi, on se retrouve, par la mort de ce possesseur, en présence d'une situation nouvelle, de ces faits tout personnels qui sont l'unique fondement de l'acquisition des fruits [1].

[1] Cf MM. Aubry et Rau, §06 18 ; Demol., 6 4 ; Marc. 550 2. Orléans

Une troisième conséquence du caractère particulier du mode d'acquisition qui nous occupe, est relative à la cessation de la bonne foi par suite de l'interpellation judiciaire.

La demande en justice n'est pas, par elle-même, un obstacle à l'acquisition des fruits par le possesseur demeuré, en fait, de bonne foi malgré cette demande. Ce possesseur, assurément, sera obligé de restituer les fruits qu'il aura perçus du jour de la demande ; mais c'est là uniquement une conséquence de l'effet rétroactif des jugements [1]; comme aussi, et par contre, si la péremption venait à être prononcée, le juge pourrait, en vertu de son pouvoir souverain, décider que le possesseur n'a pas fait les fruits *siens*, bien que la demande soit rétroactivement effacée.

CHAPITRE QUATRIÈME

De l'erreur dans les actes relatifs aux successions et testaments

Après nous être occupés de l'influence de l'erreur au point de vue des actes entre-vifs, nous devons étudier cette même influence sur les actes relatifs aux successions et aux testaments : l'importance de ce sujet nous a paru justifier un examen spécial ; ici encore, nous ver-

---

11 janvier 1849. — *Contra* : Domat I, liv. ɪɪ, tit. 5, no 14 ; Pothier, Dom. de prop., no 336. — Cf. *req. rej.*, 10 mai 1857.

[1] MM. Aubry et Rau, 206 21 ; Demol. ɪx, 632.

rons la loi consacrer les règles générales dont nous avons retrouvé partout l'application.

SECTION PREMIÈRE

De l'acceptation et de la répudiation des successions

L'héritier, en droit français, est « saisi de plein droit « des biens, droits et actions du défunt » (art. 724). Mais cette qualité d'héritier ne lui sera définitivement assurée, avec les obligations et les charges qu'elle entraine avec elle, que moyennant une acceptation, car maintenant, comme dans notre ancien droit : « Il n'est « héritier qui ne veut » (Cf. art. 775). C'est là un principe fondamental. L'acceptation des successions est un acte essentiellement volontaire.

La volonté de l'héritier peut se manifester de deux manières : expressément, ou tacitement. Expressément, « quand on prend le titre ou la qualité d'héritier dans « un acte authentique ou privé ; » tacitement, « quand « l'héritier fait un acte qui suppose nécessairement son « intention d'accepter, et qu'il n'aurait droit de faire « qu'en sa qualité d'héritier. »

La volonté d'être héritier ne peut exister que chez une personne qui se sait appelée à une succession : si donc, Paul ignorant qu'un oncle, dont il est l'héritier, est mort, paie ses créanciers, pour soustraire cet oncle aux poursuites auxquelles il le croit exposé, on ne pourra lui opposer cet acte comme constituant une acceptation ; il en serait de même si un successible, connaissant le décès du *de cujus*, a vendu des biens de la succession, croyant être propriétaire de ces biens ; mais, en sens inverse, il faudrait déclarer héritier acceptant le successible qui aurait aliéné un bien à lui propre, mais qu'il croyait compris dans le patrimoine du défunt [1].

On le voit, malgré les termes de l'art. 778, une seule condition est, à vrai dire, exigée pour constituer l'acceptation tacite : un acte qui implique nécessairement la volonté de se porter héritier : « Les précautions « ordonnées, dit l'exposé des motifs, ne permettront ni « de se soustraire à la qualité d'héritier quand on l'aura « prise, soit expressément, dans un acte authentique ou « privé, soit tacitement, en faisant des actes qui sup— « posent nécessairement l'intention d'accepter, ni de « charger de cette qualité celui qui n'aurait pas voulu « la prendre, et qui ne l'aurait pas prise en effet, de « manière à ne laisser aucun doute sur sa volonté [2]. » La constatation de cette volonté est un point de fait que le législateur ne pouvait régler d'une manière générale, et qu'il a sagement laissé à l'appréciation des tribunaux [3]. Il est cependant certains actes desquels la loi

---

[1] Pothier, Successions, ch. III, sect. III, art. 1 § 1. Marc. art. 778.

[2] Fenet, XII, p. 52 ; MM. Aubry et Rau 610-14 ; Marc. 778. Cf. M. Demol. des Successions II. n° 535.

[3] Cette opinion trouverait encore un appui dans les art. 1338 et 2221 et dans les commentaires présentés de ces deux textes par l'unanimité des auteurs. L'art. 2221 décide que « la renonciation à la pres- « cription est expresse ou tacite : la renonciation tacite résulte d'un « fait qui suppose l'abandon du droit acquis » formule beaucoup plus

fait résulter une présomption, impérative pour le juge, d'acceptation (art. 780 et 800).

L'acceptation tacite que la loi fait résulter, (au moins d'après une opinion, en ce qui concerne l'art. 800) des actes prévus par ces deux articles serait valable et définitive, quand bien même ces actes viendraient à être annulés plus tard en leur qualité de donation, vente, ou transport. Cette annulation n'empêcherait pas en effet que le successible n'ait manifesté d'une manière légalement suffisante, sa volonté d'être héritier.

Il en est tout autrement en matière de renonciation : celle-ci, en effet, « ne se présume pas : elle ne peut plus « être faite qu'au greffe du tribunal de première ins-« tance. » Il n'y aura donc plus lieu de rechercher si l'héritier a eu en fait la volonté de répudier la succession. Sans doute, un traité pourrait intervenir entre un héritier et ses co-successibles, en vertu duquel cet héritier renoncerait gratuitement au profit de tous, mais un semblable traité, valable comme convention [1], ne serait pas opposable en tant que renonciation aux personnes intéressées à ce que l'héritier prenne parti.

Nous avons parcouru des cas où l'erreur empêche

---

exacte que celle de l'art. 778 et qui montre bien que toute expression de volonté tacite doit être claire, certaine « ne laisser aucun doute • sur la volonté. » (Cf. MM. Aubry et Rau 776-4 et suiv. Marc. 2221 v.

[1] Cette convention devrait être, comme telle, soumise aux règles générales ; elle peut résulter d'une volonté tacite, pourvu que celle-ci ne soit pas entachée d'une erreur suffisante pour lui enlever son efficacité. Pour ce motif, l'héritier qui, pendant plusieurs années s'est cru exclu d'une succession à laquelle il était appelé, fut-ce par suite d'une erreur de droit, n'est pas irrecevable à la revendiquer (M. Bressoles, Rev. de lég. xviii, p. 179).

l'acte d'exister, parce qu'elle est exclusive de la volonté ;
il est encore possible que l'acceptation ou la renonciation d'une succession soit, par suite d'une erreur, nulle
faute d'objet : ainsi en serait-il si l'un ou l'autre de ces
actes était intervenu relativement à une hérédité différente de celle que le successible avait en vue. Nous ne
croyons pas, en effet, que l'erreur en ce cas tombe sur
la substance de la chose : admettre cette opinion serait
décider que l'acceptation ou la renonciation, tiennent,
sont valables, jusqu'à ce qu'on les ait fait annuler : mais
n'est-ce pas le cas de dire avec les romains : Relativement à la succession à laquelle le successible était appelé, l'acte ne vaut pas, car la volonté n'a pas existé,
quant à lui ; et, pour ce qui concerne l'autre hérédité,
l'acte ne peut pas valoir davantage, car il n'y avait pas
vocation : cette hérédité n'existait même pas, par rapport
à ce prétendu successible [1] ?

Bien que les cas d'erreur sur les qualités substantielles d'une succession soient fort rares, cependant il
n'est pas impossible d'en imaginer : le plus souvent toutefois, cette *error in substantia* sera plutôt une erreur
portant sur la personne du *de cujus* : l'acceptation ou la
renonciation pourraient alors être annulées en vertu de
l'art. 1110 2°, à moins, bien entendu, que l'erreur sur la
personne n'ait amené une erreur sur la succession elle-
même.

— L'erreur pourrait-elle, par elle-même, servir de
fondement à une action en nullité ?

L'art. 783 ne permet au majeur « d'attaquer l'accep-

---

[1] Cf. Marcadé, 873 — Demol. II, 5, 31. — *Contra* MM. Aubry et Rau,
613, note 26.

« tation expresse ou tacite qu'il a faite d'une succession
« que dans le cas où cette acceptation aurait été la suite
« d'un dol pratiqué envers lui; il ne peut jamais récla-
« mer sous prétexte de lésion, excepté seulement dans
« le cas où la succession se trouverait absorbée ou di-
« minuée de plus de moitié, par la découverte d'un tes-
« tament inconnu au moment de l'acceptation. »

Il ne nous appartient pas d'entrer dans l'explication
délicate du sens véritable de cet article : toute la question se résume pour nous à rechercher s'il autorise l'action en nullité pour erreur ou s'il la repousse.

Il semble au premier abord que le dol et la lésion
soient les seuls vices capables d'invalider une acceptation. Il n'en est rien cependant : personne n'hésite à
reconnaitre que la violence doit *a fortiori* être rangée au
nombre de ces vices; mais s'il en est ainsi, si l'énumération de l'article 783 n'est pas limitative, pourquoi n'y
introduirions-nous pas, avec la violence, le vice le plus
radical du consentement, l'erreur ? C'est que l'erreur n'a
ce caractère que lorsqu'elle a été la cause déterminante
du consentement : or, nous le savons, il n'en est ainsi que
dans les hypothèses où il y a erreur soit sur la personne,
soit sur les qualités substantielles de la chose : l'erreur
sur les qualités purement accidentelles n'est qu'une erreur
sur les motifs, c'est-à-dire sur des éléments tellement
divers, tellement variables, de la volonté, que le législateur n'a pas voulu en tenir compte : tel est le cas prévu
ici : la succession était moins opulente que ne le pensait
l'héritier, un testament est découvert qui lui enlève une
partie de l'actif sur lequel il avait compté : l'acceptation
doit cependant être maintenue. Qui sait en effet si l'o-

pulence supposée de la succession a été la cause déterminante de l'acceptation : n'a-t-elle pas eu lieu, au contraire, à cause des liens d'amitié qui unissaient l'héritier au défunt, ou pour toute autre raison ? Ce sont là les considérations présentées pour justifier le législateur de n'avoir pas admis l'action en nullité fondée sur une erreur ou les motifs, en cas d'obligations conventionnelles : elles ont ici la même force, aussi sont-elles universellement app iquées ₁.

L'erreur devient cependant une cause indirecte de nullité , quand elle a amené la lésion prévue par l'art. 783. Pour que cet effet se produise il faut : 1° que a lésion se monte à plus de moitié de la valeur supposée par l'héritier ; 2° qu'elle provienne de la découverte d'un testament inconnu au moment de l'acceptation. — La restitution pour lésion est ici, comme on le voit, restreinte à un cas particulier : elle ne pourrait donc être accordée à l'héritier qui prétendrait avoir ignoré lors de son acceptation des dettes qui diminuaient l'actif, ou l'existence de cohéritiers dont le concours lui cause un préjudice : ce n'est donc pas l'erreur en elle même qui invalide l'acte d'acceptation ; mais, d'un autre côté, l'erreur est une condition indispensable de l'action en rescision.

₁ MM. Aubry et Rau, 611-50 ; Demol. succ. II, n° 535. — Marc. 783 V. Cette décision doit s'appliquer également aux rapports des cohéritiers entre eux : il y a, en effet, identité de motifs.

Nous refuserions donc en principe l'action en nullité même vis-à-vis de ses cohéritiers à l'héritier donataire qui n'aurait accepté et ne se serait par conséquent soumis au rapport que dans l'espérance d'obtenir, par son acceptation, un bénéfice plus considérable que le **montant de la donation.**

18

Puisque c'est la lésion qui est le fondement de cette action, on ne s'étonnera pas que celle—ci ne soit *accordée* qu'autant qu'on invoque une erreur de fait : la lésion n'est pas, de droit commun, une cause de restitution contre les suites d'un acte juridique si préjudiciable qu'il puisse être : la loi a restreint à bon droit le bénéfice qu'elle accorde ici à l'héritier à une ignorance vraiment inévitable. C'est la même idée qui a fait restreindre l'annulation possible de l'acceptation au cas unique de découverte d'un testament : tout autre préjudice eût pu être évité par l'héritier : il ne mérite donc pas la faveur qu'accorde la loi dans l'hypothèse prévue par l'article.

L'article 783 n'est donc en aucune façon une exception apportée aux principes généraux en matière d'erreur : il en est au contraire l'application régulière et logique. Les dérogations apparentes que l'on y peut remarquer tirent leur raison d'être de ce que c'est la lésion qui est directement et exceptionnellement, à titre de *faveur*, le fondement de l'action.

On ne saurait appliquer par analogie à l'héritier renonçant la disposition que nous venons d'étudier, en ce sens qu'il pourrait faire annuler sa renonciation au cas où un testament postérieur serait découvert qui annulerait un autre testament, alors que celui-ci, absorbant plus de la moitié de l'actif héréditaire, avait motivé la renonciation [1]. L'art. 783 est exceptionnel, il serait donc contraire aux principes de l'étendre au delà de ses

---

[1] MM. Aubry et Rau 613 27 ; Chabot, art. 784 n° 60. Cf. Delvincourt II, p. 106 Toullier IX, 351.

termes. Ajoutons que l'analogie sur laquelle paraît se fonder l'opinion contraire n'existe pas. Le législateur a pu vouloir venir au secours d'une personne qui, par suite d'une acceptation qu'il croyait avantageuse ou tout au moins indifférente, au point de vue de son patrimoine, va devenir, par suite d'un événement qu'il n'a pu prévoir, très—onéreuse peut-être pour elle; mais l'héritier renonçant est dans une toute autre situation : il ne court le risque de subir aucune perte : l'acceptation lui eût procuré un bénéfice dont il se trouve ne pas profiter : cette circonstance ne suffisait pas pour que le législateur étendît à ce cas la faveur exceptionnelle de l'art. 783 : à plus forte raison ne permet-elle pas à l'interprète de suppléer en ce point la disposition de la loi.— On reste donc purement et simplement, en ce qui concerne les renonciations, dans les limites tracées par le droit commun, et, par conséquent, l'erreur ne sera une cause de nullité que dans les cas que nous avons rappelés plus haut en nous référant aux art. 1108-1110.— L'héritier ne pourrait donc pas non plus attaquer sa renonciation, sous prétexte qu'un legs qu'il croyait lui avoir été fait par le défunt avait été révoqué ou annulé [1].

SECTION DEUXIÈME
Du partage

« Les partages peuvent être rescindés pour cause de « violence ou de dol. Il peut aussi y avoir lieu à resci-

---

[1] Ainsi que nous l'avons décidé pour le cas d'acceptation, nous donnerions en principe les mêmes solutions, en ce qui concerne les rapports du renonçant et de ceux qui étaient appelés avec lui à la succession. MM. Aubry et Rau § 613, notes 4, 5.

« sion lorsqu'un des cohéritiers établit, à son préjudice,
« une lésion de plus du quart. » Art. **887**.

Ce texte soulève la question que nous avons déjà agi-
tée sur l'art. 783 : l'erreur est—elle par elle—même une
cause de rescision des partages ? Non. Pour bien comprendre le sens et la portée de cette règle, il faut étudier
les diverses hypothèses qui peuvent se présenter.

On peut les ranger sous deux chefs suivant que l'erreur a porté ou sur un objet héréditaire, ou sur la personne de l'un des héritiers.

§ I. — Supposons d'abord que l'on a compris dans le
partage, des biens qui ne faisaient pas partie de la succession : lorsque celui des cohéritiers à qui ces biens auront été attribués en sera évincé, il aura un recours en
garantie contre ses co—partageants, aux termes des articles **884** et **885**. Cette action devrait être également
donnée si l'un des objets attribués à l'un des succes-
sibles était affecté de quelque vice caché lors du partage.

Une hypothèse plus délicate est celle où dans le partage ont été compris des biens qui matériellement n'existaient pas. D'après une opinion, le partage serait radicalement nul au moins en principe [1] : celui des co-partageants, en effet, qui a abandonné ses droits successifs
sur certains biens de la succession, en retour des droits
qu'on lui concédait sur d'autres biens, n'ayant pas reçu
ce qu'il attendait, se trouve avoir fait une renonciation
sans cause, par conséquent radicalement nulle : et cette
nullité doit entraîner celle des renonciations dont la première était l'objet.

[1] M. Demolombe, Success. V, n° 297.

Nous ne pensons pas que ce système soit fondé. Il ne nous parait pas juste, en effet, de dire que le partage est nul, faute de cause, du côté du co-partageant qui nous occupe. En effet, la masse à partager est composée de biens qui forment un tout, une *universitas juris* : le droit de chacun des co-héritiers porte sur une part indivise de ces biens pris aussi *in globo*, et non sur tels et tels biens déterminés, et l'abandon qu'il attend de ses cohéritiers a le même caractère : lors donc que l'un des co-partageants a vu mettre dans son lot des biens qui n'existent pas, il y a pu avoir de sa part erreur sur l'objet de son attente, erreur par conséquent sur la cause de sa renonciation, mais ce sont là des cas d'annulabilité d'un acte juridique et non des causes de nullité radicale.

Ce n'est pas à dire cependant qu'il y ait lieu d'appliquer les art. 1109 et 1110 du Code Napoléon. L'action en nullité pour erreur n'a pas été mentionnée dans l'art. 887, et c'est à dessein que le législateur l'a omise : « La « section, disait M. Treilhard lors de la discussion au « Conseil d'État, la section a cru ne devoir pas faire de « l'erreur de fait une cause particulière de rescision. « Cette cause, en effet, se confond avec la lésion : car, « ou l'erreur de fait produit un dommage, ou elle est « indifférente . »

Le co-partageant qui souffrira un préjudice de l'erreur commise lors du partage pourra donc recourir à l'action en rescision fondée sur la lésion, dans le cas où la loi autorise cette action.

---

1 Fenel XII, p. 8! ; MM. Aubry et Rau 626 ? Marc. Demol. Duv.

Les deux hypothèses qui nous restent à examiner ne présentent pas de difficulté. Si l'on avait attribué à un bien compris dans le partage une valeur différente de sa valeur réelle, l'attributaire aurait l'action en rescision, aux termes de l'art. 887 2°.

Le même texte s'occupe de l'omission d'un bien qui aurait dû être compris dans le partage. Cette omission « ne donne pas ouverture à l'action en rescision, mais « seulement à un supplément à l'acte de partage. »

§ II. — Passons au cas où l'erreur a porté sur la personne de l'un des co-partageants.

Premier cas. On a admis au partage un étranger.

Tout partage suppose l'existence de droits successifs chez ceux qui y figurent : si donc ces droits font défaut, l'attribution faite à celui qui la reçoit sans droits, se trouve n'avoir pas de cause. De ceci résulte, dans notre espèce, que les co-héritiers pourront agir contre l'étranger pendant trente ans, pour obtenir de lui les biens qu'il a reçus sans cause. Cette restitution une fois obtenue, on doit appliquer l'article 887 2° c'est-à-dire procéder à un supplément de partage [1].

Deuxième cas. On a attribué à l'un des co-partageants une part autre que sa part héréditaire.

Si l'attributaire a reçu *plus* que ce à quoi il avait droit, il faut décider encore que le partage est nul, faute de cause (art. 1131), pour toute la portion qui ne corres-

---

[1] Toullier IV, 569 ; VI, 61 à 67 ; Dur. VII, 553 suiv. MM. Aubry et Rau 616; Duv. — Domat admettait également ici la nullité radicale faute de cause à l'encontre de l'étranger car il permettait aux cohéritiers d'agir dans 'e cas même où ils se prévaudraient d'une erreur de droit. (Lois civiles I, tit. 18, n° 14.)

pond pas au titre d'héritier du co-partageant, c'est-à-dire pour tout l'excédant de la portion attribuée sur la portion héréditaire. Pour le surplus, le partage est valable, car il a une cause : quant à l'excédant, il donne « ouverture à un supplément à l'acte de partage » (art. 887)[1]. Nous devons reconnaître cependant que des interprètes autorisés admettent la nullité complète du partage ; les raisons que nous venons de donner à l'appui de notre opinion nous dispensent de combattre celle-ci.

Deux autres opinions divergentes se sont produites. D'après la première, il faudrait appliquer ici purement et simplement l'art. 887, c'est-à-dire ne permettre aux intéressés d'attaquer le partage que pour cause de dol, violence ou lésion[2]. Le second système décide qu'il n'y a lieu, dans notre hypothèse, qu'à intenter l'action en nullité des art. 1109, 1117, 1304[3]. Nous objecterons d'abord à l'encontre de cette dernière opinion, qu'elle introduit en matière de partage une action en nullité pour erreur, contrairement à la volonté formellement exprimée par le législateur ; il y a de plus une réponse commune à ces deux systèmes ; c'est qu'ils méconnaissent le caractère évident du vice qui affecte le partage ; il ne peut s'agir ici ni de rescision ni d'annulabilité : l'acte n'existe pas, car il n'a pas de cause : il est donc radicalement nul quant à l'excédant de la part attribuée

[1] Toullier, Dur., *loc. cit.* ; MM. Aubry et Rau 626-4 ; cf. Seine 21 février 1866.

[2] Marc. 887. M. Demol. V, 401. — Cf. M. Duv.

[3] Chabot 887, n° 4.

[4] M. Vazeille 887, n° 1. — Aix, 12 déc. 1839.

à l'un des co-partageants, et les articles cités n'ont certainement pas été faits pour cette hypothèse.

Si l'attributaire a reçu *moins* que sa part héréditaire, d'après les principes qui nous ont aidé à résoudre la précédente question, il faudrait décider que chacun des cohéritiers ayant reçu une part plus forte que celle qui leur appartenait devrait faire masse de l'excédant, lequel serait soumis à un supplément de partage ; on ne peut disconvenir toutefois qu'une semblable manière de procéder amènerait des complications telles qu'il serait beaucoup plus simple de recourir à un nouveau partage, par analogie de l'art. 1078.

Troisième cas. — On a omis dans le partage l'un des cohéritiers.

L'art. 1078 que nous venons de citer fournit la solution : « Si le partage ne comprend pas tous les en- « fants,.. le partage sera nul pour le tout. Il en pourra « être provoqué un nouveau dans la forme légale... « même par ceux entre qui le partage aura été fait [1]. »

— Nous pouvons maintenant apprécier les règles spéciales du partage, au point de vue de l'erreur, et les raisons qui peuvent les justifier.

Ces règles, qu'on veuille bien le remarquer, n'ont pas l'importance qu'on pourrait leur attribuer tout d'abord. Ainsi, pour les cas où le partage manque de l'un des éléments essentiels à tout acte juridique, il est radicalement nul : nous en avons vu des applications à des partages faits sans cause. Quant aux hypothèses où, de droit commun, l'erreur a des effets qui lui sont propres.

[1] MM Demol. V, 399. — Marc. 877, 1 Duv,

l'erreur sur la personne ne peut guère se produire, car les co-partageants se sont d'abord réciproquement acceptés pour cohéritiers, et si l'erreur portant sur leur personne avait quelque importance, elle aurait fait annuler l'acceptation, avant de vicier l'acte de partage.

Reste donc l'erreur sur la substance ou sur la cause. Pourquoi la loi n'a-t-elle pas admis en ces cas l'action en nullité de l'art. 1110? Si l'on adopte les solutions que nous avons exposées, on répondra que cette action en nullité pour erreur n'est pas donnée, parce qu'elle est remplacée tantôt par l'action en garantie, tantôt par l'action en rescision pour lésion. Que si on reproduit purement et simplement les paroles de M. Treilhard que « cette cause se confond avec la lésion, car, ou « l'erreur de fait produit un dommage ou elle est indif- « férente.. » l'explication sera, nous l'avouons, moins satisfaisante, car toutes les fois que la lésion n'atteindra pas le chiffre légal, le partage sera inattaquable, tandis que les principes généraux de l'erreur eussent permis de le faire annuler. Cependant, ce point de vue même nous semble pouvoir se justifier.

Sans doute la loi désire établir entre les cohéritiers une égalité aussi complète que possible, et, à cet effet, elle a établi la rescision pour lésion : mais ici plus encore que dans tout autre contrat, on ne peut espérer atteindre à une égalité absolue : le partage est une opération trop compliquée, les biens sur lesquels il porte sont trop différents, pour qu'on puisse tenir la balance mathématiquement égale entre toutes les parties ; celles-ci elles-mêmes ont dû connaître ce caractère quelque peu aléatoire de l'acte, et se résigner à subir ces chances qui en sont inséparables. On conçoit donc que la loi, bien que désirant avant tout le maintien de l'égalité entre les copartageants, ait décidé cependant, pourvu que leur volonté ait été libre de tout dol et de toute violence, que toute erreur à ses yeux n'aurait d'importance que si elle se confondait avec la lésion, et que, dans les cas où elle n'atteindrait pas le minimum fixé pour celle-ci, elle serait indifférente.

SECTION TROISIÈME

Des legs.

Le legs est une disposition par laquelle une personne laisse à une autre personne, pour le temps où elle ne sera plus, tout ou partie de ses biens.

Le legs est un acte volontaire de la part du disposant : la volonté de celui-ci est donc encore le premier des éléments essentiels à la validité du legs. — D'un autre côté, le légataire ne pourra bénéficier du legs qu'autant qu'il le voudra bien : il n'était même pas besoin de dire, comme en matière d'hérédité *ab intestat* : « Il n'est légataire qui ne veut. » Une disposition testamentaire ne vaudra donc que moyennant l'existence de deux volontés : celle du disposant et celle du bénéficiaire. Nous étudierons successivement l'une et l'autre.

§ I. — L'erreur de la part du disposant peut porter soit sur l'objet de sa disposition, soit sur la personne qu'il gratifie, soit enfin sur les motifs de sa libéralité.

1.° Si le testateur a légué, par erreur, une chose qui n'existait pas, le legs sera nul faute d'objet. — S'il s'est trompé relativement à la désignation de la chose qu'il léguait, en principe, la disposition sera valable, pourvu qu'il n'y ait pas de doute sur sa volonté ; « comme si, « dit Pothier, j'ai légué : « mon corps de droit relié en « veau, » quoique mon corps de droit soit relié en ba- « sane et non en veau, le legs n'en sera pas moins « valable [1]. » Il en serait toutefois autrement si la qualité attribuée à l'objet légué pouvait être considérée comme une condition apposée par le testateur à la va- lidité du legs : s'il s'agit, par exemple, d'un bien pré- cieux qu'il croyait lui avoir été donné gratuitement, et qu'il voulait faire retourner, comme tel, entre les mains du fils de son prétendu donateur.

L'erreur sur le nom de la chose léguée ne portera au- cune atteinte à la validité du legs.

2° De l'erreur portant sur la personne gratifiée.

L'acte à titre gratuit est, par dessus tout, celui où la considération de la personne est la cause principale de la disposition. L'erreur sur l'identité du bénéficiaire en- traînerait donc la nullité du legs : elle équivaudra presque toujours à un défaut de cause dans la libé- ralité.

L'erreur sur les qualités de la personne gratifiée ne doit pas, en principe, être considérée comme un vice suffisant pour entraîner la nullité ; mais il en devrait être autrement s'il était certain que c'est en vue de cette qualité que la disposition a été faite, et que le

---

[1] Donat Testam. ch. II, sect. II, § 2.

testateur a considéré l'existence de cette qualité comme une condition de la validité de l'acte [1]. C'est ainsi qu'il a été bien jugé qu'un legs fait dans ces termes, « Je « lègue 100 à *un tel*, mon enfant naturel, » pouvait être annulé par appréciation de la volonté du disposant[2].

L'erreur sur le nom de la personne n'empêche pas le legs d'être valable.

3° Erreur sur les motifs.

Elle n'aura d'influence sur la validité du legs que quand ces motifs prendront le caractère d'une condition. Nous appliquons donc ici comme nous l'avons fait dans des hypothèses analogues cette règle que l'erreur sur les motifs, sur les *causes* accidentelles d'un acte, ne vicie pas cet acte; on ne peut, en effet, savoir avec certitude si, abstraction faite de ce motif, le disposant n'eût pas également fait la libéralité [3]. La restriction que nous apportons n'est pas d'ailleurs nouvelle pour nous : nous l'avons admise déjà en traitant des obligations conventionnelles ; seulement on doit l'entendre ici, comme nous l'avons fait, d'une manière très-large, à cause du caractère particulier des actes qui nous occupent actuellement [4].

Les règles que nous venons de poser doivent être appliquées, pour identité de motifs, aux actes de dispo-

---

[1] Furgole Testaments V, sect. 4, n° 4, 6. — Aubry et Rau, 654-2.

[2] Cass. 13 juillet 1809 Troplong I, 384 suiv.

[3] Pothier. *loc. cit.* § 3. MM. Aubry et Rau 654-3 ; Troplong, I, 387.

[4] Nous n'avons parlé que des dispositions proprement dites : cependant il n'est pas douteux qu'il ne faille leur assimiler complètement, au point de vue de vue de l'erreur, la révocation des testaments ou des legs. MM. Aubry et Rau 725-9.

sitions entre–vifs : faisons cependant cette remarque, que ces actes sont des contrats, et non pas seulement le résultat d'une expression purement unilatérale de volonté ; on devra donc y rencontrer le *consensus*, le concours de volonté ; mais le consentement du disposant, pris individuellement, devra être envisagé comme dans les dispositions testamentaires.

§ II. Les observations qui précèdent doivent être appliquées, *mutatis mutandis*, au consentement du légataire. Ce consentement serait vicié par l'erreur tombant soit sur la personne du testateur, soit sur certaines qualités du legs, soit sur les motifs de l'acceptation suivant les règles que nous avons développées. Quant au fait même de l'acceptation, il appartiendrait également au juge de déclarer s'il s'est produit, ou si au contraire il résulte de la volonté expresse ou tacite du bénéficiaire qu'il a entendu refuser la libéralité.

PREMIER APPENDICE

De quelques textes relatifs à la bonne foi.

L'erreur, nous l'avons constaté, n'a d'influence sur l'existence ou la validité des actes juridiques, que parce qu'elle vicie l'un des éléments essentiels de ces actes, la volonté. De là cette double conséquence : dans les actes volontaires, la volonté de l'agent étant la seule qui ait ce caractère d'élément essentiel, doit être la seule aussi dont les vices puissent exercer l'influence que nous venons de rappeler ; quant aux actes qui sont valables indépendamment de la volonté, l'erreur ne peut évidemment avoir sur eux aucune influence.

Ces deux règles sont certaines ; mais elles ne concernent, qu'on veuille bien le remarquer, que l'existence ou la validité des actes ; lors, au contraire, qu'il s'agit de déterminer les conséquences d'un acte d'ailleurs reconnu valable, la loi, dans certains cas, tout en maintenant, en principe, le rapport de droit qui en est résulté, le modifie, quelquefois même en paralyse complétement les effets : ces dispositions sont fondées sur la bonne ou la mauvaise foi, c'est-à-dire sur l'*erreur* ou la *scientia* des personnes dont, au point de vue de l'existence de l'acte, la volonté ne doit pas être prise en considération.

Bien que les textes auxquels nous faisons allusion soient, à proprement parler, étrangers à notre sujet, il nous a paru utile d'en dire quelques mots, et de montrer comment, se rattachant à la théorie de l'erreur, bien loin de la contredire, ils en sont le complément et, jusqu'à un certain point, la confirmation.

Tout paiement fait par erreur donne lieu, nous l'avons dit, à une action en répétition au profit de celui qui a payé ce qu'il ne devait pas.

L'*accipiens* peut avoir cru, soit que la personne qui payait entre ses mains n'était pas sa débitrice, ou n'avait pas pouvoir d'aliéner, soit que lui-même n'était pas créancier ; il peut, au contraire, avoir ignoré ces circonstances ; en un mot, l'*accipiens* peut avoir été de bonne ou de mauvaise foi : quelle sera sa situation dans l'une ou l'autre de ces deux hypothèses ?

La loi distingue, suivant que ce qui a été payé consistait en une somme d'argent, ou en un corps certain.

Dans le premier cas, l'*accipiens* de bonne foi devra le capital seul ; il est même dispensé de le restituer, s'il a, de bonne foi aussi, supprimé son titre ; quant aux intérêts, il n'en deviendra débiteur qu'aux termes du droit commun, c'est-à-dire du jour de la demande en justice ; au contraire l'*accipiens* de mauvaise foi doit les intérêts du jour même du paiement.

Dans le second cas, l'*accipiens* ne doit que la chose elle-même, en nature s'il la possède encore, ou bien sa valeur s'il l'a aliénée ; quant aux fruits, il ne les doit que du jour de la demande ; au contraire celui qui a reçu de mauvaise foi un objet qui ne lui était pas dû, est obligé à restituer, soit la chose s'il la possède encore en nature, soit sa valeur avec des dommages-intérêts, s'il y a lieu, au cas où il l'aurait aliénée, soit enfin des dommages-intérêts, si la chose a péri, fût-ce par cas fortuit ; de plus il devra des fruits du jour même du paiement.

Ces dispositions, il est aisé de s'en convaincre, ne contredisent en aucune façon notre théorie.

Le quasi-contrat du paiement de l'indu résulte d'un fait volontaire de la part du *solvens* : la volonté de celui-ci est donc seule susceptible d'avoir quelque influence sur la validité. Nos textes confirment pleinement cette règle : que le prétendu créancier fût de bonne ou de mauvaise foi, ils posent le principe que le quasi-contrat existe, que l'obligation de restituer a pris naissance : « Si la chose indûment reçue est un immeuble ou un « meuble corporel, celui qui l'a reçue (de bonne ou de « mauvaise foi) s'oblige à la restituer »..... « Si celui « qui a reçu de bonne foi a vendu la chose, il ne doit « restituer que..... » Enfin l'art. 1377 2°, prévoyant le cas où le droit à la répétition est complétement enlevé au *solvens*, s'exprime en ces termes formels : « *Néanmoins* le droit *cesse* »...

La volonté de l'*accipiens*, indifférente au point de vue de l'existence du rapport de droit, n'offre donc ici encore d'intérêt qu'en ce qui concerne les conséquences des obligations qu'il a fait naître : distinction dont les articles 1377-1380 contiennent la confirmation la plus explicite.

DEUXIÈME APPENDICE

Des aliénations faites par l'héritier apparent

Une condition essentielle à la validité d'un acte d'aliénation, c'est que l'aliénateur soit propriétaire de l'objet aliéné : il n'appartient à personne de dépouiller immédiatement un propriétaire malgré lui, ni de transférer à autrui un droit qu'il ne possède pas : « Nemo plus

« juris in alium transferre potest quam ipse habet ; »
« Nemo dat quod nonhabet. »

Si nous rapprochons de ce principe incontestable une
règle aussi universellement admise, nous dirons que
l'aliénation faite par un non-propriétaire étant radicalement nulle, la volonté des contractants ne pourrait effacer
cette cause de nullité, car elle ne peut suppléer la condition essentielle dont l'absence vicie l'acte ; et, pour la
même raison, on ne saurait reconnaître plus d'effet à
l'erreur où ils seraient relativement à l'existence de cette
condition : en d'autres termes, la bonne foi des parties,
pas plus que leur volonté expresse, ne peut valider,
disons plutôt ne peut faire vivre, un acte nul.

Sous le bénéfice de ces observations préliminaires,
nous aborderons la difficile question de savoir si les
aliénations faites par un héritier apparent au profit d'acquéreurs de bonne foi, sont nulles.

Le droit romain, dont quelques auteurs ont admis la
décision [1] permettait au véritable héritier de revendiquer
les biens, sauf dans les cas où les acquéreurs devraient
avoir contre leur vendeur, l'héritier apparent, un recours
devant amener une condamnation plus forte que celle
qui fut intervenue sur l'action en pétition d'hérédité
dirigée contre lui (25, § 7, D. 5, 3.) Mais cette décision
n'est que la conséquence du principe romain que le possesseur de bonne foi d'une hérédité ne pouvait être condamné à restituer au *petitor hereditatis* que ce dont il
était enrichi au moment de la demande (cf. 25 § D. eod.

---

[1] Merlin, Quest. de dr ; Vo Héritier § 3. Laferrière, *Rev. de dr. fr.
et étr.* 1844. I, p. 208.

at.) : principe aujourd'hui aboli, et auquel ne peuvent survivre les conséquences que l'on en déduisait.

Une seconde opinion déclare valables les aliénations qui nous occupent, sous la condition que l'aliénateur et l'acquéreur aient été tous deux de bonne foi [1]. C'est là se méprendre sur la portée véritable de la question : il s'agit en effet de savoir si, en raison de sa bonne foi, on déclarera propriétaire un acquéreur dont le droit repose sur un titre nul : qu'importe dès lors la bonne foi de l'héritier apparent, et comment en faire dépendre le sort de l'aliénation, la *faveur* que l'on prétend accorder à l'acquéreur ?

Le débat nous paraît devoir être circonscrit entre les deux systèmes extrêmes : l'un [2], auquel nous nous rattachons, déclare nulles les aliénations faites par l'héritier apparent ; l'autre les considère comme valables [3]. Nous verrons cependant que les partisans de ce deuxième système ne sont d'accord ni sur l'étendue, ni sur le fondement juridique qu'il convient de lui donner.

Une seule raison nous décide, mais elle nous paraît péremptoire, tant que l'opinion contraire n'aura pas démontré qu'elle est autorisée, par quelque texte ou par un principe supérieur, à la repousser. Nul ne peut aliéner un objet s'il n'en est propriétaire : or, il est certain que l'héritier *apparent* n'est pas un héritier ; ce n'est pas à lui qu'appartient la succession ; quand donc

---

[1] Toulouse, 21 déc. 1839 ; Aix, 22 déc. 1843.

[2] Lebrun, successions, liv. 3 ch. 4, n° 57 ; Toullier IV, 289; Marc, 137 IV; M. Duv.

[3] MM. Aubry et Rau § 616 note 31, et les nombreuses autorités citées en sens divers ; M. Demol. I', 241-250, — arrêts de la Cour de cass. 16 janv. 1843.

il aliène quelque objet qui en fait partie, il a fait un acte qui outrepassait ses pouvoirs et qui par conséquent est nul[1]. C'est là une règle incontestée : quels sont les motifs de l'exception que l'on voudrait y apporter ici ?

Quelques auteurs et un certain nombre d'arrêts invoquent en faveur de l'acquéreur de bonne foi de presantes considérations d'équité ; ils les corroborent par un argument *a fortiori* tiré de l'article 132, et d'un argument d'analogie tiré de plusieurs textes du Code Napoléon (art. 790, 1240, 1380).

L'équité, disent MM. Aubry et Rau, auxquels nous empruntons l'exposé qui va suivre, « l'équité veut que
« celui qui a cédé à une erreur invincible, ne devienne
« pas victime de sa bonne foi, et que, si une perte est à
« supporter, elle le soit plutôt par l'héritier négligent
« que par un acquéreur qui n'a aucune faute à se re-
« procher. Se retranchera-t-on, à défaut d'un texte
« précis, derrière la maxime : *Nemo jus....* ? Tout en
« reconnaissant la justesse de cette maxime, qui, sous
« l'empire de notre Code, est même d'une application
« plus étendue qu'en droit romain, nous ajouterons
« qu'une règle, si générale qu'elle puisse être, admet
« presque toujours des exceptions. Celle que nous pro-
« posons ressort, par un argument *a pari*, et même *a
« fortiori*, de l'art. 132, dont l'application à la diffi-
« culté qui nous occupe se justifie par les considéra-

---

[1] Nous n'invoquons pas les articles 1599 et 2182, bien que certainement ils supposent le principe sur lequel nous nous appuyons : nous reconnaissons que ces deux textes ont en vue les rapports du vendeur avec l'acheteur et non pas les rapports de celui-ci avec le véritable propriétaire.

« tions suivantes ». Aux termes de l'art. 132 l'absent
de retour, même après l'envoi définitif, doit respecter les
aliénations faites, pendant l'absence, par l'envoyé en
possession. Or, d'une part, « les droits de celui qui
« revendique son patrimoine sont plus sacrés, plus
« dignes d'intérêt et de protection que le droit de celui
« qui vient réclamer une hérédité à laquelle il ne s'est
« pas présenté : cela est tellement vrai que l'action du
« premier est imprescriptible... tandis que l'action du
« second se prescrit par trente ans » ; d'autre part, la
situation des tiers est également plus favorable au cas d'un
héritier apparent qu'au cas où ce sont les biens d'un
absent qui ont été acquis par eux ; car dans cette dernière hypothèse, ils « ont pu et dû connaître la révoca-
« bilité dont se trouvait atteint le titre de leur auteur :
« il est presque toujours possible de contrôler le mérite
« d'un titre émané de la volonté de l'homme ; et dans
« la supposition contraire, ce contrôle sera, pour la
« plupart du temps, aussi impraticable au véritable héri-
« tier qu'au tiers acquéreur ; tandis que si l'hérédité est
« possédée par un parent du défunt, qui justifie de sa
« qualité, et dont le titre apparent se trouve dans la
« vocation de la loi, il est absolument impossible d'exa-
« miner le mérite de ce titre, et de vérifier si ce posses-
« seur se trouve ou non primé par un autre parent plus
« proche. »

Examinons d'abord l'argument de texte. La situation
que prévoit l'art. 132 et celle qui fait l'objet de la présente discussion ne nous paraissent pas devoir être com-
parées. L'absent, en effet, qui revient après l'envoi
définitif, a été pendant 35 ans au moins sans user de ses

droits, c'est-à-dire pendant un délai plus long que celui qui entraîne déchéance de toutes les actions ; il n'est donc pas étonnant que la loi ne lui ait pas permis de revendiquer ses biens contre ceux qui les ont acquis d'une personne qui, pendant son absence, tenait sa place, en vertu de la volonté même de la loi ; mais en est-il de même des acquéreurs de biens faisant partie d'une succession ? C'est peut-être un an après l'ouverture que l'héritier se présentera : comment lui opposer les actes d'une personne qui n'avait nulle mission pour les passer ? Que la situation de ces possesseurs soit digne d'intérêt, nous ne le nions pas : mais la loi est venue à leur secours, et, à raison de leur bonne foi, elle abrégera, en leur faveur, les délais de la prescription : faut-il aller plus loin et refuser au véritable héritier, comme peine de sa négligence, tout recours contre le détenteur de biens qui, après tout, lui appartiennent ? Nous ne le pensons pas : arguer de la négligence de l'héritier, c'est déplacer la question : la bonne foi des acquéreurs est seule en cause quant à la validité de l'acte : si les principes ne permettent pas de valider, bien que cette bonne foi existe, un acte nul en soi, la négligence du propriétaire n'aura pas une plus grande puissance : tout son effet sera de servir de base à une action en dommages-intérêts de la part de ces possesseurs à qui elle aura nui, action qui, si nous ne nous trompons, donnera pleine satisfaction aux pressantes considérations « d'équité » que l'on a invoquées à l'appui de leur cause.

Restent les articles 790, 1240, 1380.

L'art. 790 permet à l'héritier qui a renoncé « d'ac-
« cepter encore la succession, si elle n'a pas déjà été

« acceptée par d'autres héritiers ; sans préjudice néan-
« moins des droits qui peuvent être acquis à des tiers
« sur les biens de la succession.... par des actes vala-
« blement faits avec le curateur à la succession vacante. »
— Ainsi que l'a fait observer Marcadé, tandis que l'héritier apparent est l'adversaire naturel du véritable héritier, le curateur à la succession vacante est le mandataire légal de l'héritier renonçant ou inconnu (auquel il
faut aussi appliquer l'article). C'est lui qui est chargé de
gérer les biens de la succession, lui qui répondra aux
poursuites et intentera les actions, s'il y a lieu, et enfin
qui rendra compte à l'héritier lorsque celui-ci se présentera ; — de plus, qu'on veuille bien le remarquer, l'a-
nalogie n'existe même pas entre les deux situations ;
nous supposons un acte qui excède les bornes de l'administration : l'art. 790 ne parle que de ceux qui se renferment dans ces limites : on est d'ailleurs généralement
d'accord pour reconnaître que de tels actes, passés par
l'héritier apparent, seraient inattaquables.

L'argument d'analogie tiré de l'art. 1240 ne nous
paraît pas mieux fondé : recevoir un paiement, l'exiger
même, c'est faire acte d'administration, c'est-à dire un
de ces actes que les tiers, qui se trouvent en face d'un
héritier apparent, peuvent invoquer même contre le
titulaire du droit. Ajoutons qu'à un autre point de
vue, l'art. 1240, bien qu'il contienne une exception
réelle aux principes généraux, se justifie aisément : un
débiteur poursuivi par une personne qui se conduit
comme un créancier, qui est en possession *légale* du
titre, ne peut refuser le paiement ; sa résistance l'expo-
serait à une condamnation certaine ; elle ne peut donc

sagement se dispenser de payer ; mais si plus tard la vérité se découvre, si le véritable créancier fait valoir ses droits, le débiteur qui a payé dans de semblables conditions pourra-t-il être tenu de payer de nouveau ? La loi ne l'a pas voulu : et c'est la disposition de notre texte. — Au contraire, on n'est jamais obligé d'acheter : l'acquéreur a donc fait un acte purement volontaire : il ne peut vouloir être assimilé à un débiteur poursuivi qui n'a pu se soustraire à ce qu'on exigeait de lui.

Enfin l'article 1380 permet à celui qui a reçu une chose qui ne lui était pas due, de ne rendre, s'il l'a vendue, que le prix de la vente. Nous trouvons ici une nouvelle *exception* au principe que celui-là seul peut aliéner, qui est propriétaire ; mais comment le *tradens* pourrait-il se plaindre de cette décision puisque c'est lui qui l'a tout au moins facilitée, en livrant ce qu'il ne devait pas ? — C'est par les mêmes raisons qu'il convient d'expliquer les art. 2005, 2008, 2009 qui valident les actes faits par un ex-mandataire avec les tiers qui n'avaient pas eu connaissance de la révocation du mandat. — M. Demolombe qui soutient aussi la validité des actes consentis par l'héritier apparent au profit de tiers de bonne foi, a proposé, à l'appui de ce système, une démonstration nouvelle. Cette démonstration consiste principalement en cette idée que l'héritier apparent est le mandataire de l'héritier véritable : celui-ci est donc tenu de tous les actes faits par son mandataire, et n'est pas, en conséquence, recevable à attaquer les actes passés par celui-ci.

« Il est vrai, qu'en principe le mandat conçu en « termes généraux n'embrasse que les actes d'adminis-

« tration, et que, s'il s'agit d'aliéner ou d'hypothéquer,
« ou de quelque autre acte de propriété, le mandat doit
« être exprès (art. 1988). Mais c'est là une simple règle
« d'interprétation, qui ne s'oppose pas absolument à
« ce qu'on reconnaisse, dans un mandat quelconque, le
« pouvoir d'aliéner, si dans l'espèce il est constaté que
« telle a été effectivement l'intention soit de la loi,
« soit de celui qui a conféré le mandat. C'est ainsi
« qu'autrefois le procureur *omnium bonorum cum li-*
« *bera* avait le pouvoir d'aliéner, lorsque le mandant
« partait pour un pays éloigné (9, § 4. D. 41. 1. —
« Pothier, du mandat, ch. et art. 2, § 2, n° 147). Or,
« telle est précisément la situation, lorsqu'une succes-
« sion s'ouvre au profit de l'absent qui n'est pas seule-
« ment éloigné, lui! mais dont l'existence même est
« incertaine !.... Voilà ce qu'il est juste, ce qu'il est
« permis de trouver dans l'art. 136... Qui veut la fin
« veut les moyens, et quand la loi concède un droit,
« elle concède par cela même les moyens sans lesquels
« ce droit ne pourrait pas s'exercer. En déférant la suc-
« cession à ceux qui l'auraient recueillie à défaut de
« l'absent, elle leur donne, pour tous les cas, le pouvoir
« d'en faire le règlement et la liquidation : or cette li-
« quidation entraîne très-souvent la nécessité de vendre
« même les immeubles.... Dans tous les cas, il faudra
« bien, s'il y a des dettes, payer les créanciers, et pour
« cela vendre souvent aussi des immeubles (20, § 2.
« D. 5. 3. — Lebrun, successions III, ch. IV, n° 57 ;
« Toullier, VII, n° 31, note 1). — Ajoutez encore que si
« l'héritier, appelé en vertu de l'art. 136, ne pouvait
« pas aliéner à titre onéreux, il y aurait là une situation

« vraiment sans issue ; car la loi n'a exigé aucune auto-
« risation de justice, n'a déterminé aucune forme quel-
« conque qu'on pourrait du moins observer pour
« rendre l'aliénation possible !... Et cette situation sans
« issue, sans dénouement, je le répète, se prolongerait
« ainsi pendant 30 ans au moins (art. 137). Il faut le
« dire, telle n'a pu être l'intention de la loi. Aussi
« voyons-nous que, dans les autres hypothèses ana-
« logues, on s'accorde à maintenir les aliénations con-
« senties par celui qui a été légalement appelé par la
« loi elle-même à la succession... Ainsi, M. Duranton
« lui-même déclare valables les aliénations, hypo-
« thèques, etc., consenties par l'héritier indigne, avant
« le jugement qui a prononcé son indignité ; et pour-
« quoi ? Parce que l'indigne exclu a été héritier jusqu'à
« son exclusion. — Or l'héritier appelé à défaut de
« l'absent, dans le cas de l'art. 136, a été aussi héritier ;
« il a été saisi, je ne crains pas de le dire, car la loi dé-
« clare que la succession lui a été *dévolue ;* donc la si-
« tuation est absolument la même. »

Telle est l'argumentation sur laquelle s'appuie le système qui explique par l'idée de mandat la validité des actes
passés par l'héritier apparent : quels que soient les
avantages pratiques que cette solution doive présenter,
nous ne pensons pas que la loi permette de l'admettre [1].

---

[1] Pour mon compte, dit M. Demolombe, j'ai déjà reconnu combien
le système de la nullité est serré et pressant, mais d'une part il ne me
paraît pas tel, néanmoins, que je ne puisse comprendre le sentiment
contraire ; d'autre part je suis, je l'avoue, très-touché de cette profonde, de cette unanime conviction qui entraîne vers lui tous les
hommes mêlés à la pratique et au mouvement des affaires ; parmi les
avocats les plus exercés du barreau, parmi les notaires que j'ai pu

Et d'abord, si l'on considère en elle-même l'idée de mandat, elle est en contradiction avec la position même de l'héritier apparent vis-à-vis de l'héritier légitime. Il ne peut ici être question, on le verra, d'un mandat légal : on n'en trouve nulle trace dans la loi, et les textes cités parlent de celui « qui a laissé à quelqu'un une procu- « ration générale (Pothier, *loc. cit.*). Mais nous le de- mandons, comment concevoir ici un mandat tacite? mandat qui aurait été donné par l'absent à celui là même qui est son adversaire naturel ? — Sans doute, en défé- rant la succession à ceux qui l'auraient recueillie à dé- faut de l'absent, la loi leur donne le pouvoir d'en faire le réglement et la liquidation ; mais il n'y a rien là qui dé- note, de la part de la loi, l'intention de donner à cet héri- tier un mandat aussi général que celui qu'on lui suppose : la loi elle-même permet au tribunal de « commettre un « notaire pour représenter les présumés absents dans « les inventaires, comptes, partages et liquidations dans « lesquels ils seront intéressés (art. 113). » Cette liquida- tion « entraînera très-souvent la nécessité de vendre « même des immeubles, » et cependant personne ne songe à faire de ce notaire un procureur de l'absent *cum libera administratione.*

Sans doute encore, il faudra bien, s'il y a des dettes, payer les créanciers, et pour cela vendre souvent aussi des immeubles ; mais nous répèterons ici ce que nous

consulter, je n'en ai presque pas rencontré qui ne considérassent comme une véritable nécessité le maintien des ventes ainsi faites ; et voilà surtout ce qui me porte à dire que cette deuxième opinion triomphera... Aussi me paraît-il très-essentiel, puisque ce système doit l'emporter, de lui chercher dans la loi une base positive (T. II, p. 249).

disions sur l'art. 1240 : le paiement est plutôt un acte
d'administration qu'un acte de disposition : c'est, de
plus, un acte nécessaire : la vente qui interviendrait
dans ces circonstances aurait le même caractère. Il serait
déraisonnable de ne pas permettre à l'héritier de vendre
un bien qu'on peut exproprier. Y a-t-il donc similitude
entre ces hypothèses et celles où il s'agit de vendre des
immeubles qui ne rapportent rien et qui dépérissent ?
Non assurément : il peut y avoir dans ces aliénations
« des actes d'administration dans le sens élevé et
« étendu du mot, » mais non pas dans le sens que lui
attribue la loi.

Quant à l'argument tiré de ce que les aliénations
faites par un héritier antérieurement au jugement qui
déclare son indignité, sont maintenues, nous répondrons avec M. Demante que la raison de cette décision
se trouve dans le caractère pénal de l'indignité : les
tiers ne doivent pas plus souffrir de la déclaration d'indignité que de la révocation d'une donation pour in-
gratitude (art. 958). M. Demolombe répond que cette
décision dérive d'une règle plus générale, savoir : de ce
que les aliénations sont faites par celui auquel la succession avait été dévolue par la loi, par celui que la loi avait
placé elle-même à la tête de l'hérédité, et qui dès lors
doit être réputé avoir été constitué par elle, à tout événement, le mandataire *cum libera* de l'héritier qui pren-
drait ensuite sa place, Et voilà ce qui arrive encore lorsqu'un héritier se fait restituer contre son acceptation (783) : son titre est résolu : la résolution n'est pas
pénale, et pourtant on maintient les aliénations qu'il
a consenties (44 D. *De hered.* — 70 § 1, D. *ad*

S. C. Trebell.; 17 D. *De transact. Toullier* IV, 31 p.
47) [1]. — N'est-ce pas répondre à une question controversée par une autre question qui est au moins aussi
douteuse : quant à nous, nous ne trouvons aucune raison de faire ici exception aux principes de la condition
résolutoire, et sans vouloir entrer dans cette nouvelle
controverse, il nous est au moins permis de repousser
l'argument tiré de l'art. 783.

Il est possible que « la victoire doive rester à ce
dernier système et que l'avenir lui appartienne »; mais,
à notre avis, ce ne sera, ainsi que l'écrivait un de ses
partisans, « qu'en élevant la mission du juge presque
à la hauteur de celle du législateur lui-même. »

Il nous paraît donc certain qu'il faut s'en tenir au
principe que nous rappelions au début, et, en reconnaissant au propriétaire seul le droit d'aliéner, ne pas attribuer à l'erreur le pouvoir de valider un acte nul; l'erreur
est un vice du consentement : son efficacité se borne nécessairement à vicier aussi l'acte où elle est intervenue :
toute autre influence ne peut lui être reconnue qu'en

---

[1] Nous avons cherché dans le *Commentaire des successions* comment l'auteur justifiait cette opinion : nous n'avons trouvé qu'un
renvoi motivé à la discussion actuelle, et un autre au recueil de
M. Dalloz vo *Successions* no 530 : or voici ce que nous lisons dans ce
passage : Cette doctrine nous paraît douteuse sous le code Napoléon;
en droit romain l'héritier tirant sa qualité du droit civil et n'étant
restitué que par le secours du préteur, demeurait héritier dans la
rigueur du droit... Il a été jugé que lorsque l'acceptation de la communauté ou d'une succession vient à être annulée, comme entachée
de dol, tout ce que la femme ou les héritiers ont payé par suite de
cette acceptation jusqu'à la découverte du dol est sujet à répétition
(Réq. 5 déc., 1838) ce qui est l'application pure et simple des règles
de la condition résolutoire.

vertu d'un texte précis, car elle serait une exception.

Nous avons parlé jusqu'ici d'acquéreurs de bonne foi, dans le sens ordinaire de ce mot (art. 550) ; la décision contraire devrait être admise, si l'erreur dans laquelle ils étaient tombés était une *erreur commune* : les considérations d'équité qui ont fait admettre de tout temps la règle *error communis facit jus* et qui sous l'empire des lois actuelles, ont porté la doctrine et la jurisprudence à consacrer cette tradition universelle, retrouvent ici toute leur force : la qualité d'héritier, unanimement attribuée à l'aliénateur, suppléerait chez lui la qualité de propriétaire. C'est, nous en convenons, une exception apportée au principe *nemo plus juris*..... ou plutôt ce sont deux principes qui se limitent et qui doivent tous deux s'appliquer à des hypothèses et dans des circonstances différentes.

CONCLUSION

―――

L'auteur de la dissertation que nous avons déjà citée [1], résumant le résultat de ses études, s'exprime ainsi : « Si nous ne nous trompons, les recherches précédentes « n'ont fait que confirmer les principes que le droit « Romain nous a déjà servi à mettre en lumière. Il de- « meure constaté qu'en droit Français comme en droit « Romain, il n'y a pas de théorie générale de l'er- « reur. »

S'il faut entendre par là que l'on ne rencontre dans le Code Napoléon ni un exposé de doctrines savamment élaboré, ni un ensemble de dispositions reliées les unes aux autres, et rapportées expressément à un principe commun dont elles seraient la conséquence logique, nous souscrirons volontiers à ce jugement : les procédés dogmatiques sont absolument étrangers au législateur de 1804; il a su même résister à la tentation de faire précé- der son œuvre de cet ensemble de définitions philoso-

―――

[1] M. Carathéodory, *thèse pour le doctorat*.

phiques qui formait le titre préliminaire du projet. Mais est-ce là ce qui constitue une théorie de l'erreur ? Assurément non ! déterminer dans quels cas l'erreur aura quelque influence sur les actes juridiques, dans quels cas, au contraire, elle leur sera indifférente : préciser les limites de cette influence et la manière dont elle se traduira ; appliquer les règles ainsi définies aux actes les plus importants ; indiquer enfin quelles exceptions ces règles doivent comporter ; voilà, suivant nous, et quelle que soit la forme donnée à ces règles et l'ordre des textes qui les consacrent, ce qui constitue vraiment une théorie de l'erreur : or, ainsi entendue, n'est-il pas évident, d'après ce qui précède, que cette théorie existe dans le Code Napoléon ?

Que l'on nous permette toutefois d'examiner les arguments sur lesquels on appuie le système contraire et la manière dont on essaie de mettre les textes d'accord avec lui.

Le point de départ de ce système est celui-ci : « L'er-« reur en elle-même, ne peut constituer un objet posi-« tif de réglementation législative » (p. 224). Si cette proposition était exacte, on ne devrait plus s'étonner que « l'erreur d'après le droit Français ne produisît aucun « effet général » (p. 230). Mais on reconnaîtra tout d'abord qu'il serait très-regrettable qu'une matière que l'on rencontre si fréquemment dans les actes juridiques quels qu'ils soient, se trouve renfermée tout entière dans les 10 articles cités par l'auteur (p. 231 note 2). Surtout si l'on pense que ces textes, si peu nombreux, ne sont eux-mêmes dominés par aucun principe commun, de de telle sorte que, même dans les cas où la loi a parlé, ce soit encore l'arbitraire qui domine. Comment imaginer, de plus, qu'un législateur qui a la légitime ambition de fonder une œuvre durable, ne se demande même pas ce qu'est l'erreur, dans quel cas elle produira quelque effet juridique, qu'elle sera la mesure de cette efficacité ? — Ce seraient donc là des questions qu'il ne peut même pas se poser, l'erreur s'opposant, par sa nature même, à ce qu'elles reçoivent une solution ? — Nous convenons bien que « le champ de la théorie de l'erreur juridique « elle-même apparaît d'abord sans limites, » et qu'il n'est pas possible que la loi « épuise les combinaisons « innombrables que peut présenter l'erreur sur une « seule question » (p. 3), aussi laissons-nous au juge le pouvoir d'apprécier les circonstances de chaque espèce ; mais ce n'est pas à dire que ce pouvoir, ne soit soumis à aucune règle, et que la loi, ne pouvant tout prévoir, doive abdiquer. — Elle le devrait, cependant, si l'erreur échappait à toute réglementation positive. La question du reste, se pose en effet dans des termes fort simples que nous empruntons à l'ouvrage même que nous combattons : « L'erreur tombe-t-elle sur un de ces points essentiels « à la formation du rapport juridique ? Inutile de s'en « préoccuper. — Dans le cas contraire, l'erreur ou bien « annule ou bien modifie l'élément sur lequel elle porte, « et dans ces deux cas, la question résultante est la mê- « me, à savoir : l'ensemble de ces éléments ainsi modi- « fiés par la présence de l'erreur constitue-t-elle un rap- « port juridique, et quel est ce rapport ? » (p. 4) Nous n'avons jamais dit autre chose ; — mais si la question se pose en des termes aussi simples, est-il naturel de penser que la loi n'ait pas pu la résoudre, et que, devant

ce problème elle ait dû se déclarer impuissante.... Non!
la nature des choses ne fait pas obstacle à l'existence
d'une théorie de l'erreur : les nécessités pratiques les
plus évidentes commandaient au contraire que le législateur réglât d'une manière générale un sujet aussi important, et nous avons vu qu'il l'avait fait. —

.Vous vous méprenez, reprend-on, l'erreur nc
produit aucun effet qui lui soit propre : étudiez par
exemple l'art. 180 : il s'y agit, comme dans l'article 146,
d'un défaut de consentement : le mariage est nul, car il
manque de l'un des éléments essentiels à son existence ;
(p. 237)—'quant au mariage putatif, l'erreur n'entre pas
en réalité dans cette institution (p. 245) ; enfin la distinction des actes nuls et des actes annulables « nous
« paraît irréfutable, lorsqu'on se place sur le terrain
« de la terminologie du Code. Mais ils ne nous semblent
« pas mériter le moindre crédit aux yeux de la logique
« (p. 270) ; nous n'admettons que deux catégories
« d'actes : les actes valables et les actes nuls. » (p. 229).
Reprenons cette triple objection.

« En résumé l'erreur sur les qualités essentielles d'une
« personne est pour nous une erreur sur l'individu, un
« individu n'étant, en définitive, que la réalisation des
« qualités qui le caractérisent ; et les articles 180 et 181
« semblent ne rien nous présenter de spécial quant à
« l'erreur. Dans ces articles comme dans l'article 146,
« il s'agit d'un *défaut de consentement* »... S'il en est
ainsi, comment admettre que l'action ne soit pas perpé-
tuelle, qu'elle n'appartienne pas à toute personne?— « Ce
« qu'il y a de particulier à ces articles (180-181), c'est
« que dans le cas où je voudrais agir en invoquant le

« défaut d'une qualité essentielle, je devrais le faire dans
« les six mois de cohabitation continuée après la dé-
« couverte que j'aurais faite du défaut de cette qualité...
« (p. **237**). »

Ainsi, pour ne pas reconnaître dans cette hypothèse,
l'influence de l'erreur, on va jusqu'à introduire une
exception radicale aux principes les plus incontestés. Le
consentement a fait défaut, il n'y a pas eu de contrat :
l'acte est donc nul quoiqu'il arrive : il n'existe pas ! et
voici que l'expiration du délai de six mois donnera vie
à cet acte et que le *néant* se trouvera *confirmé* par un
silence prolongé pendant ces quelques semaines. —N'est-
pas bien plus naturel de reconnaître que la loi consacre
la volonté qui a été exprimée, mais qu'en raison du vice
qui l'affecte, elle permet, soit d'attaquer le contrat, soit
d'effacer ce vice en manifestant la volonté de le faire
disparaître ? C'est là, on en conviendra, l'application
pure et simple de la théorie des nullités : nous nous
bornons quant à présent à montrer que la solution qu'elle
indique est bien préférable à celle qu'on lui oppose :
nous verrons dans peu d'instants qu'elle est plus conforme au système du Code.

La traduction proposée pour expliquer les articles
201-202 ne nous paraît pas plus satisfaisante.

« La célébration donne, dans le passé, le caractère
« et les effets du mariage à l'union de l'homme et de la
« femme, lorsqu'ils ne s'unissent pas, ou que l'un des
« époux de s'unit pas à l'autre en connaissance et au
« mépris des conditions exigées par la loi, pour la va-
« lidité dans l'avenir de cette union (p. 245).

Quand bien-même nous accepterions cette définition,

il ne serait nullement prouvé pour nous comment « l'er-
« reur n'entre pas en réalité dans l'institution du ma-
« riage putatif. » Pour que la démonstration fût con-
cluante il faudrait se demander pourquoi la loi a attaché
à une union qu'elle réprouve le caractère et les effets du
mariage... Evidemment, c'est en considération de l'erreur des époux : et il ne suffit pas, à notre avis, de
« noter que si l'on parvenait à constater quelque effet
« (de l'erreur), ce serait encore à l'initiative du légis-
« lateur qu'il serait dû, » car on serait en droit d'insister,
et de demander ce qui justifie cette initiative : Si cette
disposition n'a pas pour fondement l'erreur, elle n'en a
aucun.

Avec la distinction entre les actes nuls et les actes
annulables, nous retrouvons à proprement parler la théorie de l'erreur.

Voici en quels termes est combattue cette distin-
tion :

« Que sont, en définitive, les actes annulables ? Ce
« sont, disons-le hardiment, des actes nuls. Un consen-
« tement vicié, comme on dit, par le dol, par la vio-
« lence, par l'erreur, n'est pas le consentement que la
« loi exige, et dès que le consentement est nécessaire
« pour quelque acte, cet acte, entaché de dol, de vio-
« lence, on ne saurait en douter, est nul. Mais tout nul
« qu'il est pour le but qu'on s'était proposé, il n'en
« constitue pas moins un fait, et rien n'empêche que
« la loi, s'emparant de ces faits qui survivent aux
« actes nuls, ne pose des conditions d'après lesquelles
« ces faits puissent produire des conséquences de droit...»
p. 227.

Cette doctrine mérite un premier reproche : C'est de ne voir, dans les dispositions relatives à l'erreur que des actes purement arbitraires de la loi : comment expliquer autrement cette efficacité donnée à un acte nul ? Qu'est-ce que cette présomption *juris et de jure* « rendant « impossible la preuve de l'erreur ? » Si l'acte est nul, il doit être soumis au droit commun, et l'action du prétendu débiteur, à fin de faire constater qu'il n'est pas lié, devra durer trente ans. — Cette présomption trouve une « base suffisante, » dans « le fait en question, « combiné avec le silence décennal de ma part. » — Nous ne comprenons pas bien, nous l'avouerons, ce qu'est un consentement qui « tout nul qu'il est pour le but qu'il « se propose, » n'en constitue pas moins un fait....... Restons dans la réalité des choses : un consentement vicié est un consentement qui, tout vicié qu'il est, existe, et doit, comme tel, produire ses effets juridiques.

« Si j'avais prouvé l'erreur dans le délai de 10 ans qui « m'était accordé, les tribunaux auraient annulé. Or les « tribunaux n'ont pas le pouvoir d'émettre des sentences « constitutives de droit : leurs sentences sont déclara- « tives, et, lorsqu'ils annulent en réalité, ils ne font que « constater la nullité. » — Tout ceci est parfaitement exact : nous aussi, nous pensons que « l'acte était nul ou « valable *ab initio* : » disons plutôt que l'acte se trouvera avoir été nul ou valable : le juge ne créera aucun droit ; il constatera que le droit existe ou que l'acte était nul : mais ce qui sépare ces actes des autres actes c'est précisément l'incertitude qui existe à leur égard, c'est aussi la faculté pour l'une des parties de décider elle-même du sort de l'acte en le ratifiant ou en faisant prononcer la nullité. — Ces particularités ne sont-elles pas suffisantes pour qu'on soit autorisé à les placer dans une classe distincte ? —

« Ces raisonnements nous paraissent irréfutables, lors-« qu'on se place sur le terrain de la terminologie du Code.» L'aveu est précieux, mais il est incomplet : ce n'est pas seulement la terminologie du Code, qui confirme la doctrine que nous soutenons. « L'article 1117 exis-« te bien dans le Code. Il n'y a pas moyen de le nier »; mais cet article n'est pas le seul, et ce ne sont pas uniquement « quelques expressions hasardées des rédacteurs » que l'on rencontre sur ce point : nous espérons l'avoir montré.

Nous n'examinerons pas si la doctrine qui admet à côte des actes nuls, les actes simplement annulables « ne mérite pas le moindre crédit aux yeux de la logi-« que »et si elle « déroge aux exigences les plus impé-« rieuses du bon sens. » (p. 270-271). Quand les philosophes eux-mêmes sont divisés sur le point de savoir si l'erreur est incompatible avec le consentement, ou si elle le vicie seulement, tout en le laissant subsister en soi, il nous semble téméraire de sé prononcer d'une manière aussi absolue. En tous cas, ces questions ne sont pas du ressort de l'interprète, lorsqu'il a sous les yeux des dispositions aussi explicites que les art. 1109, 1110, 1117, 1304. Même en nous plaçant au point de vue législatif, des raisons puissantes, nous dirions volontiers décisives, militent en faveur du système adopté, d'après nous, par le Code Napoléon, et engagerait, nous n'en doutons pas, le législateur à conserver ce système, si, un jour, la question venait à se poser devant lui.

Nous terminons ici l'examen d'une doctrine que nous avons dû combattre comme la négation radicale des principes qui servent de base aux dispositions consacrées par le Code Napoléon en matière d'erreur : ajoutons comme nous le faisions en achevant nos études sur le droit romain, qu'une pareille doctrine est également contraire aux principes d'une sage législation : un sujet aussi important et aussi complexe ne devait pas être abandonné aux caprices arbitraires d'un législateur, non plus qu'aux hazards d'une interprétation toujours variable, si consciencieuse qu'elle puisse être.

Nous avons montré qu'il était inexact de soutenir que l'erreur se refuse, par sa nature même, à devenir l'objet positif d'une réglementation légale ; nous avons prouvé aussi qu'en fait, le Code Napoléon a reconnu à l'erreur l'influence qui lui appartient sur la validité des actes juridiques : nous sommes donc autorisé à maintenir cette conclusion, que nous eussions d'ailleurs jugé inutile de formuler si elle n'avait rencontré un contradicteur : Il existe, en droit français, une théorie générale de l'erreur.

POSITIONS

—

DROIT ROMAIN

I. L'erreur de droit était toujours soumise aux mêmes règles, sans qu'il y eût lieu de distinguer suivant qu'il s'agissait pour la partie trompée de réaliser un bénéfice ou d'éviter une perte.

II. Dans les actes synallagmatiques, l'erreur de l'une des parties produisait ses effets juridiques, quand bien même l'autre partie ne l'aurait pas partagée.

III. La *bona fides* et la *justa causa* étaient deux conditions distinctes de l'usucapion.

IV. Celui qui ne ne possédait qu'en vertu d'un titre putatif pouvait néanmoins usucaper.

V. Celui qui, *errore juris*, avait payé ce qu'il ne devait pas, ne pouvait intenter la *condictio indebiti*, qu'en prouvant que son erreur était excusable.

VI. Lorsque sur l'ordre de juge, le défendeur à une action réelle avait fait au demandeur tradition de l'objet du litige, cette tradition ne constituait pas une *justa causa usucapionis*.

VII. Le demandeur à l'action négatoire devait prouver l'inexistence de la servitude.

DROIT FRANÇAIS

DROIT CIVIL ET PROCÉDURE

I. Sous l'empire du Code Napoléon l'erreur de droit est soumise, sauf en ce qui concerne la preuve, aux mêmes preuves que l'erreur de fait.

II. Les articles 146 et 180 du Code Napoléon prévoient des hypothèses différentes.

III. L'article 180 permet de faire annuler le mariage non-seulement pour erreur sur la personne civile, mais encore pour erreur sur les qualités essentielles de la personne, relativement au but même du mariage (impuissance et stérilité).

IV. Le titre putatif suffit au possesseur qui invoque les articles 549 et 550, mais non pas à celui qui se prévaut de la prescription.

V. Le paiement fait par erreur *ex turpi causa*, ne donne jamais lieu à répétition.

VI. Celui qui, par erreur, a payé ce qu'il ne devait pas, peut exercer l'action en revendication même contre des tiers détenteurs de bonne foi,

VII. L'acceptation de remploi, faite par la femme rétroagit au jour de l'acceptation.

VIII. La femme étrangère a hypothèque légale sur les biens de son mari, situés en France, si sa loi nationale lui accorde cette hypothèque.

IX. Dans les affaires qui intéressent un présumé absent, le ministère public peut se constituer partie principale.

DROIT COMMERCIAL

I. La faillite d'une société de commerce entraîne la faillite de chacun des associés solidaires et responsables.

II. Le commissionnaire est valablement saisi par un connaissement passé à son ordre, quand bien même l'endossement n'énoncerait pas la valeur reçue.

DROIT ADMINISTRATIF

I. Les contraintes décernées par les préposés de l'administration de l'enregistrement emportent hypothèque.

II. Les ministres sont juges ordinaires et de droit commun, en matière de contentieux administratif.

DROIT PÉNAL

I. L'aggravation de peine résultant d'une circonstance personnelle à l'auteur principal ne doit pas nuire à son complice.

II. L'accusé qui, au cas prévu par l'article 379 du C. d'Instr. Crim., ne pourrait, à raison du nouveau fait, encourir une peine plus forte que celle déjà prononcée contre lui, ne peut plus être poursuivi.

ANCIEN DROIT

I. Le droit des assises de Jérusalem est le premier qui ait consacré le principe de la Communauté de biens entre époux.

II. La convention par laquelle la femme consentait à n'avoir point de douaire si elle survivait à son mari, ne fut autorisée que très-tard : cette innovation, contraire à l'origine historique du douaire, est une conséquence du progrès de la législation relativement à la condition de la femme.

DROIT DES GENS

I. L'enrôlement de volontaires, toléré par un neutre, chez lui, au profit d'un belligérant, constitue une violation de la neutralité.

II. Les principes du droit des gens naturel ré-
prouvent les représailles exercées contre les biens
des particuliers.

Le *Président de la Thèse,*

A. DUVERGER.

Vu par le Doyen,

G. COLMET–DAAGE.

Vu et permis d'imprimer :
Le Vice-Recteur de l'Académie de Paris,

A. MOURIER.

TABLE DES MATIÈRES

DROIT ROMAIN.

PREMIÈRE PARTIE.

Exposé général de la théorie du droit romain en matière d'erreur.

SECONDE PARTIE.

De la théorie de l'erreur dans ses rapports avec les divers actes
juridiques.

CONCLUSION.

———————

DROIT FRANÇAIS.

PREMIÈRE PARTIE.

Généralités :

SECONDE PARTIE.

De la théorie de l'erreur considérée dans ses rapports avec les divers actes juridiques.

CONCLUSION.

www.ingramcontent.com/pod-product-compliance
Lightning Source LLC
Chambersburg PA
CBHW060405200326
41518CB00009B/1258